四库存目

青囊匯刊④

秘傳水龍經

[明]蒋大鸿◎撰
郑同◎校

華齡出版社

责任编辑：薛　治
责任印制：李未圻

图书在版编目（CIP）数据

四库存目青囊汇刊. 4 /（明）蒋大鸿撰；郑同校. —北京：华龄出版社，2017.5

ISBN 978-7-5169-0966-9

Ⅰ. ①四…　Ⅱ. ①蒋… ②郑…　Ⅲ. ①《四库全书》—图书目录

Ⅳ. ①Z833

中国版本图书馆 CIP 数据核字（2017）第 077047 号

书　　名：四库存目青囊汇刊（四）：秘传水龙经
作　　者：（明）蒋大鸿撰　郑同校
出版发行：华龄出版社
印　　刷：九洲财鑫印刷有限公司
版　　次：2017 年 9 月第 1 版　2017 年 9 月第 1 次印刷
开　　本：720×1020　1/16　　**印　　张：**23
字　　数：330 千字　　**印　　数：**1～6000 册
定　　价：68.00 元

地　　址：北京市朝阳区东大桥斜街 4 号　**邮　　编：**100020
电　　话：（010）58124218　**传　　真：**（010）58124204
网　　址：http：//www.hualingpress.com

序

自鸿蒙开辟以来，山水为乾坤二大神器，并雄于天地之间。一阴一阳，一刚一柔，一流一峙，如天覆地载，日旦月暮，各司一职。后世地理家，罔识厥旨，第知山之为龙，而不知水之为龙，即有高谈水法者，亦唯以山为体，以水为用，至比之兵之听将，妇之顺夫。于是山之名独尊，而水之权少绌。遂使平阳水地，皆弃置水龙之真机，而附会山龙之妄说。举世茫茫，有如聋聩，此非杨曾以来，未晰此义也。古人不云乎，行到平洋莫问龙，只看水绕是真龙。又云，平阳大地无龙虎，漭漭归何处；东西只取水为龙，扦著出三公。其言之晓畅条达，彰彰在人耳目间，人自不之察耳。至其裁制格法，实鲜专书，发挥未备。卒使学者面墙，无径可入。是岂以山之结构有定，而水之运动无穷。人苟知水龙作法，将大地山河，随所指顾，不难握神机而参造化，故引而不发，为造物惜此秘奥欤。夫高高在上，哀此下民，亦欲使千古不传之蕴，宣露一时。苟知而不以告人为不仁，告而不以实为不信。予不揣固陋，欲为后此通人彦士，执辔前驱。因无极之传，发抒要妙，尽泄杨公之诀。俾荡然大辟，以山龙属之高山，以水龙属之平壤，二法判然而不相合。不惮大声疾呼，以正告天下有识之士，间亦信之，从来迷谬，于焉洞豁。

予虽自喜其阐明之非偶，而且恐恐焉惧冒阴阳之僭，又何敢贪天之功以为己力也。方予初传水龙之法，求之古今文献，茫无显据，及得幕讲禅师《玉镜经》、《千里眼》诸书，于入穴元机，始有符契。未几，又得《水龙经》若干篇，乃叹平洋龙法，未尝无书，但先贤珍重，不可漫泄于世耳。因无刊本，间有字句之讹，乃加校雠诠次，编成五卷。一卷明行龙结穴大体、支干相乘之法。二卷述水龙上应天星诸格。三卷指水龙托物比类之象。四卷明五星正支、穴体吉凶大要。五卷义同四卷，而纵横言之。一三四卷得之吴天柱先生，二卷得之查浦故宦家，五卷觅之吾郡。最后得作者姓名，或有或无。其言各擅精义，互见得失。合而观之，水龙轨度，无踰此矣。学者以此为体，而更以三元九宫易卦成气为用。譬之大匠，水龙者楩枬杞梓，而三元九宫则方圆绳墨也。譬之丹家，水龙者鼎器药物，而三元九宫则精莹火候也。名材不搜，公输无所施其巧。铅汞不备，伯阳无以运其神。故天心法，诚为至矣，而是书又曷可少乎？经之为名，不可漫加；即其旧名，因而不革。实可藏之金匮石室，与《青囊》、《狐首》并垂不朽。后之学者，苟非有过人之福，天牖其衷，未获观此书也。希世之宝，唯有德者当之。尚其知敬也欤，尚其知惧也欤！

时天启下元甲子岁次癸卯

杜陵蒋平阶大鸿氏题于丹阳之水精庵

目　录

秘传水龙经卷一

总论

此专明支干之理。以通流大水为行龙而为干。沟渠小水为割界而为支。穴法取支不取干，犹高山起祖，重岩无真结，而老龙发出嫩枝，始有结作也。此以干龙绕抱，取外气形局。以支龙正息交会，取内气孕育。盖大江大河虽有湾抱，其气旷渺，与墓宅不亲，断难下手。须于其旁另有支水，作元辰绕抱成胎，则化气内生，并大水之气脉，皆收揽而成大地。余观名墓，支川小干，首尾通流，其形曲折，竟于转处下龙腹穴，全无内堂界水，亦得大发，其小枝尽处，或一水单缠，或双流界抱，深藏秀丽，福力难量。不必尽论外局，此书不必拘。然小干无支，其局虽大，必久而后发。支龙无干，其效虽捷，而气尽易衰，皆不若支干相扶之地也。此书所重，在特朝之水，迎秀立穴，犹是一偏。盖水龙妙用，只在流神，曲秀生动，化机自呈，前后左右，无往不宜，顺逆去来，随往协应，尤以坐向首尾为驾驭有权，或左或右，未免偏于公位耳。若湖荡龙法，此书取众砂环聚，亦仿山龙图式，眠倒星辰，局法固大，然偏观吴楚，江湖巨浸，百无一遇，亦难按图而索也。湖荡之脉，亦当深明支干，大荡即名大干，必须旁求支水，立穴乃可发福。若单取大荡，阳宅尚有归收，阴基必难乘接，其借外砂包护，即支干之法而变通之也。至水龙作用，全在八卦三元，江河湖荡，其归一也。不精此义，总得合格大地，亦难受福，此又秘要心传，而非作此书者所能知也。余以支干之说，为水龙第一义，故节取其图列之卷首。

气机妙运

太始惟一，气莫先于水。水中积浊，遂成出川。经云：气者水之母，水者气之子。气行则水随，而水止则气止。子母同情，水气相逐也。夫溢于地外而有迹者为水，行于地中而无形者为气。表里同运，此造化之妙用。故察地中之气，趋东趋西，即其水之或去或来而知之矣。行龙必水辅，气止必有水界。辅行龙者水，故察水之所来，而知龙气发源之始。止龙气者亦水，故察水之所交，而知龙气融聚之处。经曰：界水则止。又曰：外气横行，内气止生。盖天地之气，阴阳互根，山峙阴也。水流阳也，不可相离。地脉之行，借水以导之。地脉之住，借水以止之。外气与内气相合而成物，犹牝牡生育。故曰冲阳和阴，万物化生。合而言之，混沌之体，即万统体一太极之妙用。分而言之，随物付物，又物物一太极之元妙。知此始可与形家之学矣。

自然水法

水法卦例难尽述，彼吉此凶行不得。自然水法君切记，无非屈曲存情意。来不欲冲去不直，横不欲返斜不息。来则之元去屈曲，澄清停蓄甚为佳，倾泻急流有何益。八字分开男女淫，川流三派业已倾，急泻急流财不聚，直来直去损人丁。左射长男必遭殃，右射幼子受灾迍。若还水从心中射，中房之子命难长。扫脚荡城子息少，冲心射胁孤寡夭。反跳人离及退财，卷帘填房与入赘。澄清出人多俊秀，汗浊生子蠢愚钝。大江洋潮田万顷，暗拱爵禄食五鼎。池湖凝聚卿相职，大江洋朝贵无敌。飘飘斜出是桃花，[1] 男女贪淫总破家。又主出人好游荡，终朝吹唱逞奢华。屈曲流来秀水朝，定然金榜有名标。此言去流无妨碍，财丰亦主官豪迈。水法不拘去与来，但要屈曲去复回。三回五度转顾穴，悠悠眷恋不忍别。何用九星并八卦，生旺死绝皆虚说。述此一篇真口诀。

---

① 流霞。

干水散气

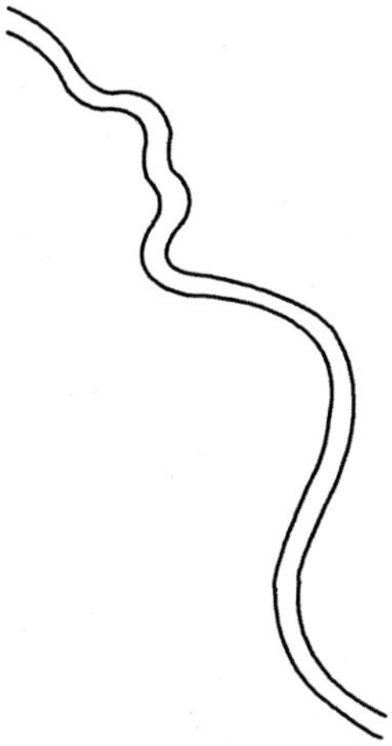

干水散气图说

干水斜行，似有曲折，而非环抱。又支无水以作内气，总不结穴。

干水成垣

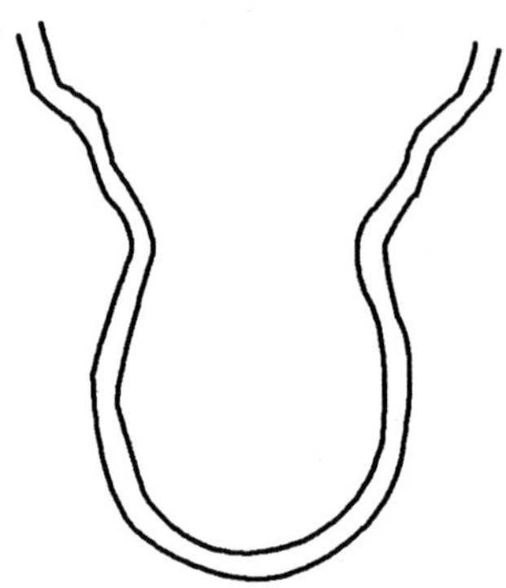

干水成垣图说[①]

大江大河，一二十里而来，不见回头，环绕中间，虽有屈曲，决不结穴。直至环转回顾之处，方是龙脉止聚。经云：界水则止。又云：界水所以止来龙。

若一二十里，尚不见水回头，则前之屈曲乃行龙处也。书云：龙落平洋如展席，一片茫茫难捉摸。平洋只以水为龙，水缠便是龙身泊。凡寻龙须看来水城回绕处求之，然水来路远，其势宽大，中间虽有小回头处，乃直龙束气结咽之处，即未结穴，直至大缠大回之处，方始聚气。然到头形势宽大，又难捉摸，必须求支水界割，如得支水插腹，界出内堂砂水包裹，方为真穴。

① 水派过大，如树之身，故名。

枝水交界一

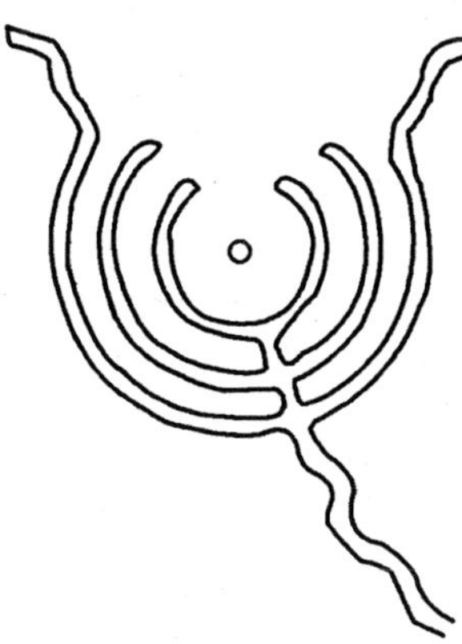

枝水交界图说一

右前一枝大江，自右倒左，右后一枝大江，亦自右趋左，与前倒左水合流，屈曲而去。此两水合流，一水引脉之局，又两水合出，是真龙局。中龙脉宽大，要寻路水插脉，割界作内局，龙虎前后左右、朝抱周密，方可立穴。此局于腹中插入，小水分界，左右重重交锁，三分三合，束气结咽，龙脉到头，员净端严，形势极秀，横来横受，向前面砂，水湾抱处，立穴以迎西来水福力甚大。

枝水交界二

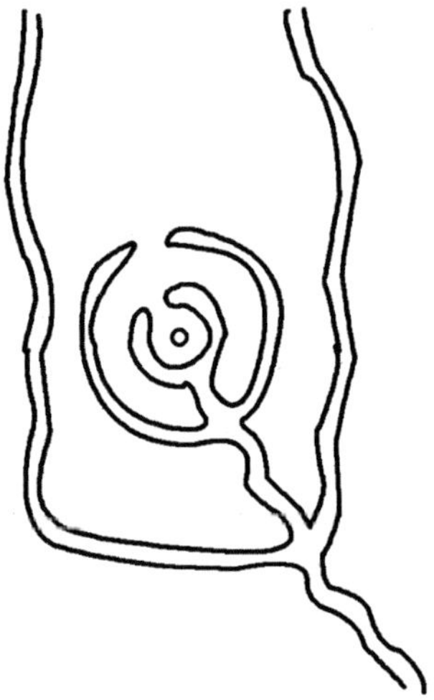

枝水交界图说二

坐下从东北或西北插一枝水，上南屈曲，一路向左而插上，一路向右而插上，割界左右，龙虎交锁，及抱于坐下，成龙虎交抱势，到头成仙人仰掌。结仰窝穴，近来脉立穴取向；坐回受穴，顺脉立穴取向；为顺杖，得龙虎砂朝抱于前，其秀尤速。此三法俱可，但看前后朝应何如，如前有远朝曲水，可迎立回受穴，如后有曲水远朝，或远山呈秀作顺杖穴，此势虽缠，元武弯抱如弓，并无分泄，城郭局势周密，主百子千孙，朱紫满门。若东北或西北一路水分泄而去，其力便轻。

枝水交界三

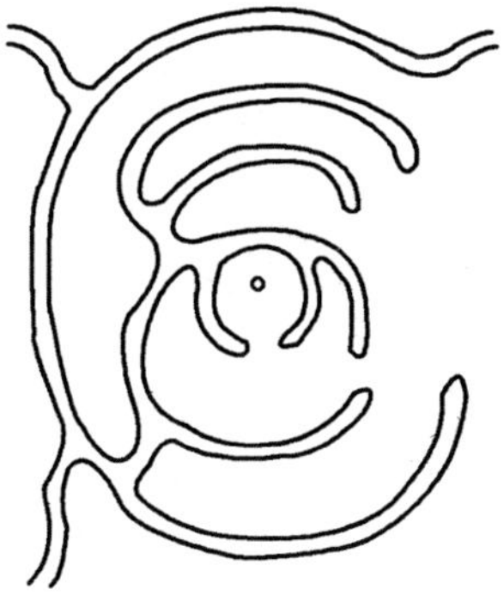

枝水交界图说三

西南水夹送，合东南来水，出东北却于东北插一枝水，分界于左右，作龙虎砂，横夹于前后，中间插一枝水，横界于前，左右有金鱼水紧拱于两间，作横来正受于两间水，护卫周密，三分三合，到头其气完固。经云：水要有分合，有合气方洽。此局三分三合，而转头向南，委曲活动，略无硬直之杀，主富贵全美。若东南屈曲而来，穴中望之，如在目前，其秀尤佳，文翰声名，可甲天下。

枝水交界四

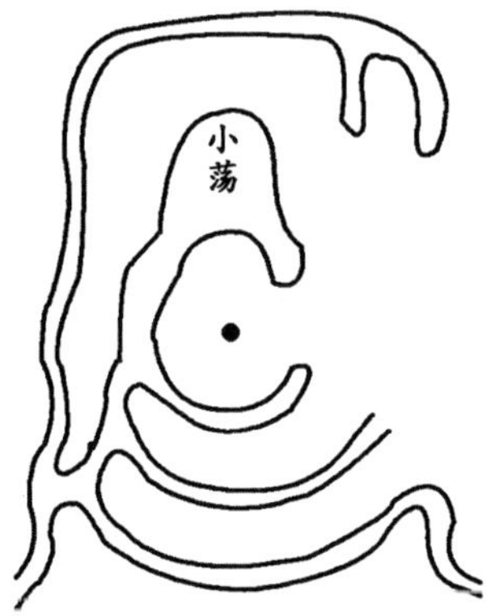

枝水交界图说四

受水从后面右来，绕元武不回头，即于左边局后屈曲而去，于后大水去处插一枝水，上左向前，湾抱过右边，即收作外包裹。又于左之后插一枝水，上前分作两股，一向局后过右界出龙，一向局前聚水成池。其砂水双双回头于左侧，此亦横来侧结穴也。前有小荡，作聚水堂宜对小荡正受，亦主科第发贵。盖元武水虽不顾穴，却于左边绕局后而去，乃真气也。

曲水朝堂一

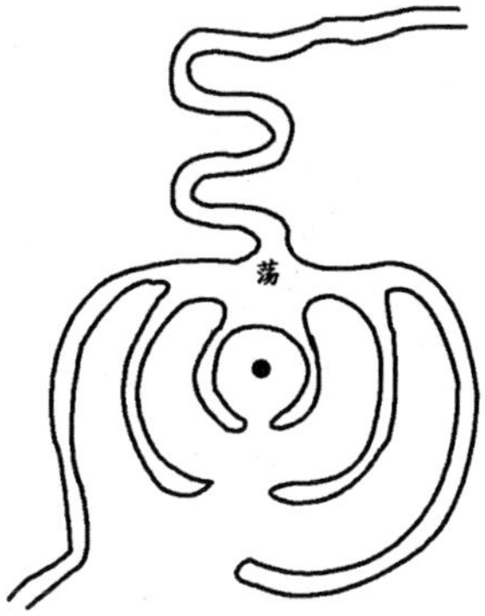

曲水朝堂图说一

穴前曲水，不问三五曲，周匝整肃，自右过东，就身回抱而去，却于曲水后分枝割界，作重重龙虎，分列左右，双双回头，朝顾穴后，枝水分合，三关四峡，重重结咽，来气兜收，形势周密，秀水完固。来水屈曲，呈秀来脉，尊贵端严，左右重重卫护，主百子千孙世出元魁、神童、宰相。若穴前含蓄聚水，富堪敌国，若水系左来，于前曲屈而去福力不减，但清贵无财。

曲水朝堂二

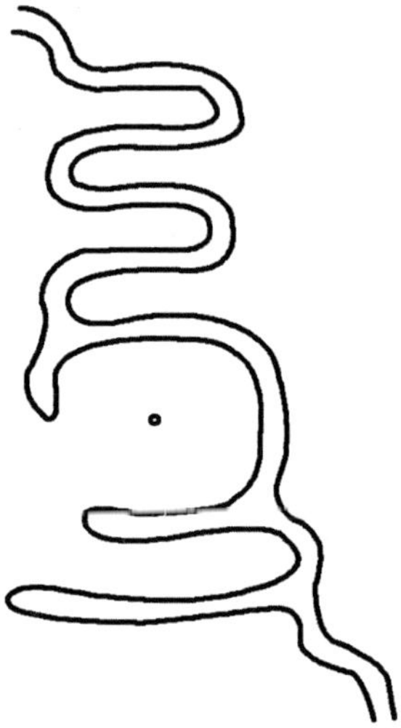

曲水朝堂图说二

凡曲水当面朝来，横过穴前，须就身回抱，屈曲而去。坐下要枝水割界，兜收龙脉，或一二三重，叠叠绕于穴前后，方成体势。其穴前横界深水，太阔则气荡，太狭则气促。面前朝水箭射，恐破气伤泄。此地曲水单缠，一路兜收，脉气凝聚，大能发福。但坐下无元武水，大江绕护，乃是行龙腰结，非尽龙也。其力比两水合出稍轻，若得去水在元武后回头，从作下包裹而去，更自不同。

曲水朝堂三

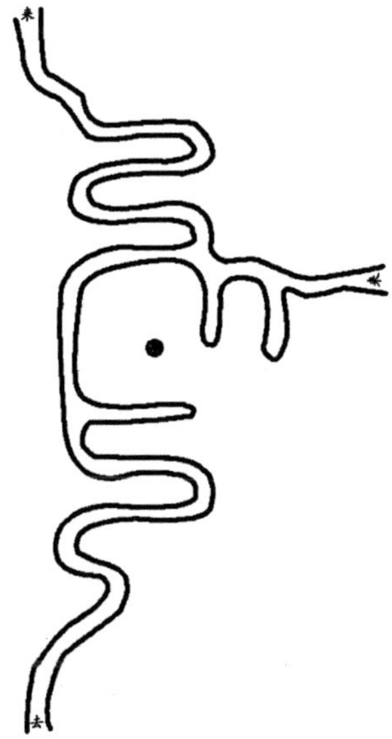

曲水朝堂图说三

穴前秀水当面朝来，与右来横水合流，倒左就身，回抱绕元武，却回头望东北而流。来则屈曲，去则倾家，更得右水交会，此与一水单缠，殊觉差胜。水交砂会，龙尽气钟，主人丁繁盛富贵。

凡右水倒左灌堂，则前秀水不得过堂。而长房发迟，须右边灌堂，使曲水从右倒左，则长房与二小房并发。若右水是穴前曲水，分泄而去，则小房不发矣。后主迁移过继、易姓离乡也。

曲水朝堂四

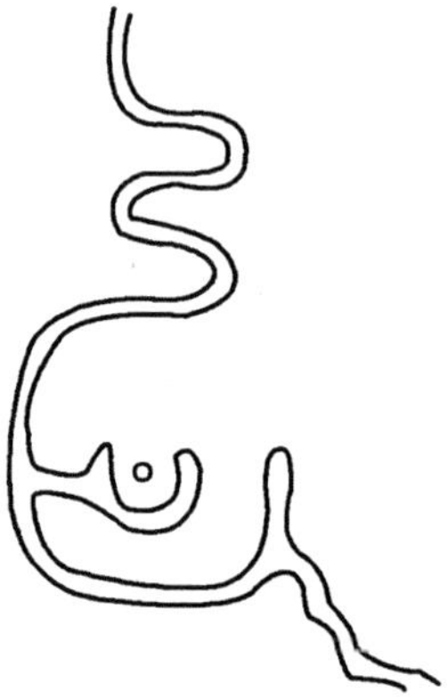

曲水朝堂图说四

与前绕青龙、缠元武合法。前局周密紧促，此势左来就身，夹下稍长而宽，龙脉趋归元武。秀水在前，欲就曲水立穴则气聚，在后而脱气，欲立穴就气聚处，则曲水远而承受，不及中间。必须枝水插腹，兜收其气，中局使前不脱曲水，后不脱龙气，前亲后倚，方能发福。主文翰之贵，先发长房，后发中房，小房更得去水之元，力量悠久。

曲水朝堂五

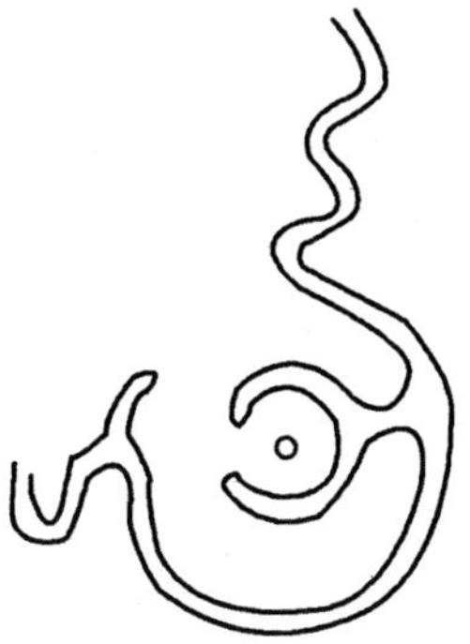

曲水朝堂图说五

或从左来，屈曲到堂。或从右倒，就身环抱，绕元武而去。或从右来，屈曲到堂，从左倒，就身环抱，绕元武而去。其曲处须如之元字样，不懈不疏，整肃周匝，至穴前弯弓，就身绕转，包承于穴后，形势甚佳。若中间太宽，须得枝水，界得脉络清奇，若局势周密，虽无枝水割界，亦可立穴。

曲水朝堂六

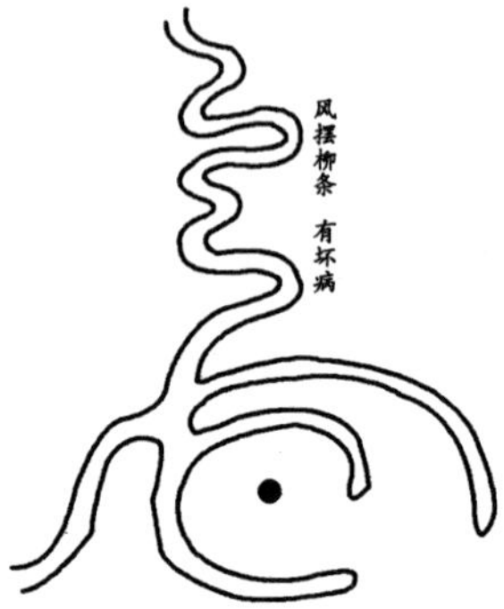

曲水朝堂图说六

须折折整齐，厚薄相等，不宜东泄西窜，如风摆柳条，如风偃草。或盖过穴，或不盖过穴，参差错乱者，虽见屈曲，无足取也。垣局割界结咽，内气合局，亦发福秀。但子孙飘荡淫逸，豪奢废业。若得进局，一二折水，朝抱有情，亦主初年稳发。行至摇动摆跌处，不免退败。

曲水单缠一

曲水单缠图说一

须三横四折，之元曲折，包过穴场。其折转处，不至冲射。若来水虽见屈曲，东牵西曳，固不可用。若曲形如缠，索穴前虽见弯抱，前面一路，殊非秀丽，亦不吉。此局中虽割成势，而穴中难发福。不冲不破，仅可一有冲击，或前后左右，略见分泄，必主破坏。远水如展索，而穴前弯抱，盖得穴过，望之不见前面冲射，亦主三四十年发福。及水步行至之日，即衰退矣。此图外局既全，内气复固，爵尊福厚，丁旺力长，美不可言。

曲水单缠二

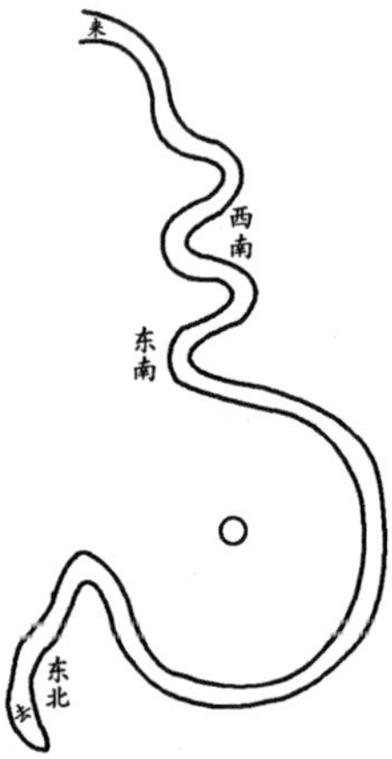

曲水单缠图说二

只要屈曲有情，从东南来或西南来，折折匀调，不牵曳不疏密，三曲四曲，厚薄同情，未即结穴。直至回翔弯绕，势如满月，方成体面。其去水亦要回头，顾家所云洋洋悠悠，顾我欲留，是来要之元，去要屈曲。屈曲去处，怕如绳索样。去不远即反背走跳，亦不结地。此水从东南来，三五折到局前，弯抱如满月。前面不厚不疏，而独到头一曲，厚而员净，此水星曲池穴也。得去水变局，不向西北、而向东北者真。

曲水单缠三

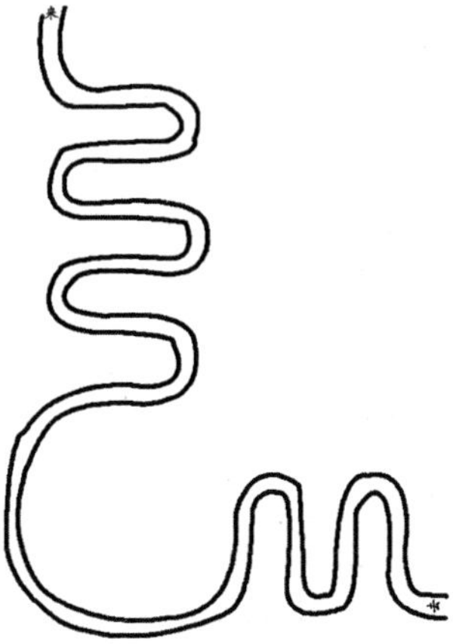

曲水单缠图说三

三横九曲，当面朝来堂。不疏密、不牵曳；绕青龙、缠白虎。回头顾家，屈曲而去。中间并无支水插界，左右兜乘，真气于中，此穴名水星穴。曲池穴前，曲水端肃，皆宜正受。望曲水立向，此名曲水朝堂。缠青龙，绕元武，前后左右紧抱，拱秀大地也。赋云：为官清贵，多因水绕青龙。发福悠久，定是水缠元武，更兼曲水朝堂。去水回头，水法中之最吉者。凡曲池不宜太宽，恐其气荡归元武，穴难向前正受，必有脱气失脉之患。若见宽大，必得支水兜架力妙。此势主出状元、宰辅、文翰、满朝三房，并秀百子千孙，富贵悠久。

曲水单缠四

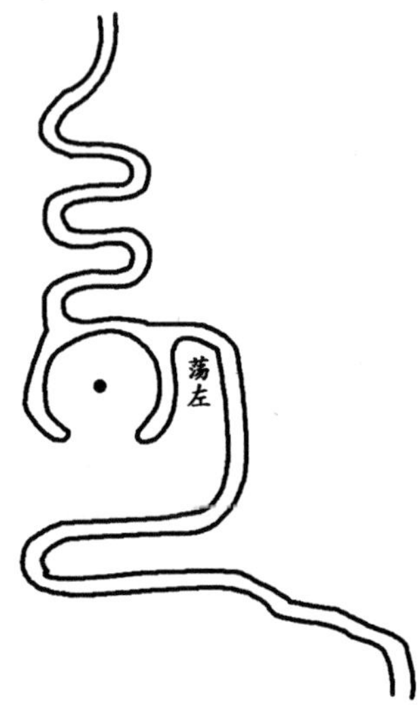

曲水单缠图说四

凡局内不宜太宽，恐气不归聚。太狭又气不运化，生气急迫。若势宽，必须左右或前后有支水兜乘，不使生气荡散方妙。荡左兜左，荡后兜后，又得元武水绕过穴后，上下包裹，则秀气完固，必大发福。此曲水当面朝堂，从左倒右，绕白虎、缠元武，却回头复从元武而去。局内左右，金鱼夹界，其气凝聚，是为真穴。一水单缠，乃为游龙戏水。

曲水单缠五

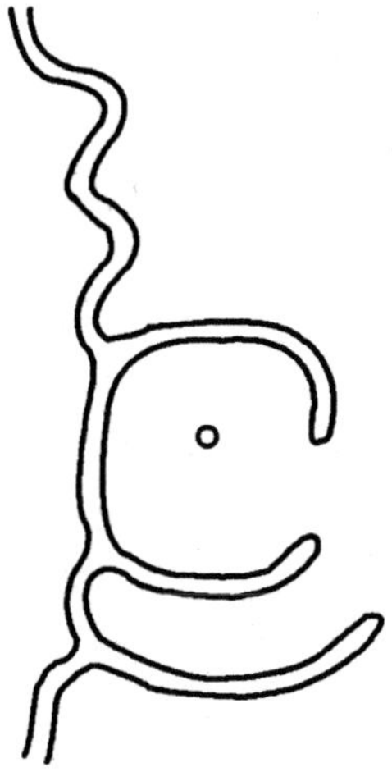

曲水单缠图说五

左来朝堂，不疏密，不牵曳，折折齐整者，宜从曲水至处立穴。穴前一水横迎曲水，合流者须得小支水插界于后，方能收曲水之秀。

两水夹缠

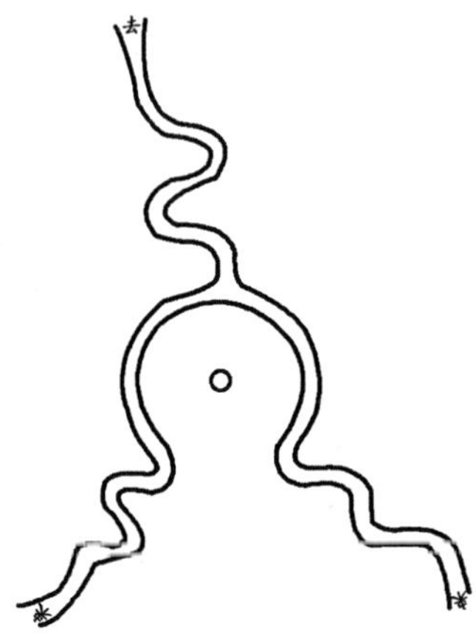

两水夹缠图说

合流而出来见之元，去见屈曲，局内紧拱，不宽不荡，不必支水割界成形，只要中间界割，束腰收气，则穴法完固矣。两水合出，前面三五折，屈曲整肃，当面曲水立向，虽顺水而不至于直流直去，亦不嫌顺局也。龙尽气钟，更得外堂曲水有情，明堂内砂如织女抛梭，节节包承，则水虽曲，而气自固发。文翰清贵。若局内宽大，更得支水兜插成局，而得水潴，更有回头砂包裹穴场，亦发财贵而又富。

水缠元武一

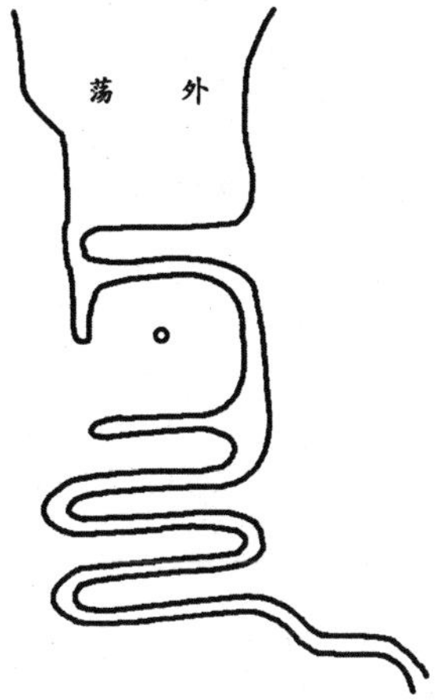

水缠元武图说一

局前大水聚于明堂，从东南横架过右，抱身缠于元武，三四曲而去。砂水反关于坐下，其本在穴后，法当向曲水立向，然前有曲水明堂，流神自南而绕，亦可就水处立向，富贵两美。但聚水在前，秀水在后，先富后贵，若来水自北而南，福力尤重，代出魁元。只要曲水包裹整齐，若有牵曳，便不发秀矣。左缠发长，右缠发小，中房福力悠久，大旺人丁。

水缠元武二

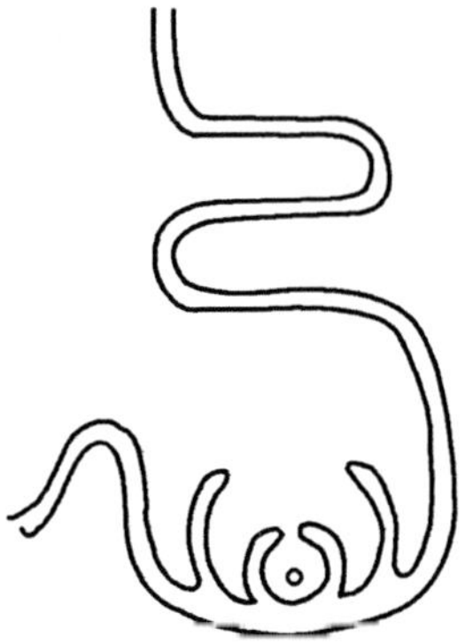

水缠元武图说二

前有曲水三四折，远远朝来，就身兜抱局后，缠身元武而去。入路得结咽处，束气紧密，发福悠久，富贵双全，人丁繁盛，二三百年不衰。

水缠元武三

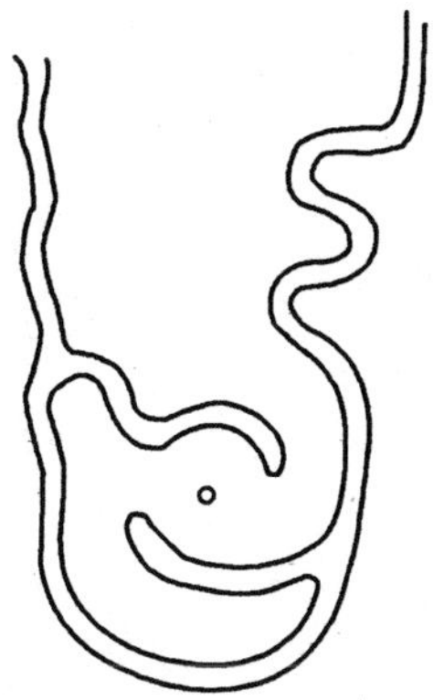

水缠元武图说三

曲水当面朝来，不厚不薄，折折整齐，或左右就身环抱，从元武缠回而去，势极若员抱紧夹，不宽不狭，法当凑前曲水中立穴。若就身环抱，宽大深长，则凑前立穴，恐其气劫泄于后。虽得亲就曲水，而失气脱穴，亦不发福。即当于曲水后求支水，兜插在于何处，若兜插中间，法宜立中穴，兜插后面元武前，宜立穴坐元武水。作回受穴，只要穴前望得曲水，虽远如在目前，乃妙如局内。别无支水插界，须以人力为之，毋使真气劫泄脱气，但要迎受得秀水著耳。经云：曲水朝堂，秀而可穴。缠护紧密，凑中迎扦，若还宽大，发福必迟。

水缠元武四

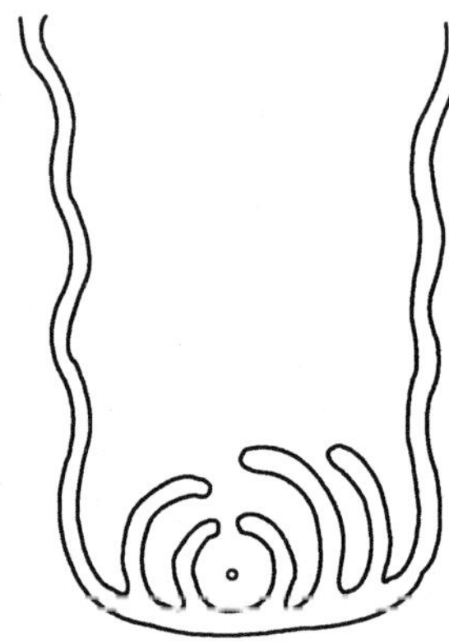

水缠元武图说四

凡面受穴，多是水缠元武。俗云坐空割背者，妄也。只要天源流水，从东向西，左右得支水插腹，重重包裹，割界结咽，与夫分合清奇，福力亦大。若从右边来，绕元武出东南去，比绕青龙者稍轻。以水向东流者常也，嫌于顺水。若从西南向北转，绕向南面出东南，穴向朝西得水绕元武，福力与绕青龙缠元武相同。以逆势也。百子千孙，富贵三百年不衰。前有朝阳，其秀尤美。凡元武水缠，须得数百步之外便弯抱，拱夹仰折而去，方显正格。若面前滔滔横架而去，不见回头，又不可以水缠元武论也。缠者回绕，弯抱之谓也。

顺水界抱一

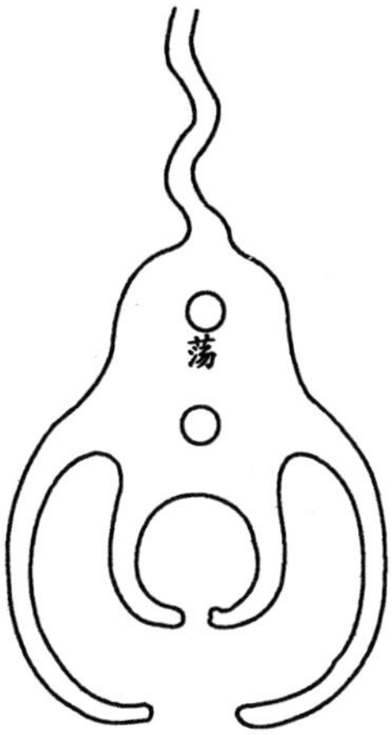

顺水界抱图说一

一片大砂，周围四水团聚，中间却插一支水，直至大砂中腹。或分作两路，割界于左右，裁成龙虎砂，紧夹于穴外。穴前蓄成一河荡，五六亩、十数亩，涵聚穴前。虽元辰向穴前出去，然得屈曲如之元，不见直流，又蓄聚不泄，形势尤佳。不可以元辰水直出而弃之也。亦主发福一二纪，财不甚厚。人丁虽盛而不秀，小贵而已。河荡中得一砂盖过，不见前水出去，乃为可贵。如无小砂盖过，三四十年便见退败。

顺水界抱二

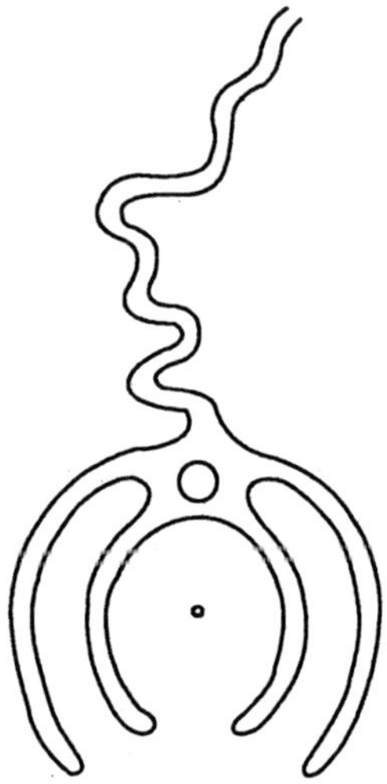

顺水界抱图说二

与前局同。但无蓄水涵于穴前，若明堂无聚水，却得前面支水到堂，三四折如织女抛梭，东西包裹，砂头双双抱护，虽无曲水，因其曲秀，反主发贵，丁财亦盛。

顺水曲勾

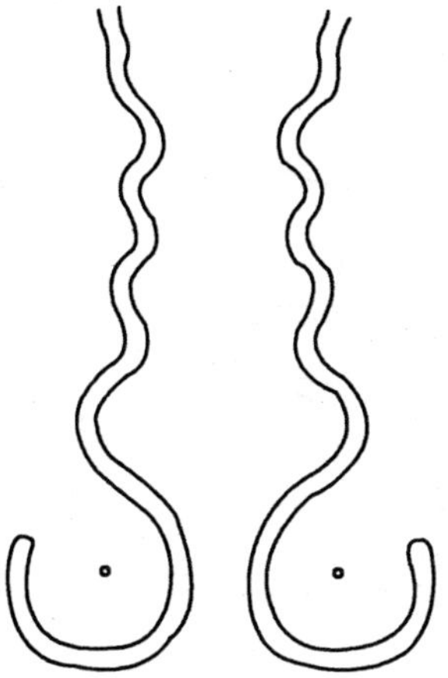

顺水曲勾图说

有曲水横来，到头却于尽处作仰勾如钩。有曲水直来，到头却于尽处作抱水勾势。二势皆可立穴，但要水来屈曲，不疏密、不牵曳，折折整肃。或迎曲水来处立向，或张曲水作朝，或垂钩尽处立穴。主年少魁元，奕世贵显，文名鼎盛。

曲水倒勾

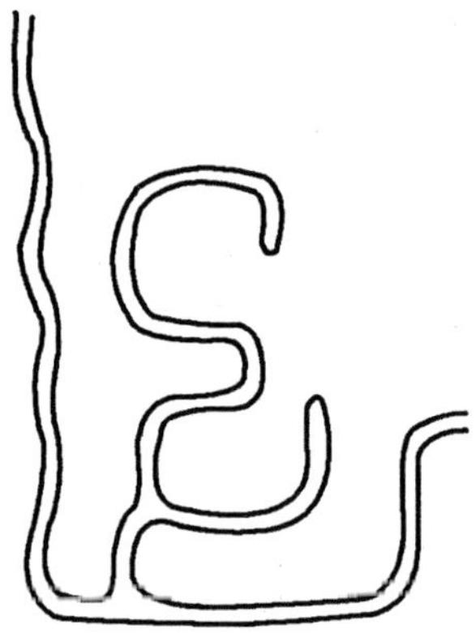

曲水倒勾图说

青龙有水屈曲，就身抱缠元武，回头顾家而去。此绕青龙、缠元武势也。却于元武插一支水，转折直至腹中，作一挽水勾形，穴之亦能发福。穴前虽无吉秀砂水朝应，而水脉自坐穴后来，气脉完足，丁财极盛，贵而悠久。

斩气迎朝一

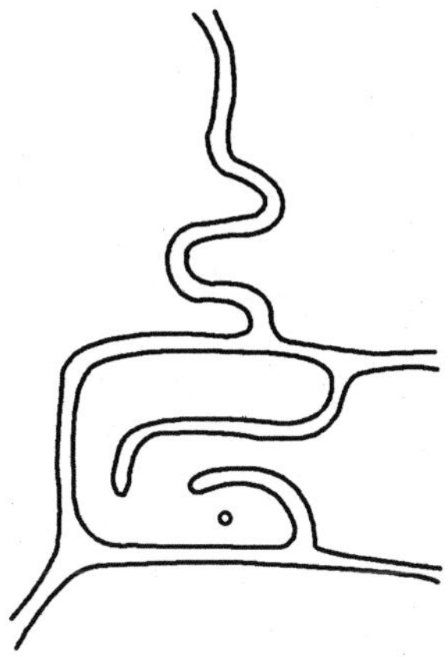

斩气迎朝图说一

大江大河在前，或有大江远远屈曲而来，与大江横架水交会。其交会处，并无支水收受，荡散龙脉，似难立穴。却于百步之后，有一水横界中间，有支水插进腹中，如勾、如仰掌，或勾左、或勾右，与曲水登对，虽远数百步望之，如在目前。即于此处斩脉立穴，以迎前朝曲水之秀，名斩气迎朝穴。亦发二三代福力，但不悠久，以龙脉未尽也。若得左右夹界重密，元武水仰抱如弓，力大且久，因朝远而不就，须迟至数十年后方发。发则暴而盛，以大江势大故也。

斩气迎朝二

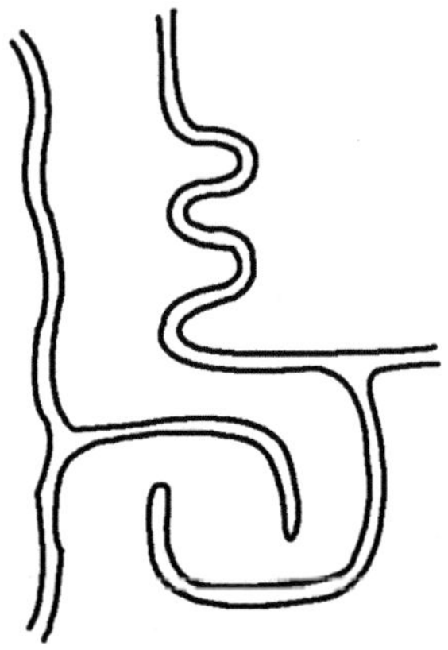

斩气迎朝图说二

曲水远来，到结局竟横夹，而不见回头斫下，此本入怀反跳之势，理无可取。然曲水三横四曲，折折整齐，不牵曳斜窜，形势秀美，若得支水插入秀水之后，弯抱如勾，木局又得支水插入于后，仰兜如勾，龙脉虽未正歇，却于交钮处斩气立穴，仰乘曲水之秀，亦发福。曲水近在目前，只发二三十年，远在百步之外，三四十年始发，然终是曲水反跳，不得归元就身，富不过万金，贵不过三品，两代即衰，入籍他州，亦出魁元。

远朝幸秀一

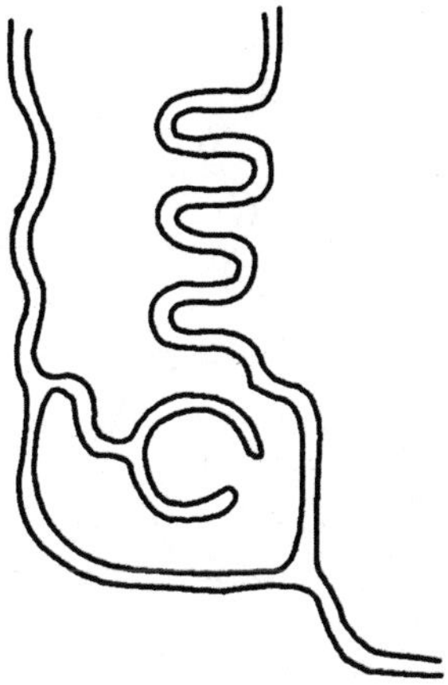

远朝幸秀图说

曲水朝堂，从左转右，弯弯就身绕转，却又得客水从东来缠元武，与曲水合于局后，此亦两来成势。而曲水之内，并无插架，成穴反于客水，插一支水，横架于曲水之后，乘曲水之秀，所谓移花接木，名曰邀幸。主迁居易姓，或赘婿过房发大贵，或远乡冒姓、冒籍发科甲。或于边疆立功业，或文人立武功，武人立文业，或于他途成名，然局势周密气完，固主人丁繁累代不绝。

远朝幸秀二

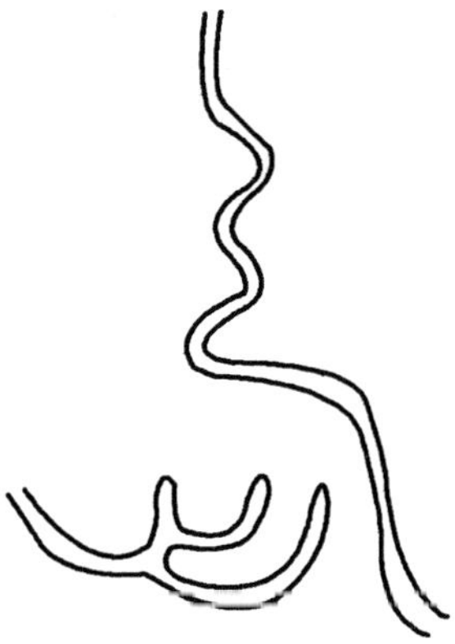

远水幸秀图说

曲水当面朝堂，或倒左或倒右，本局无支水插界，成形却于他方外求。插下割界，金盘仰掌，势托于曲水之下，亦名幸秀。然穴后又得一支水，包承于元武，与曲水合从作一路而去，则水口当以曲水为主。若后面外水不从，与元武曲水合流，则水口当从本穴支水去处论。去虽曲水回头，交锁织结，不至渗漏方为大地。其水去处，虽不屈曲，亦不为害。盖本支之水，乃龙之元辰，而曲水乃客水也。不过邀客水之秀以发福耳。其流之曲直，无预于本龙之气，但要坐下元辰水去，得曲为贵。此等当过房入赘而发，他途泮籍登科。

流神聚水一

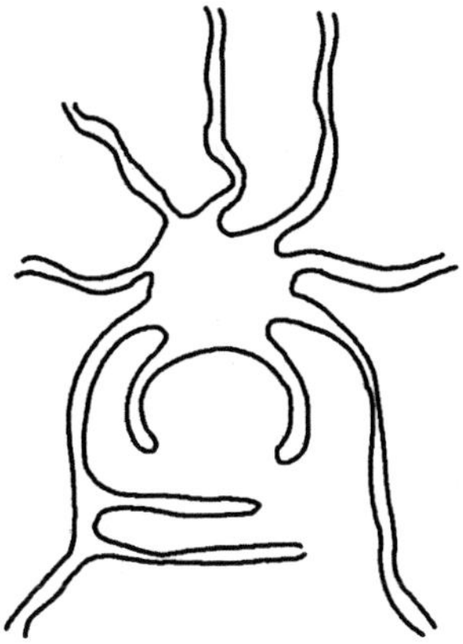

流神聚水图说一

凡两水夹来，随龙交合于局前。其水多从明堂前直去。人谓顺水地、顺水龙，岂知结地水未有不向前去者。只要屈曲不见直去为吉。局前亦宜蓄水，不至径来径去，盖潴而复流，虽去不害。若局前无池沼蓄积，其去水无交钮，向前直去乃忌耳。若三横四曲，顾我复流，眷恋不去，为顾家水也。前顾家者发近而速，后顾家者发远而迟。与过穴返出，相去远甚，岂得以顺而弃之。

流神聚水二

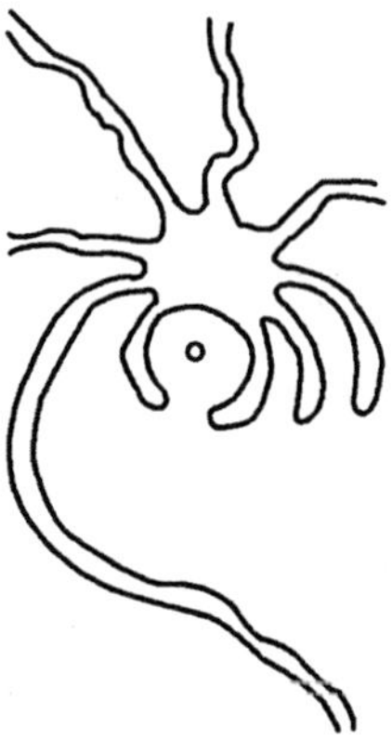

流神聚水图说二

十八格惟水聚堂第一，盖水为富贵枢机，故水神涣散，不惟不发，亦主败绝。古人论水不曰荡然直去，则曰水无关阑。务得局前水蓄积方为吉壤。此左右砂头朝抱，而前又见众水朝流，聚汪成荡，只通一路，或缠元武，或过青龙。此来多去少，所谓朝于大汪，泽于将衰，潴而后泄之势也。垣局周密，众水聚堂，十全大地，主三四十纪之福。长、中、幼三房并发，但荡不宜太宽，众人之水，非一垣之水，情不专而发，福亦不专矣。

流神聚水三

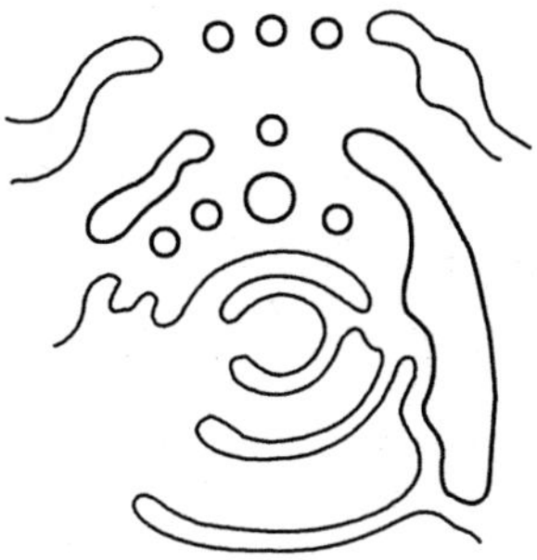

流神聚水图说三

亦类湖荡聚砂格。而本身穴后界水多，内气足，与一片平坡者不同。

流神聚水四

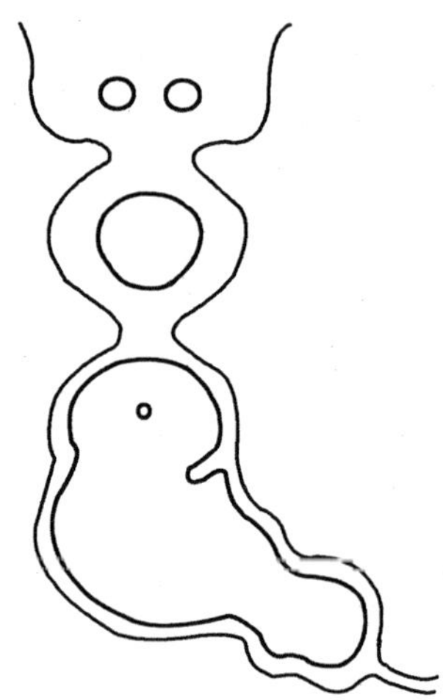

流神聚水图说四

元辰水从穴后分开左右两路，随龙向穴前合衿，当穴前而出，却聚成一河荡，左右砂角，双双朝抱。湖荡中间小砂，或方员，或长横浮水面，交锁关阑，亦不见水口冲射，虽元辰水向穴出流，而聚蓄汪洋，与元辰水直出之势相悬，主大富贵，福力悠久。若穴前湖荡中无砂角拦截，亦不为害。只要左右砂觜拱抱为佳。不可以元辰水直流指为顺水也。赋云元辰水当心直出，未可为凶。只要湖荡蓄之横案，拦之乃吉。

流神聚水五

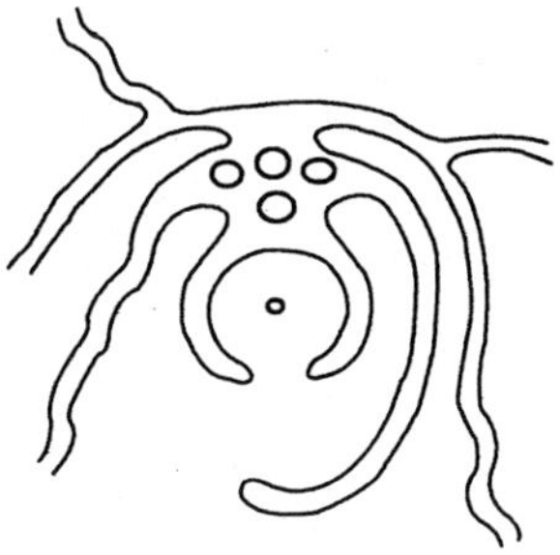

流神聚水图说五

水聚明堂，两水来拱于左右，与前横水合流，过左或过右，只通一路出去，穴前蓄水荡于垣，或联珠串作内明堂。龙虎重重拱抱，亦大地也。局前虽朝阳揖拜，只要下砂逆水插得紧密，似不容水神流去，则精神凝聚不减众水朝堂之局。仕可腰金，但科第不获名魁。以穴前无秀朝拱揖故也。内外堂有二三重关锁，亦主三四十纪福力，二三代荣华，子孙满堂。过二纪后贵虽不大财禄丰肥，因水静专而不荡泄，故悠久。

湖荡聚砂

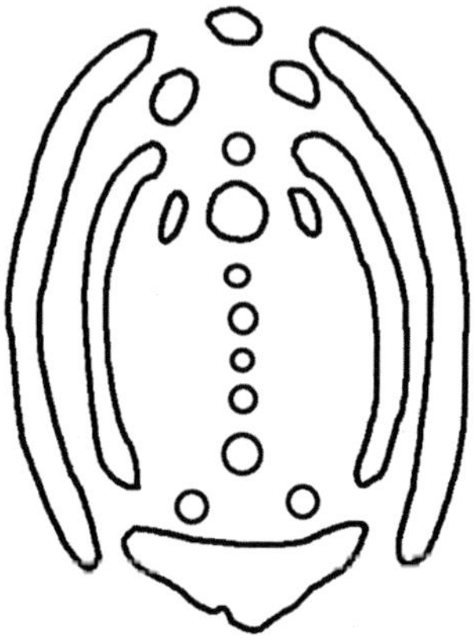

湖荡聚砂图说

荡泊多有结穴，如波心荡月，如雁落平砂，又如浮鸥点水，审而穴之，无不发福。

界水无情一

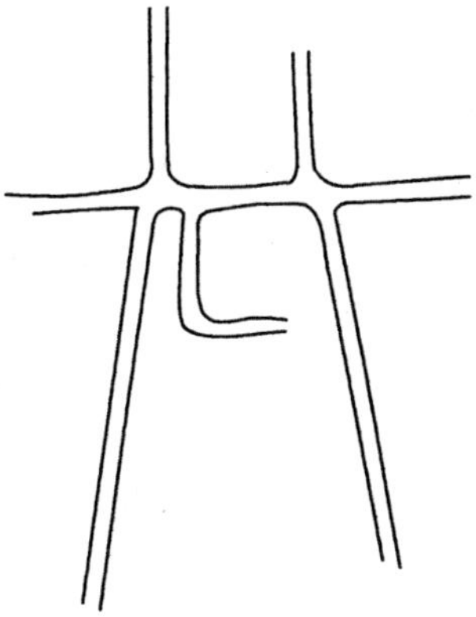

界水无情图说一

寻平地与山龙不同，只要水抱左右，前后委曲，向内就身围绕。凡直来硬逼，不顾堂局，大凶。虽支水勾弯，亦不可穴。赋云：荡然直去无关阑。其内岂有真龙。诀云：水能界生气，弯曲回绕者，界生气水也。荡直不顾家者，散生气也。经云；生气尽从流水去。正谓直水去也。一直如箭，略无回顾之情，若井字，若棋格，虽有支水插界，似是而非，虽略发财，久之出人横暴忤逆。主流徒之患，贫败绝嗣，瘟疫自刎，皆刚硬之气所致。

界水无情二

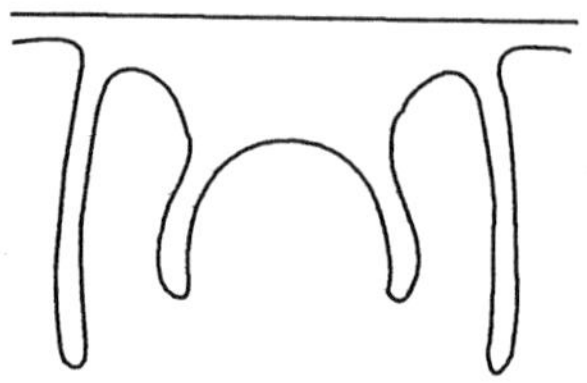

界水无情图说二

赤霆经云：棹椅反张，手足握曳，败绝之藏。又云；官不供职，鬼不还气，穴之主父子分居兄弟别离。书云：砂分八字，水斜流田，地不留丘。

界水无情三

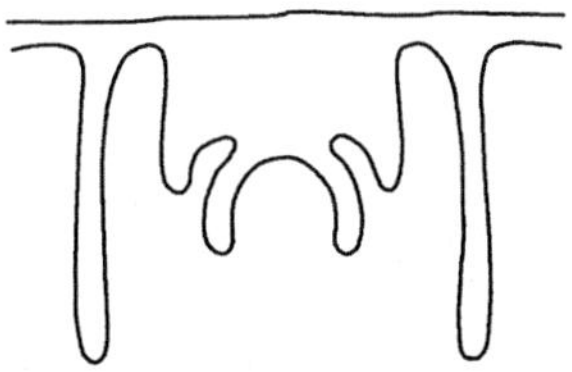

界水无情图说三

凡左右砂水，须朝抱回身向堂局，青龙如勒马，白虎似眠弓。书云：大地却如羊见犬，双双回头，转如星之拱北，四面环绕。若龙直出，无弯抱形如推车，为无情。书云：却如伸去推车形，砂不回头，堂气即散。令龙虎直去，不见回头，明堂虽有聚水，而左右砂头直去，则水亦不含蓄，堂气不聚，穴气不顾。书云：龙虎所以卫区穴，既不回头其内焉。有生气耶。虽内砂似勾亦不足取。赋云：内勾外直枉劳心。

来水撞城一

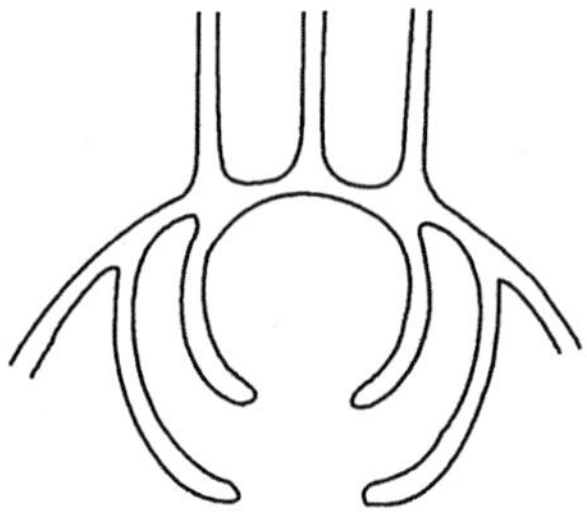

来水撞城图说一

穴前水弯抱如带，左右龙虎紧夹护送，形端局正，似为结地向前。明堂水更屈曲而来方妙。今向前有二三路水，直冲穴前，为金吾箭来撞城，其祸最亟。书云：直则冲，曲则朝。又云：一箭一男死，二箭二女死，箭左损长，右损小，中损二。若斜冲，主子孙军徒。又曜杀，方主刑戳甚至绝嗣，凡穴前有此直水，或得池湖受之，或横案遮之，差能免祸。赋云：为人无后，多因水破天心。

来水撞城二

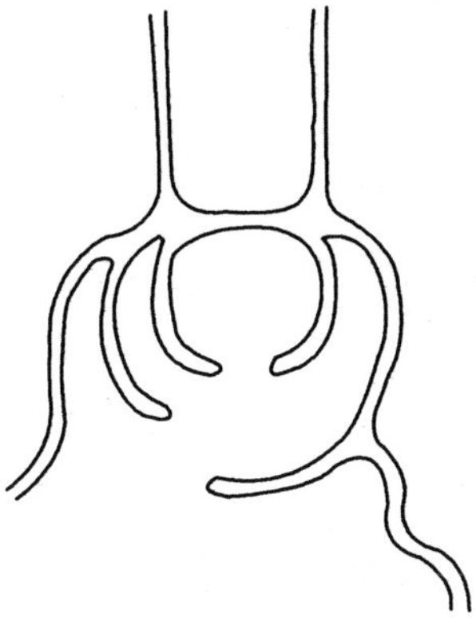

来水撞城图说二

水或左来，夹身从右斫下；或右来，夹身从左斫下，穴前水如弓、如带，左右又有支水合界，拱夹两旁，形似可观。若明堂左右有曲水朝来，照穴则美。使局前虽有水直来如箭，无屈曲情况，则穴中之气反被直水射散。书云：来如箭纹身傍面，虽发财禄，子孙必有编配之患。若左来右去，右来左去，或左右俱来，穴前分作两股流出，一直如箭远去，更无他湖收蓄，尤不美。切不可以左右支水夹抱可观，而穴之，主绝人败家。

水城反跳一

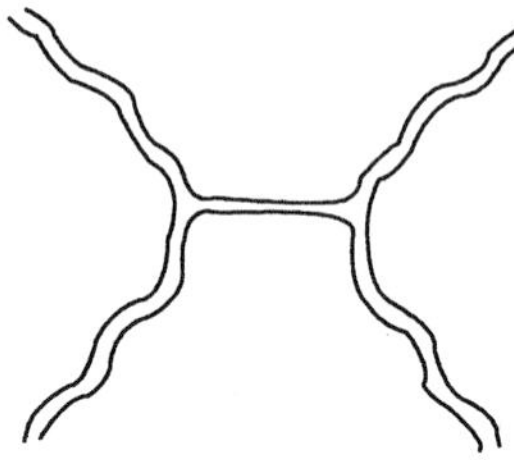

水城反跳图说一

凡真气所聚砂水，必然归向砂则，如拜如揖，回头如勒马，俯伏如眠弓，水则如之元，缠绕顾家青乌。经云：扬扬悠悠，顾我欲留也。若左来而右反去，右来而左反去，或前来而后反去，后来而前反去，或前来如倒书人字，后来如顺书人字，源头水尾，并无兜收勾回之势，名为四反。主人忤逆，小则劫掠，大则叛逆。左反主男逃为盗，右反主女妇背夫，前反主瘟疫，后反主火盗，四反主灭族刑宪不可以四水交流而穴之也。

水城反跳二

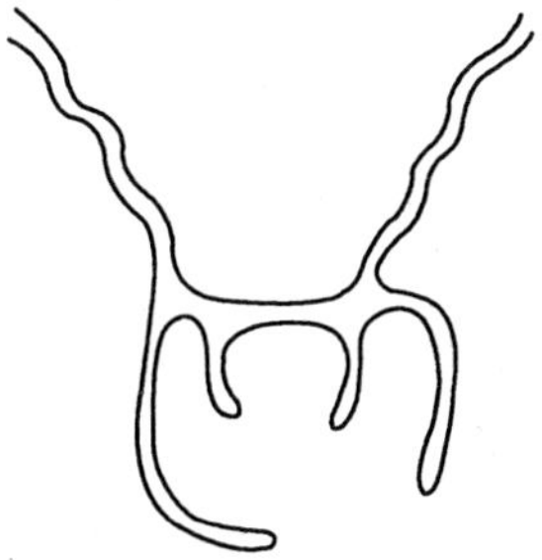

水城反跳图说二

水来去须环抱夹拱，则力聚结穴，抱东则气聚于东，抱西则气聚于西，经云：界水所以止来龙，弯抱所以聚穴气。此穴前水反圈，如仰瓦、如反弓，左右不就身斫下，反跳斜飞。情系抱前而不夹后，左右虽支水夹护，情不在后，势虽迎气，气实不聚，八之暂发，终必退败，盖水忌背城。书云：背城反跳，主逃盗、编配、远方浪游。左跳长房当，右跳小房当，以左右支水回抱而正穴。支外拱夹是假势，而外面走窜，切不可下穴。

曲水斜飞一

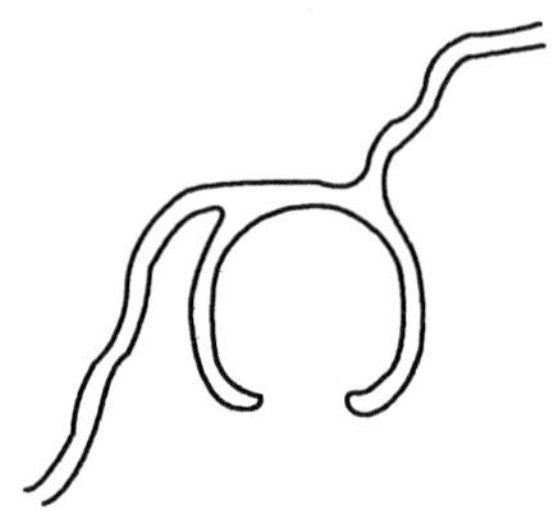

曲水斜飞图说一

凡水界龙来，宜就身贴体，过穴而斜飞为斜流，以其不卫穴也。过穴而反跳为跳，以其不就身斫下以卫穴，却于穴前反跳而去，无屈曲回头朝顾之情，虽一边围绕，而一边反跳，则穴气已从反跳之处走泄，虽发不久。赋云：水才过穴而反跳，一发便衰。若水自横来过穴而反围是，左右不得水抱，虽支水兜收，全不聚气。经云：来不揖穴，去不拜堂，败绝之藏也。左跳长房当，右跳小房绝。

曲水斜飞二

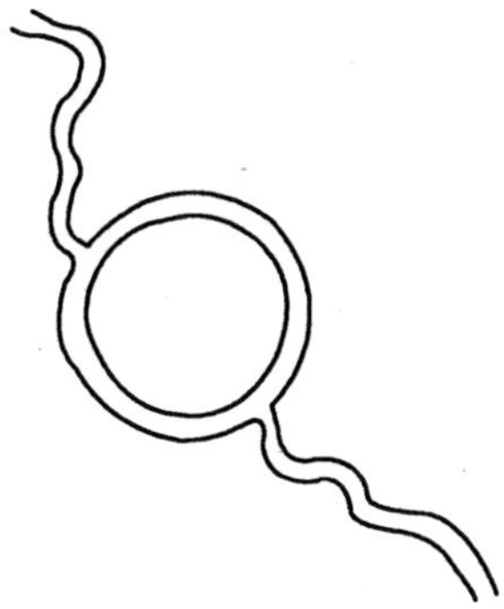

曲水斜飞图说二

凡水来去，要朝抱就身，尤要弯环委曲来。要之，元去要回头，缠绕此局前，左来右抱就身，似可为穴。形如之字，虽见屈曲，然势如曳索，斜来不秀，而非朝堂。其右边去水，虽见就身，扎局不远，不反跳斜飞，更不回头顾家，则去水似是而非。其贴身左右支水，总裁割如画。穴之仅可暂发，不能悠久。若认水元如带，则误矣。水城固要员抱而来，去亦宜朝拱。书云：水来曳索曲而斜，此处莫安排。又云：水若回头号顾家，水不顾家家必破。水之来去，可想见矣。

湖荡聚砂一

湖荡聚砂图说一

前面湖荡千顷，横盖于前，局后旷荡无顿，又得支水插界成局。穴前再见小砂盖照，不致荡散宽阔，精神完固，穴之发福。此等地不问水之去来，合法只审气之聚止何如，主富贵难量。

湖荡聚砂二

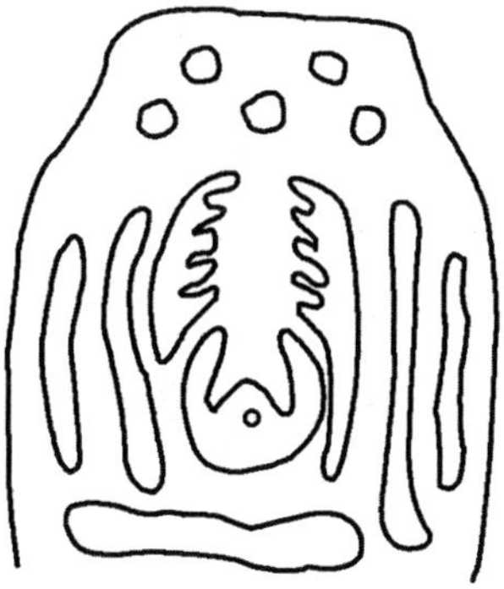

湖荡聚砂图说二

湖荡数千顷，中间突起二三片，大者数百亩，小者五六十亩，圜聚拱顾，洲角兜收，双双回顾。即于中间审认何砂严正，有无支水，界割成局。如有界割支水结咽，分合明白，便看明堂左右朝，抱有情，荡水收尽，蓄于穴前，作内明堂。局前更有远砂盖照，湖荡虽大，而局前视之不觉宽阔，荡散垣局周密，穴之大富贵。分茅列土，以湖荡中精神独擅，人不得分受也。以砂水朝揖之多寡，定世代之远近，朝拱之砂，愈多愈妙。

湖荡聚砂三

湖荡聚砂图说三

群砂辐辏，众水聚堂，左右各有二三重长砂抱卫，两旁砂头向堂回顾，不软不直，又不背坐，更后托坐于后，中间有一支水，界出龙虎，坐实中立，向前远砂，左右趋堂排衙，拱揖中舍，湖荡外有远山，或长砂为盖照，湖荡宽洞中有小砂，如星月水中排列。主富贵绵远，出宰辅英贤。

湖荡聚砂四

湖荡聚砂图说四

河泊之穴，多有群砂团簇，远近四顾，朝应中处，一砂端整。中处望之，左右前后，各有长砂抱之，双双回头顾穴，四畔俱系湖荡，相去或半里一里，视远若近，群砂拱衛，若在目前。拜伏整肃而坐穴，有横砂夹拦于后，不致渗漏。主列土分茅，富堪敌国，子孙孝义悠久。

湖荡聚砂五

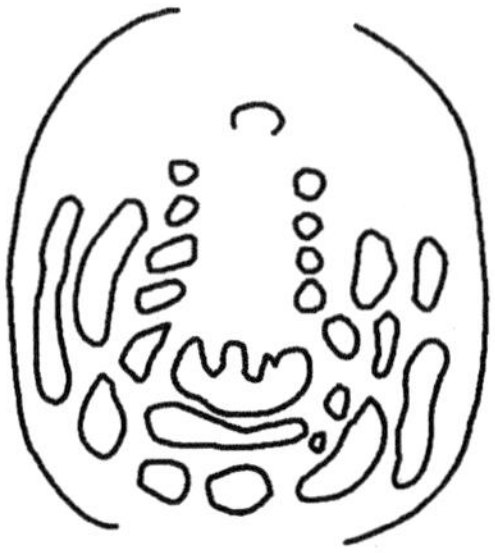

湖荡聚砂图说五

洲泊一望无际，中间或有小砂数十数百块。大则五七亩，小则二三亩，或芦洲草渚，围簇一处，却于中间看有大砂，或十亩，或二十亩，得支水插界，紧身包抱，左右小砂，长短团簇，双双回头，向拱小砂，交钮重叠，不见穿漏。坐下近局，有横砂拦后，穴前小砂，点点横直，排列团匝。主威震边疆，或分茅割据，若前有倒旗反砂，主出强梁之人。

湖荡聚砂六

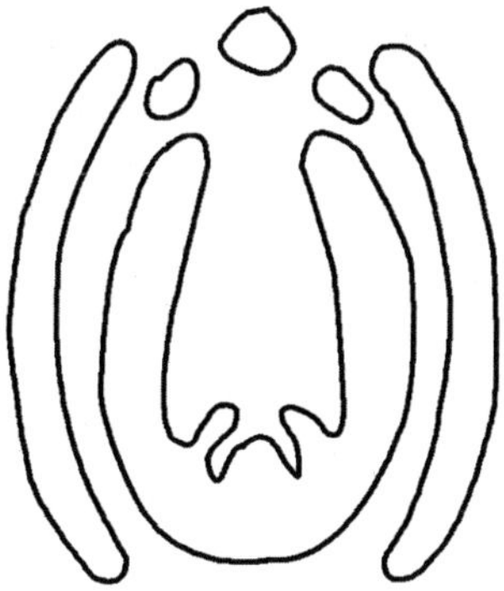

湖荡聚砂图说六

凡群砂辐辏有五势。一穴聚水，远砂朝应。二水聚明堂，近砂夹辅，而远砂拱卫。三本身绵长，直出湖荡，外砂远应。四荡中群砂围绕，自相辐辏。五群砂内聚，而外更有大砂包乘。皆大地也。此局聚水明堂，得近身砂衬贴，前有湖荡，而远砂拱夹，外砂拱水，外水夹砂，局势更妙。更得穴前或远或近，有砂呈秀，富贵极大。若左右拱夹虽多，前面无砂作应，则堂空。虽富不显。

湖荡聚砂七

湖荡聚砂图说七

内张湖荡，左右两砂相顾，中通过穴，双双回头。若内蓄水长直，须得盖砂护覆，不见明堂水直长方妙。左右两砂，各自结穴，故曰鸳鸯垂钩势，形如皮刀靴鞘。当就弯处扦之，转身向上方有力。若侧扦之，则不发秀矣。此地主科甲联芳，初必因财致贵，后发文翰腰金，官官相见。左穴先发次房，右穴先发长房，孝弟子孙，繁盛悠久。若扦穴太进，则气散而不收，难以发贵，两穴同断。

湖荡聚砂八

湖荡聚砂图说八[①]

砂形勾踢如马蹄，如靴头，如皮刀，口客砂包，缠于坐下。穴前蓄聚来水成湖，一水单缠，元武左转，两砂自相包裹，垣局完固，并无水割，亦大地也。水自右来，穴宜右迎水，堂局端正，不觉斜侧，穴宜正受。湖泽虽无盖砂照应，亦吉。若聚水直，水必得中，水小砂照为美，盖明堂水喜横长如儿，不宜直如竹也。主富而且贵，代代荣显。若元武水倒缠，入明堂竟向前而曲，穴宜横受方吉。

① 踢毬势

湖荡聚砂九

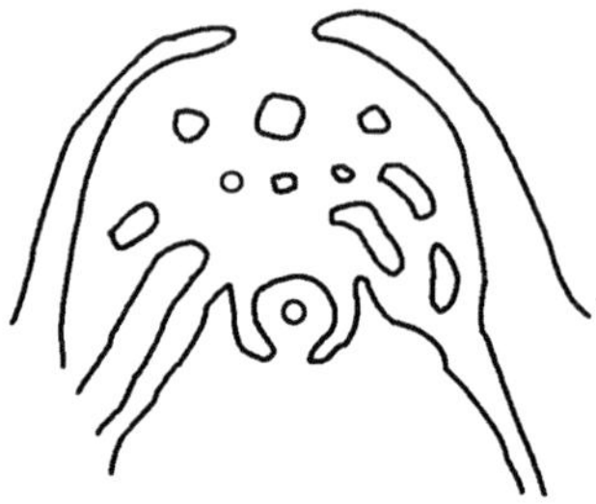

湖荡聚砂图说九

积水灌堂，聚蓄成湖，一二顷或八九十亩，却于穴左右起砂，条条夹身，逆水插出，护卫区穴，四五重或六七重，双双回头朝拱，形如勒马，力重大地也。或以后龙散漫过峡，束气不清，而弃之误矣。

湖荡聚砂十

湖荡聚砂图说十

湘、汉、浙、直地最低薄，古人辟田，多填低就高，各因砂汰以成田。故多小砂攒聚，成势之穴。然多大小不均，横斜不齐。零散而围簇者少。或有结穴者，须随砂详看砂头朝向何地，若见攒护整齐，不疏不密，便于群砂之中寻中立之砂，四顾有砂包裹，不觉露风，藏聚含蓄，此地极佳。主百子千孙，富贵悠久。其穴向当视小砂，中处之向，内得来水，正面迎受方美。若小砂多而大砂远抱，终恐近身穿漏，必得穴砂左右有贴身，金鱼水紧抱以护漏风，则气益固矣。

湖荡聚砂十一

湖荡聚砂图说十一

湖泊多有小砂，或二三十块，或一二亩五六亩，团簇抱聚，中间包湖荡，其砂点点，印于水面。小砂之外，却有长砂，周围包裹小砂于中，左右前后见水穿漏，而外有大砂、长砂、角角包裹，不见缺方成势。却于中间小砂，认出一中砂，头面端正，而前后左右小砂，虽零散而实朝顾簇护，不远近，不疏密，外面更得大砂弯抱周密者，力量雄盛，大贵之地。若中间虽有小砂，而不得湖荡，含蓄秀不显露，虽贵而不甚富，主文翰词林，但小砂不要鹅头鸭颈方妙。

湖荡聚砂十二

湖荡聚砂图说十二

前后各有长砂，横架左右，各有直妙包裹中间，却得小横砂三四亩或七八亩，并无支水插界，藏于众砂之中，左右直砂，个个回头勾搭，包抱左右前后。水虽四穿八达，穴中视之，毫无渗漏，众砂归向，不敢反背，真气聚矣。凡地先看前后左右，朝向何处，若只只回头向于内，即于中间寻中正不倚，或大或小处求之。若有反背，或向内，或向外，或反跳，即无真气，不必求穴。

湖荡聚砂十三

湖荡聚砂图说十三①

一条水入，一条水出。周围盘结，皆在局中。结穴处须要水宽，聚成湖泽。其中涵得气脉，溶活方妙。不然成裹头城矣。裹头名巾帼术穴，气窘逼不得流通，反成绝地。经云：山囚水囚，虏王灭侯。此穴前湖泽汪洋，紧而不迫，发福悠久。出人孝弟，聪敏、功艺、成名、发财，以龙来秀曲也。

① 双盘龙。

湖荡聚砂十四

湖荡聚砂图说十四[①]

砂水团云，势有双盘龙，单盘龙。凡盘龙，结穴须砂水回旋，方盘结而气聚，若无委曲盘旋之势，虽回头朝应，非盘龙结也。此势是双盘，而左右客砂，重重旋绕如云之护日，凡盘龙穴，多结在局中。必得蓄水于明堂或小砂，点应方佳。发福悠久，以无风吹水破之患也。虽穴不尽真，总不大发，亦不大败，房分均匀，富贵贤贞，或有被征召而不仕者，皆气脉潜藏之应。

① 双龙盘势。

界水外抱

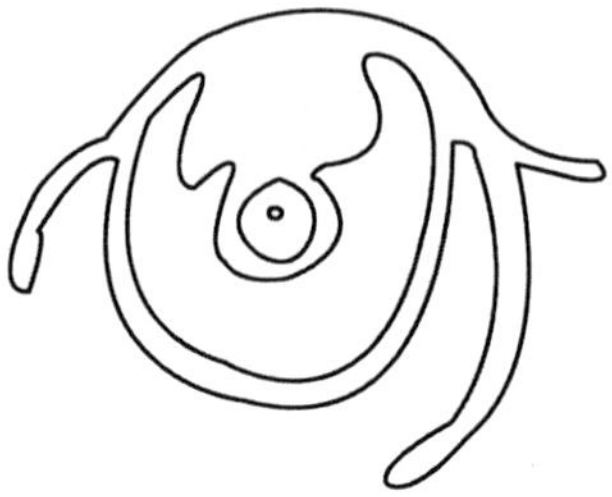

界水外抱图说

龙虎重重朝抱，局前弯环如弓，形势美矣。然穴前砂角硬直无情，外形可观想。不可以内形有碍而弃之也。赋云：内直外勾，尽可剪裁以工力，掘去直指，使成弯势开静，亦大地也。

界水前抱

界水前抱图说

局前支水插入，包抱左右，砂气紧拱，似乎有情。然湖荡在坐下，砂角双双飞散，则前气虽收，后气不蓄，前为外气，后为内气，外实内虚，此地尽发小财，终无大福。官贵绝响，人丁亦稀。

一水横拦

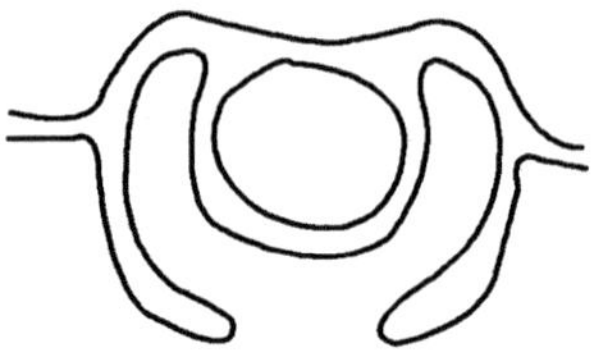

一水横拦图说

腰带水左右斫下，紧夹包裹。其水城形势收界，龙气有力。经云：界水所以止来龙，若大横界，而左右不就身环抱，亦不为妙。书云，水随左右斫穴，看左右铎。今局内紧身，金鱼水分合上前，回头拱抱，后有结咽。前有包裹，砂水回就，美局也。书云：砂要回头水要就。又云：好水弯环巧如带。此局前水环抱如带，水法之最佳者。当面若有小反，亦不为害，可以人力改员。或内堂左右，各开腮水，插进作内荡，则不见其反矣。三房均发，福力数世不替。

秘传水龙经卷二

总论二

此言贴体吉凶形局，而入穴星体为水龙，扼要不著姓名。言都俚俗，然必杨公之秘旨也。开卷言五星，惟取金水土为吉，木火皆凶。与山龙异，山龙有火星起顶，顶下即结真穴。亦有行龙，穴星皆木星结体，弥见贵秀。水龙则一犯火木立见灾祸。盖水星喜柔荏而恶刚强，宜转抱而忌冲激。金水柔荏而土形转抱，与木火之刚强冲激者判然矣。五星既别，即继之以绕抱、反跳、收气、漏风、蓄聚、分飞诸格，亦五星之变体而引伸之也。先明支干之义，则行龙之体格已定；次明五星之正变，而入穴之作用得其主宰。过此以往，三元九宫之法，庶其有逢原之乐乎。

此卷吉凶之妙，但言其体，未及其用，当合三元九宫推之，祸福不爽矣。

论枝干

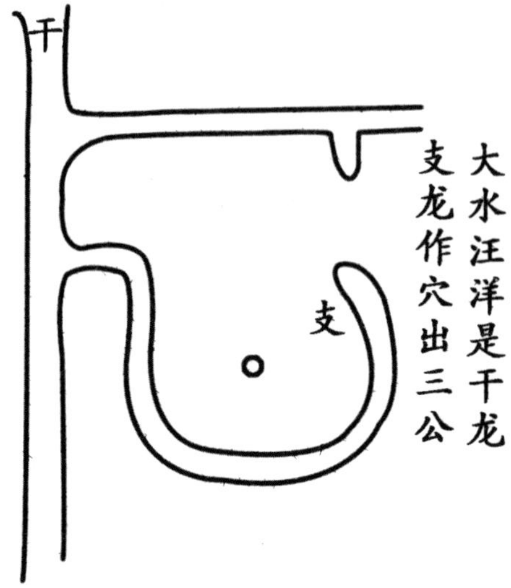
干
支
大水汪洋是干龙
支龙作穴出三公

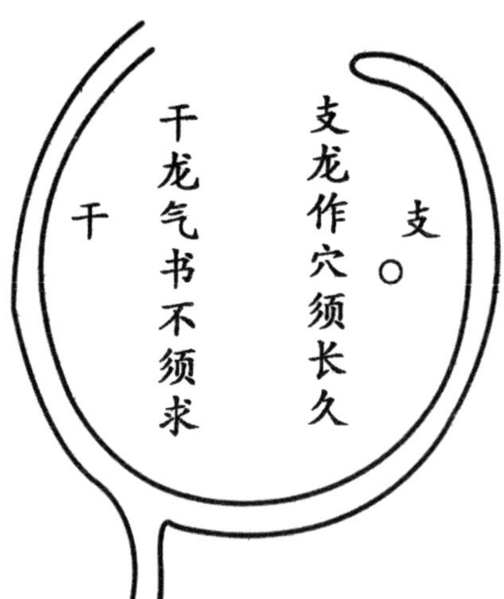
干
干龙气书不须求
支龙作穴须长久
支

论五星

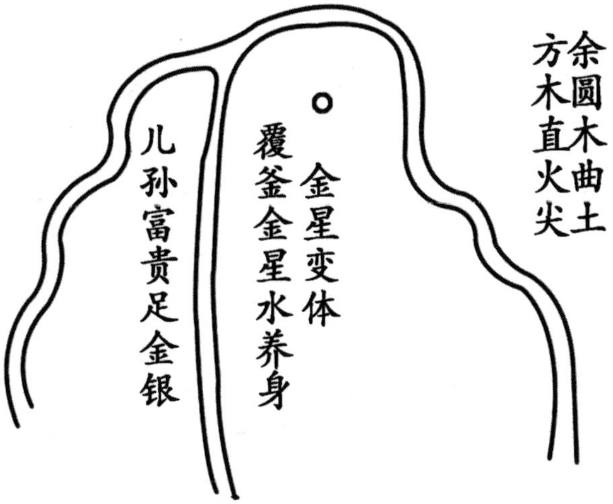
余圆木曲土
方木直火尖
金星变体
覆釜金星水养身
儿孙富贵足金银

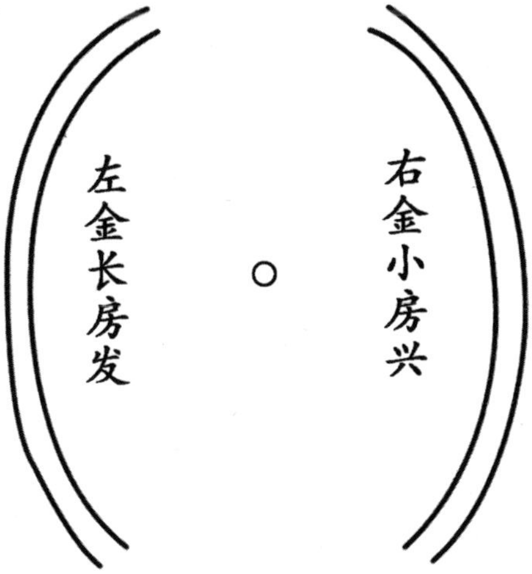
右金小房兴
左金长房发

金星如玉带
此地真无价

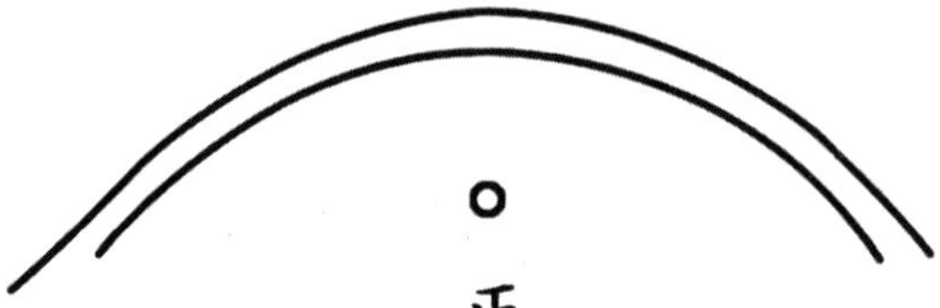

正金体

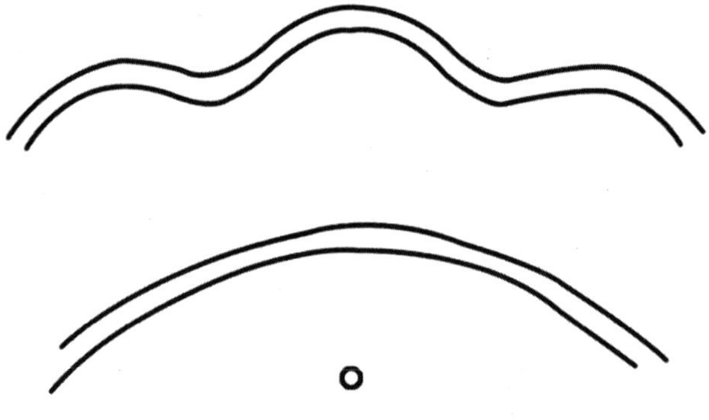

横水过宫
金城抱穴
若扦此地
富贵不歇

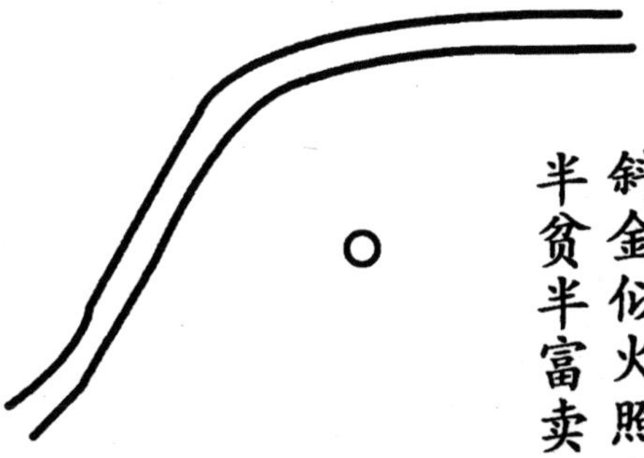

斜金似火照穴前
半贫半富卖田园

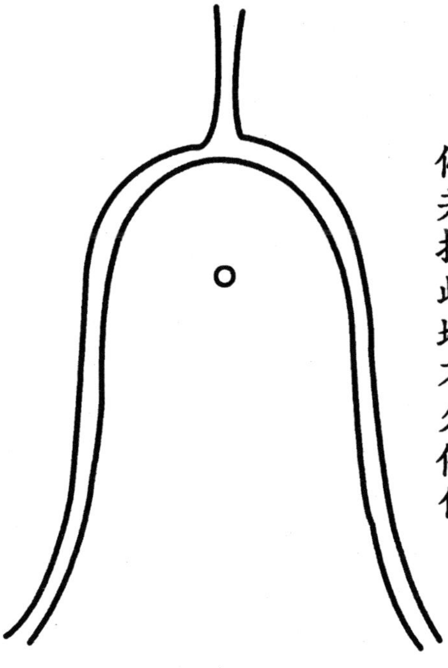

前火克金城风字脚不
停若扦此地不久伶仃

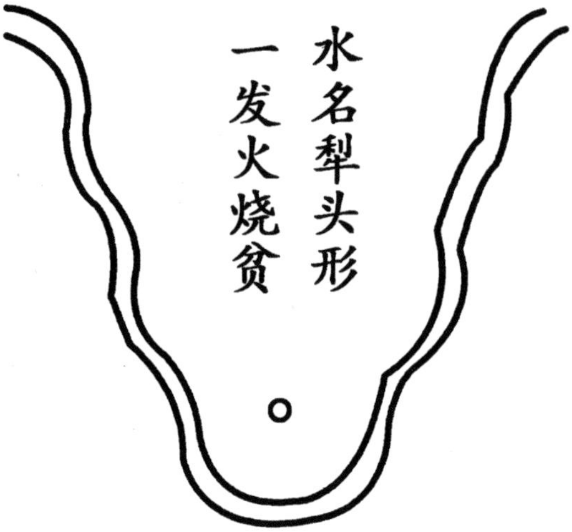
水名犁头形
一发火烧贫

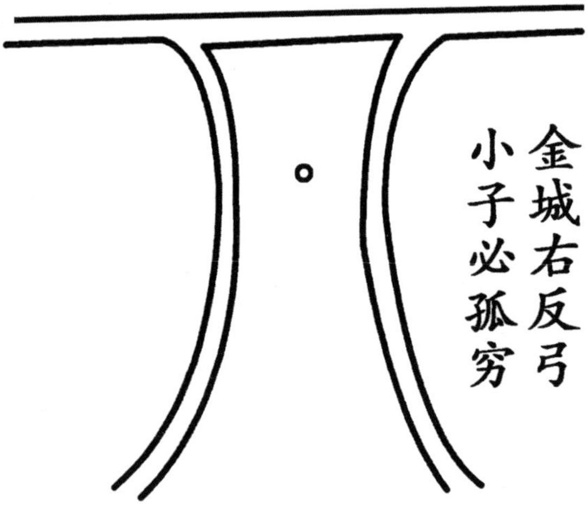
金城右反弓
小子必孤穷

金城反弓
逃走贫穷

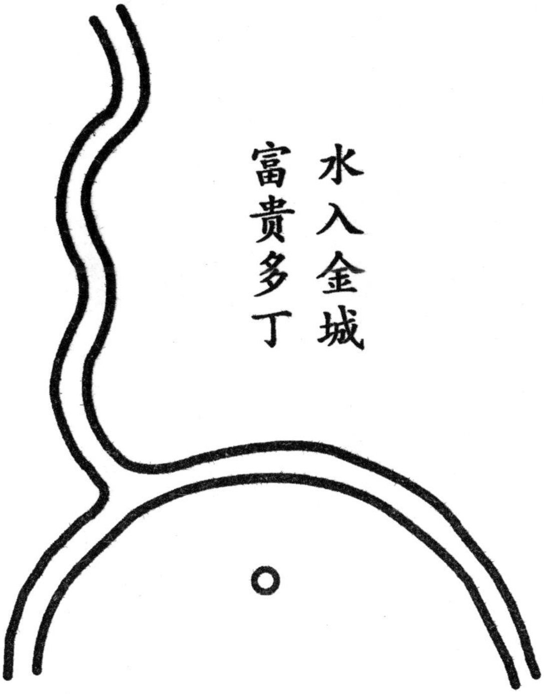
水入金城
富贵多丁

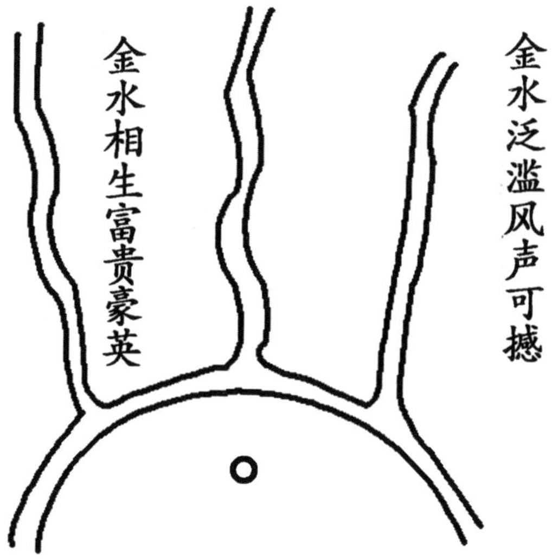
金水泛滥风声可撼
金水相生富贵豪英

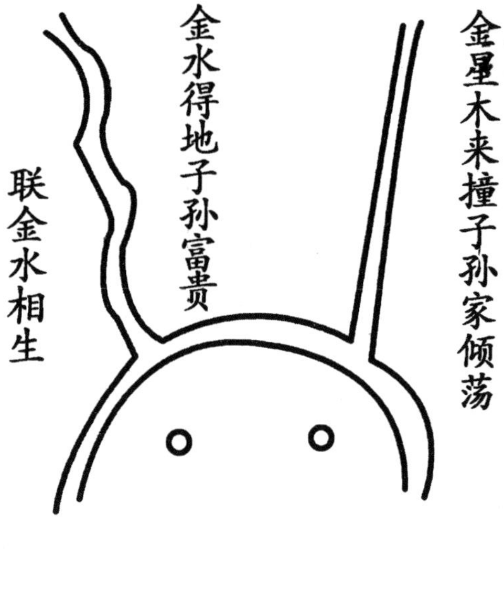
金星木来撞子孙家倾荡
金水得地子孙富贵
联金水相生

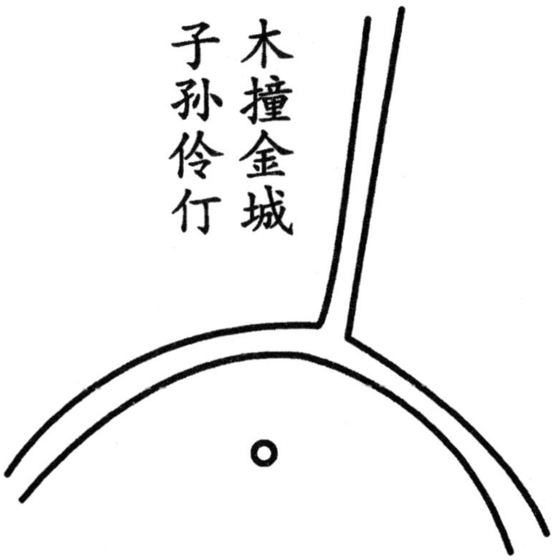
木撞金城
子孙伶仃

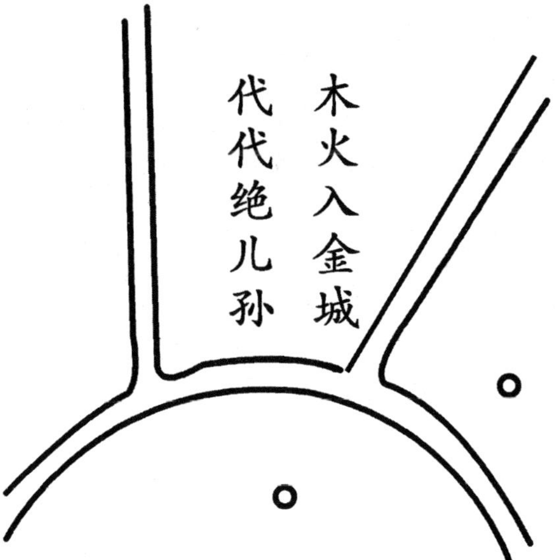
木火入金城
代代绝儿孙

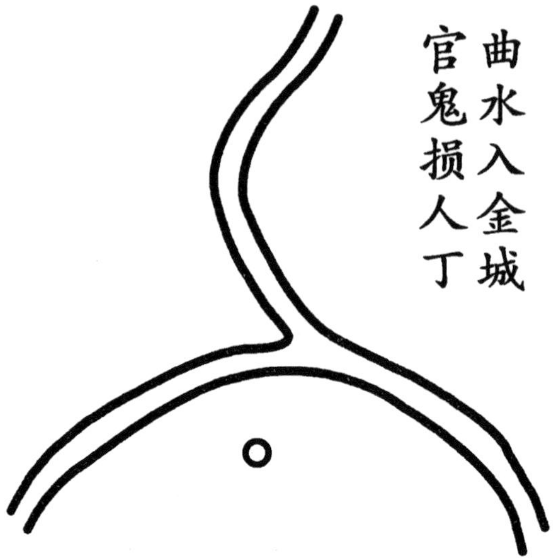
曲水入金城
官鬼损人丁

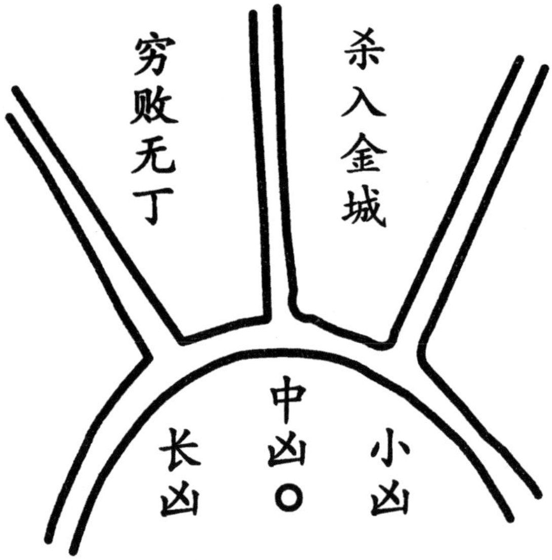
杀入金城
穷败无丁
中凶
长凶
小凶

火克金城
盗贼病瘟
细
中细即
成火形
故克

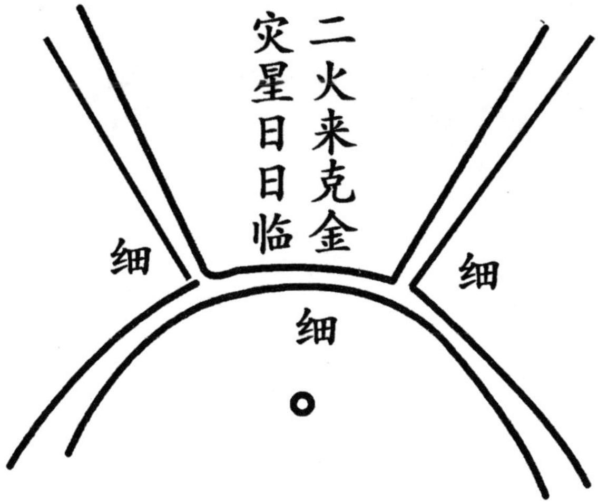
二火来克金
灾星日日临
细
细
细

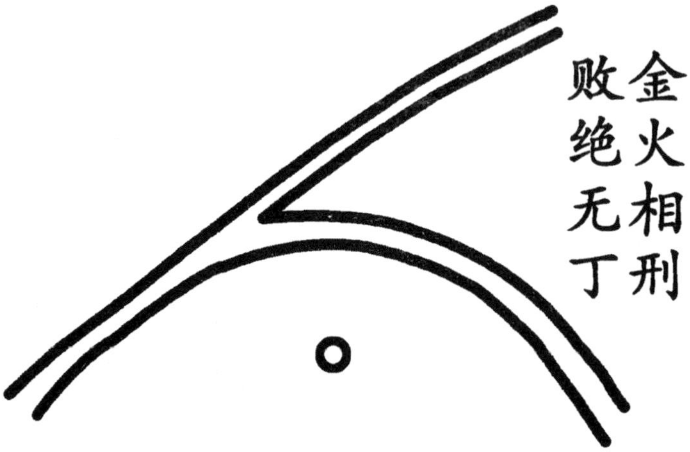
金火相刑
败绝无丁

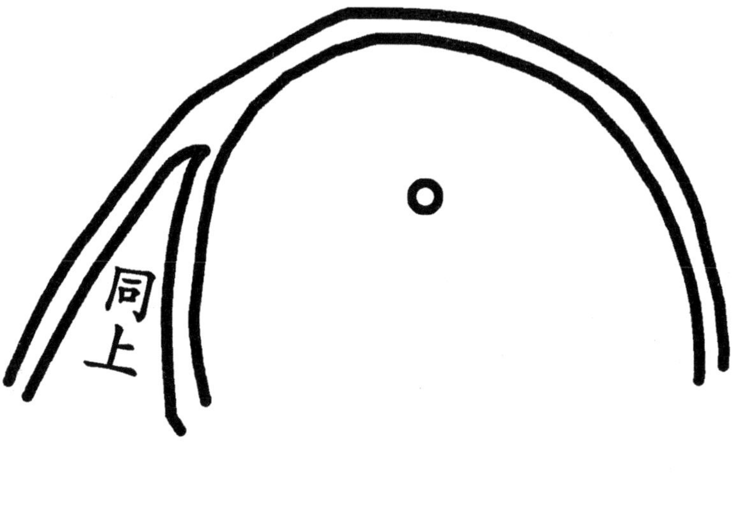
同上

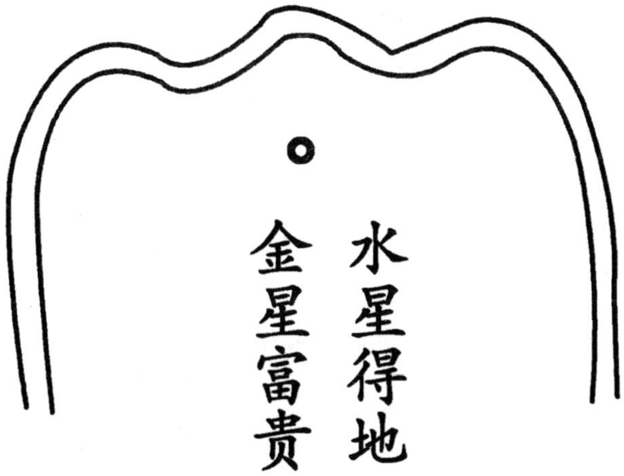
水星得地
金星富贵

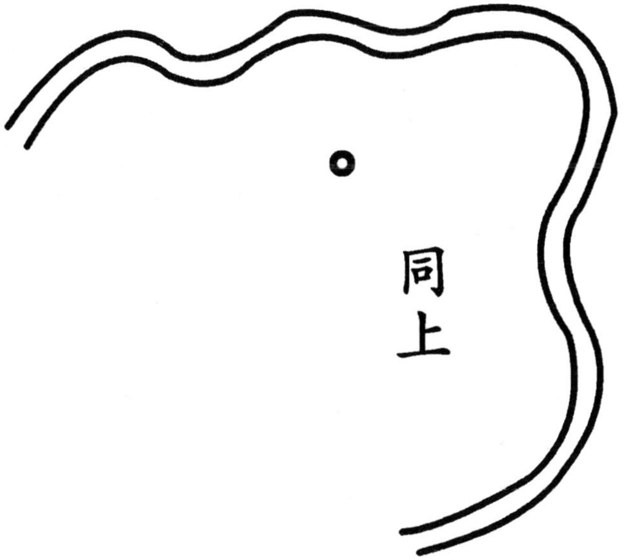
同上

二土应门前富贵有金钱

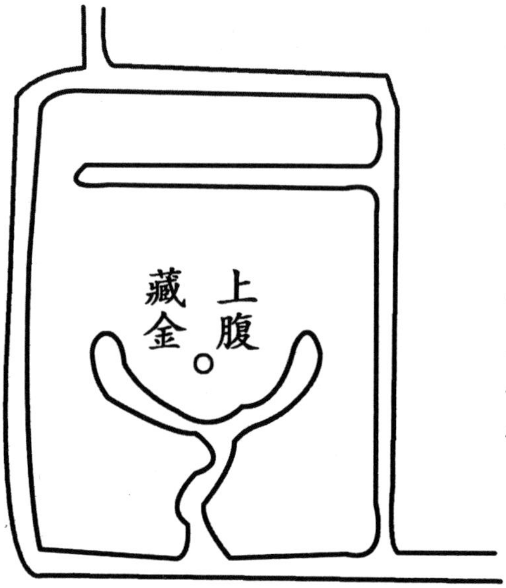

水星入土曲来冲
先主克财福后生

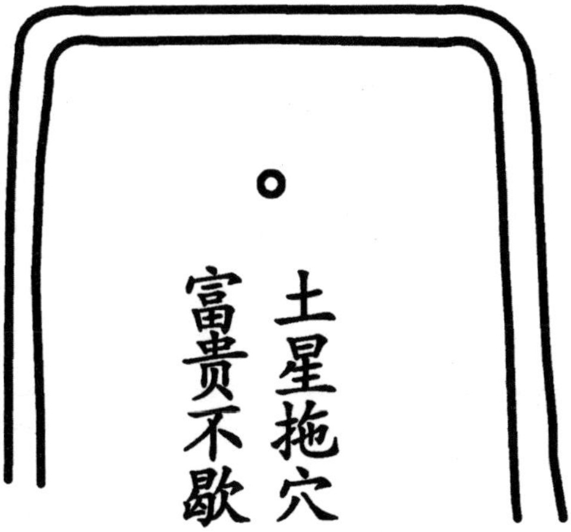
土星拖穴
富贵不歇

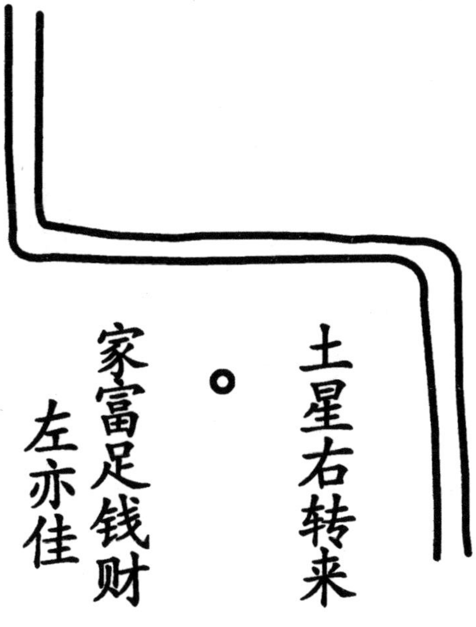
土星右转来
家富足钱财
左亦佳

土星直去无回意不久家门退
一直如舟不可安虽发贫穷不久年不问东西南北住必然进走不知端

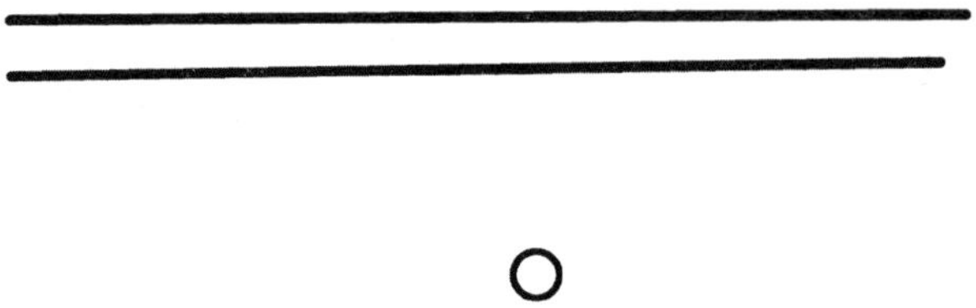

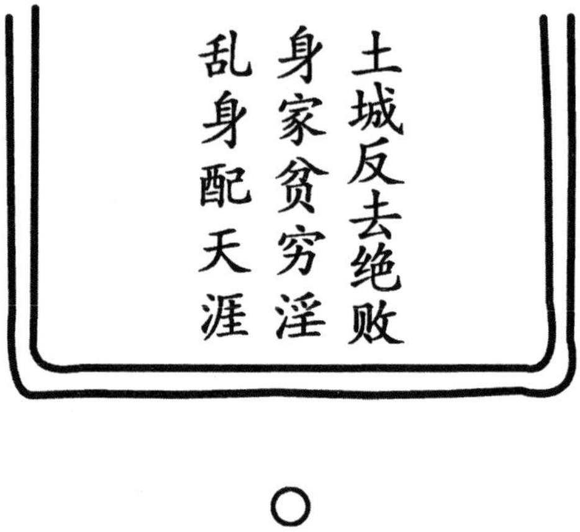

土城反去绝败身家贫穷淫乱身配天涯

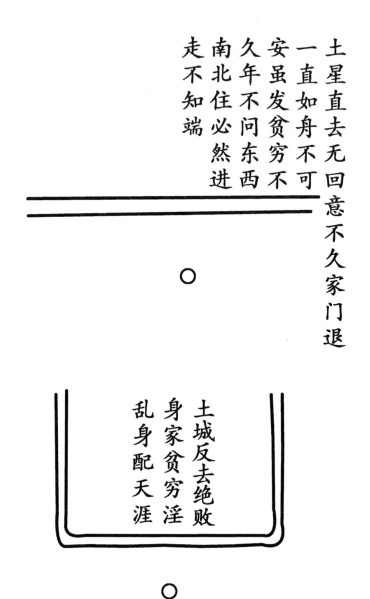

右火斜飞水坟宅不为
良有水来救助人
合免瘟瘴
火星若焰
动公事损
妻房
土城带火
别离乡土

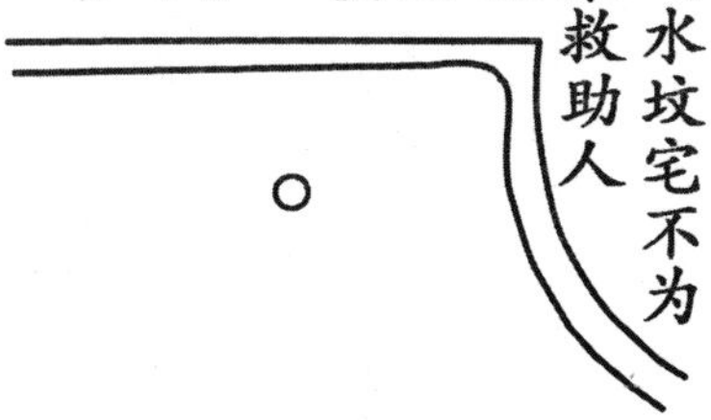

外有木人来克
土家内人辛苦
些须衣食不求
人常被外人轻
直木冲门
人口不存

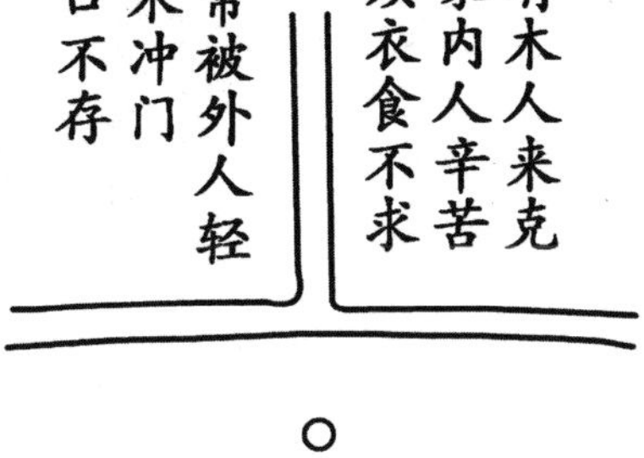

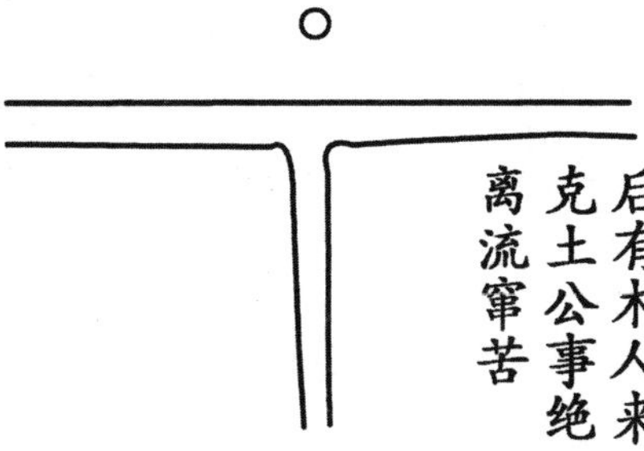

后有木人来
克土公事绝
离流窜苦

直木如枪公事灾殃　水城直冲穴中
房必败绝前木后木冲军贼犯刑凶

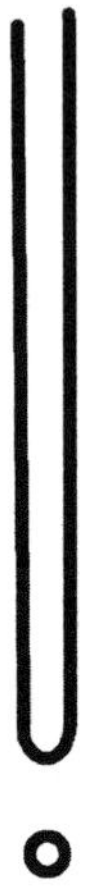

正木直行退败动瘟　斜
木不堪为下后主生离

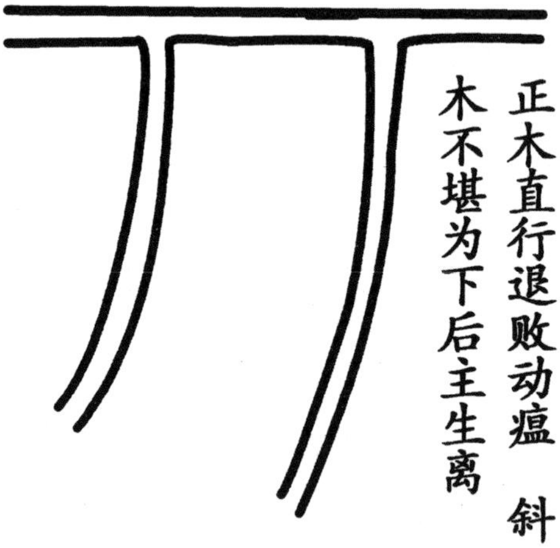

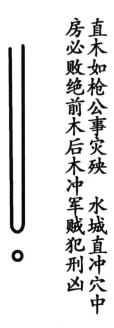

斜木来时似火飞其中
扦穴岂相宜劫盗瘟灾
常自有人离财散各
东西

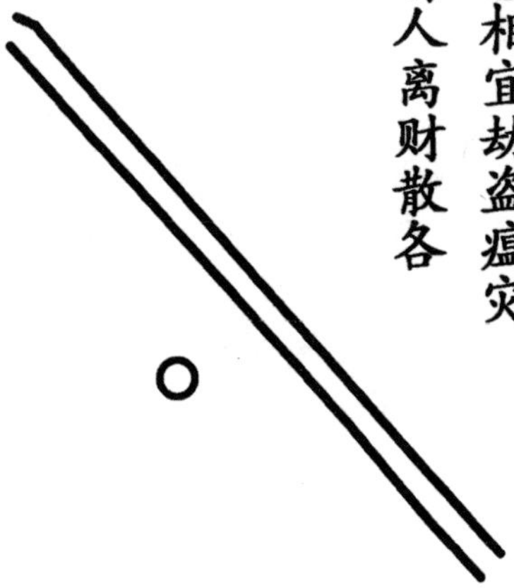

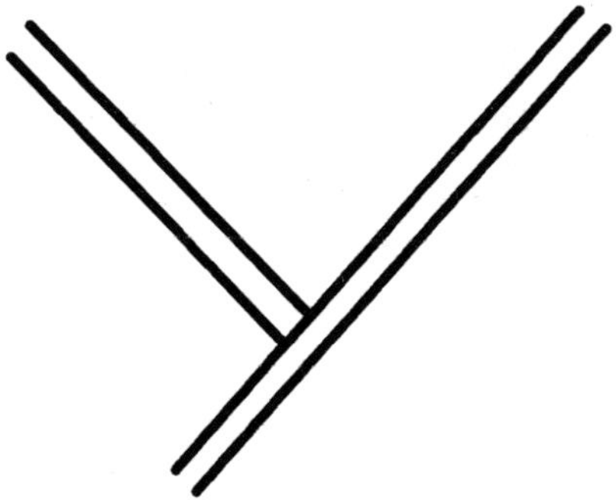

水似木文瘟绝孤贫尖砂随水○出子孙做军贼

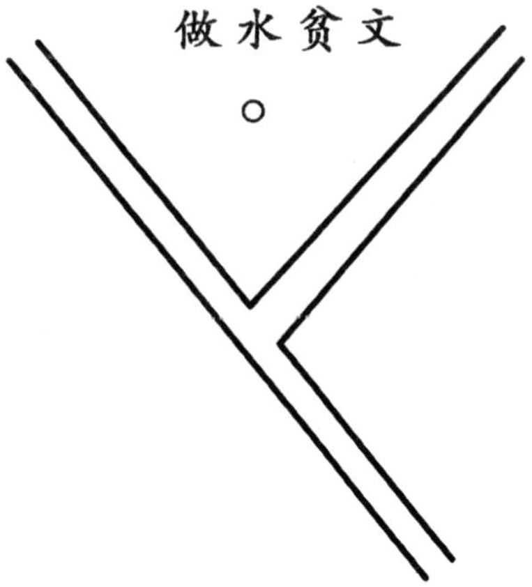

右边水冲扇怪在前头见瘟火定烧空小水也虚惊

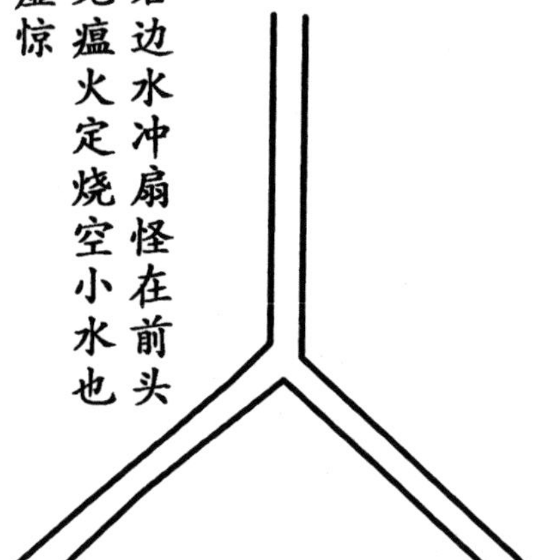

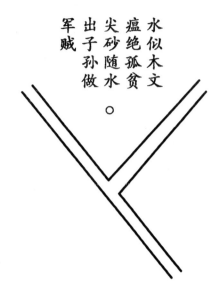

正火一名犁尖
水城合掌流
退尽好田牛

两脚升趋
不久绝祢

倒火

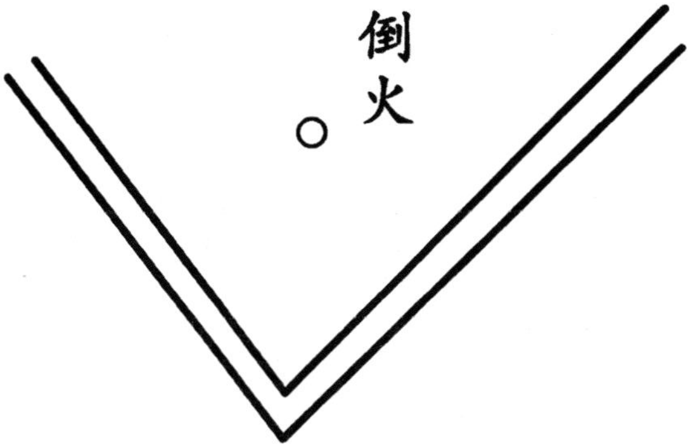

水城后反弓忤逆各西
东若还如此样退尽主
贫穷　火城反去淫乱
不良家贫徒配绝嗣
逃乡

右火斜飞
兄偷弟妇
左火斜飞
弟偷兄嫂

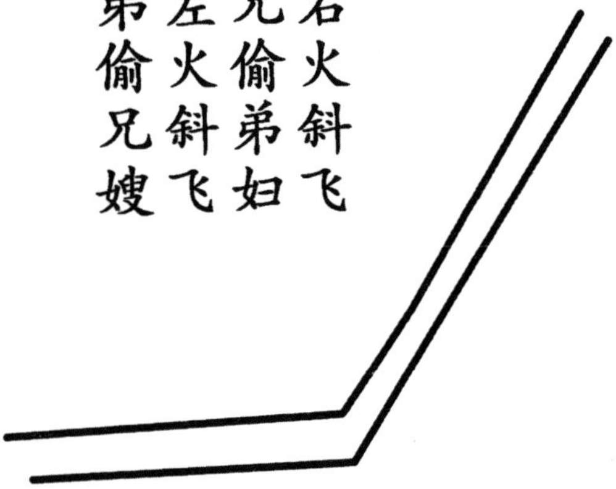

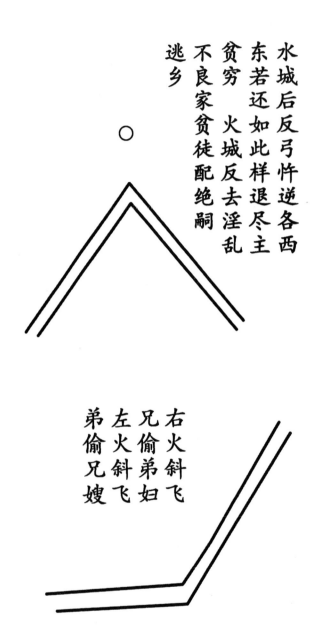

刀枪之水反射身
徒配远充军　子
孙忤逆面前八字
水流

右火反飞逃走东西

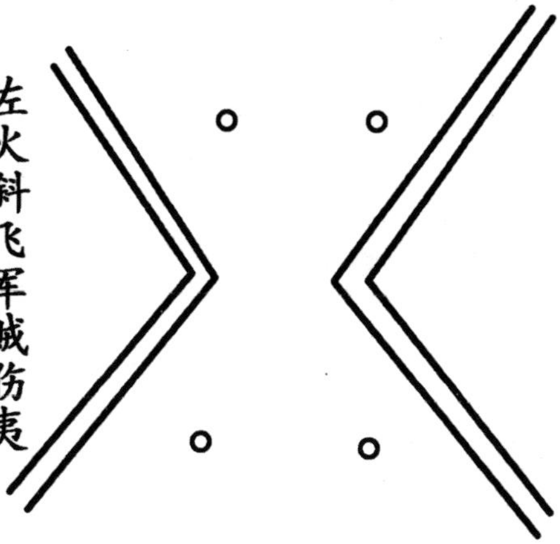

左火斜飞军贼伤夷
逃移外死绝子无依

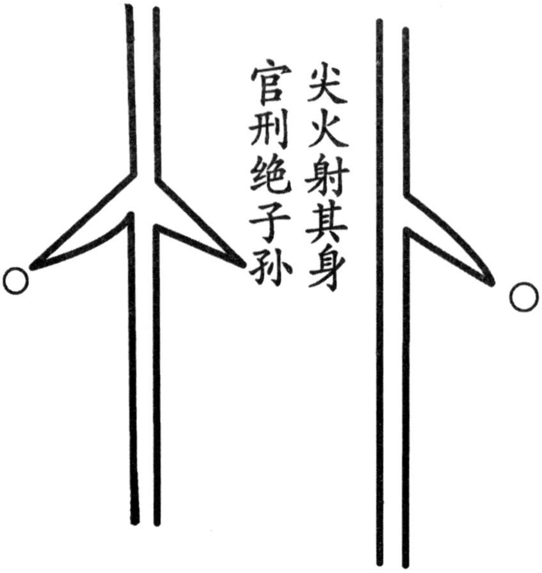

燥火焰焰动老死无人送

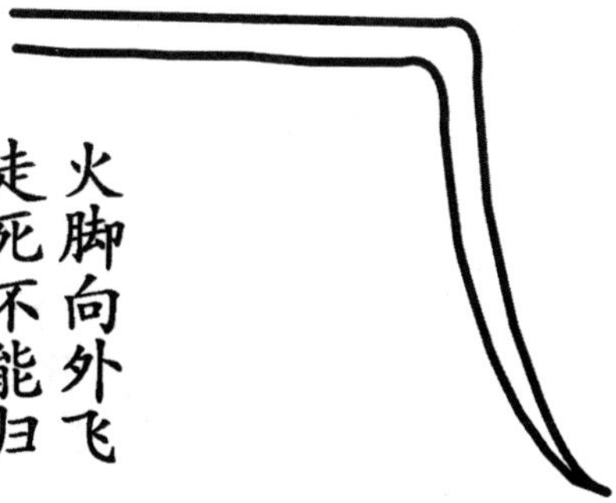

火脚向外飞
走死不能归

逆水顺木官非禄禄换妻寄子退尽
田谷　火星屈曲飞无食又无衣

论四兽

朱雀之前三反水
男盗女淫无衣饭

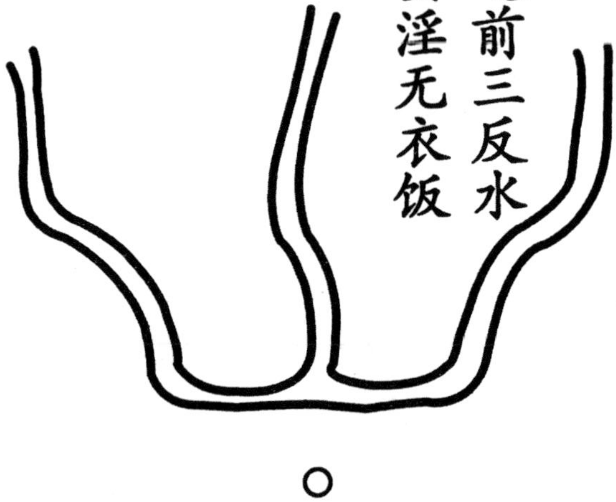

发福久长
定是水缠
无武

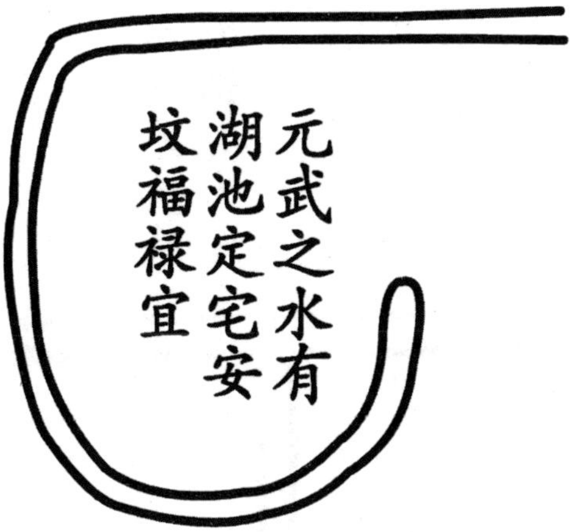
元武之水有
湖池定宅安
坟福禄宜

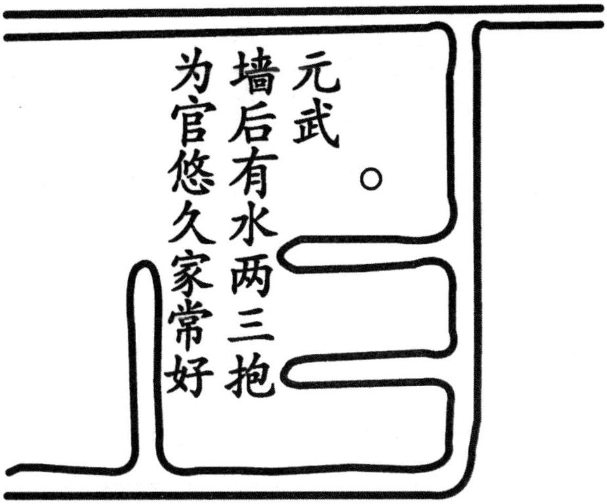
元武
墙后有水两三抱
为官悠久家常好

水冲元武头
枷锁去为囚。
前丁后丁
主绝人丁

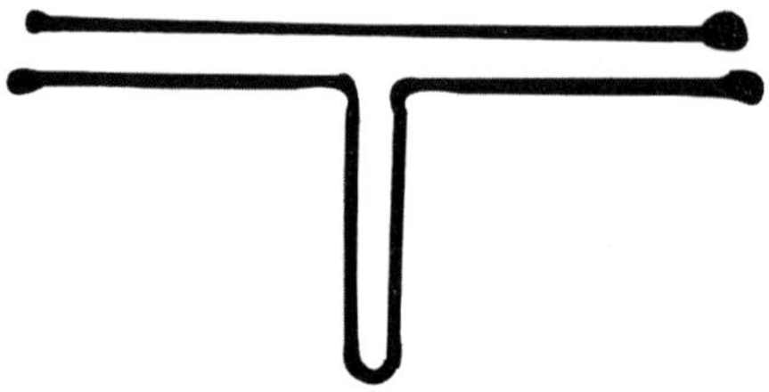

元武吐舌水风吹
绝嗣官灾少死随。

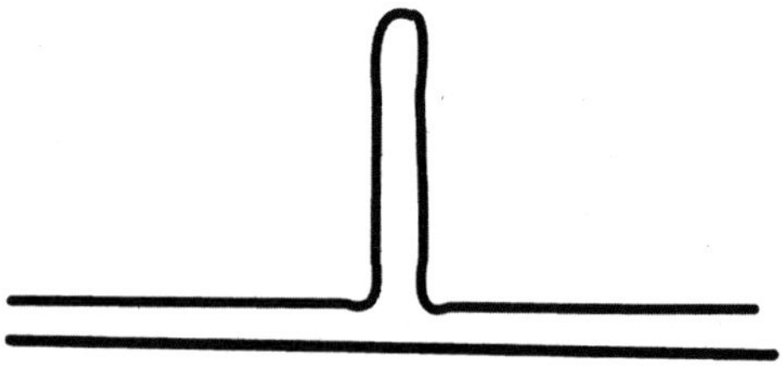

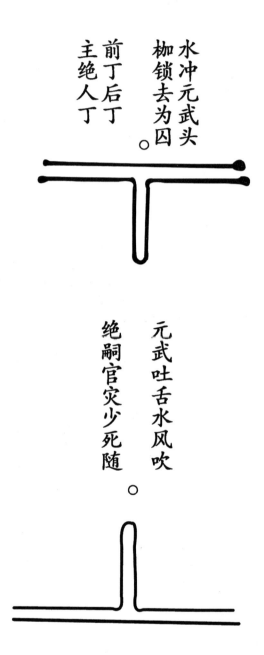

掀裙之水最无情两脚分开惹人心元武之上有水冲其家绝子媳淫翁

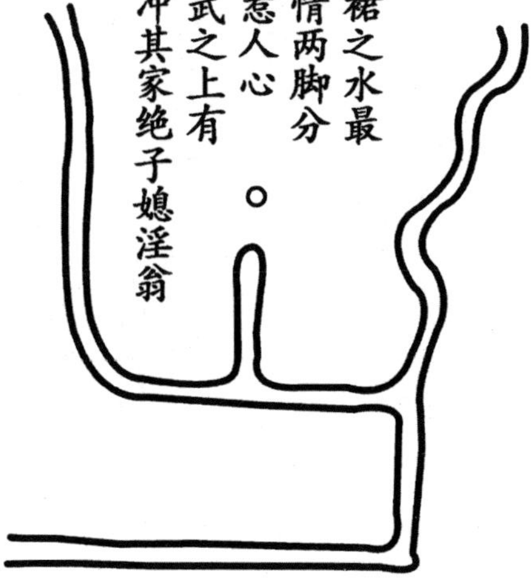

两边龙虎湾湾抱富贵双双到若然点穴得其方神童定作状元郎

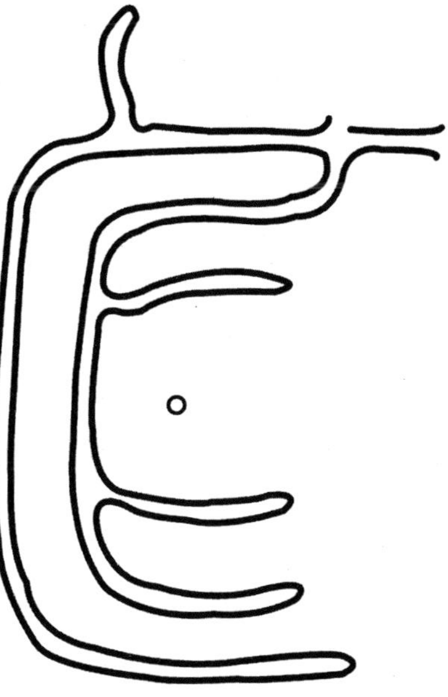

青龙水转抱其身此地出官人

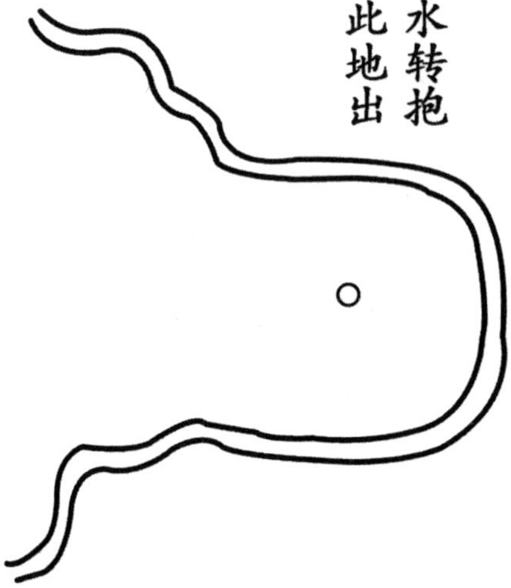

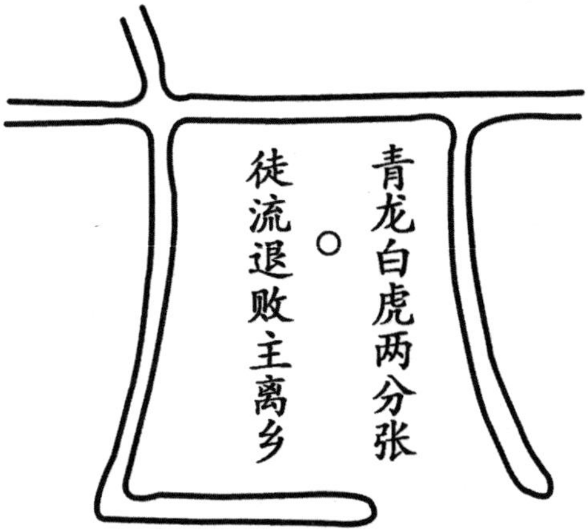
青龙白虎两分张
徒流退败主离乡

水口无山间先卖爹田地出贼败亡凶流配为边戍

白虎水如飞。不久便逃移

青龙直走去代代人难住

水打白虎脑小子命难保。

水打青龙头长子命先忧

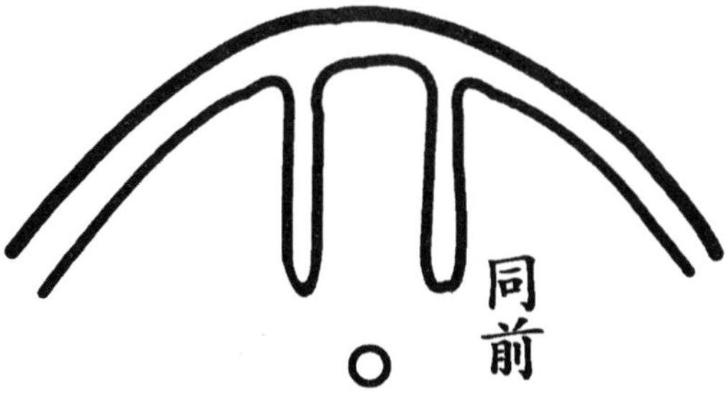
同前

左右水反去儿抛父母离乡住
两边水不去回顾财物鬼来偷

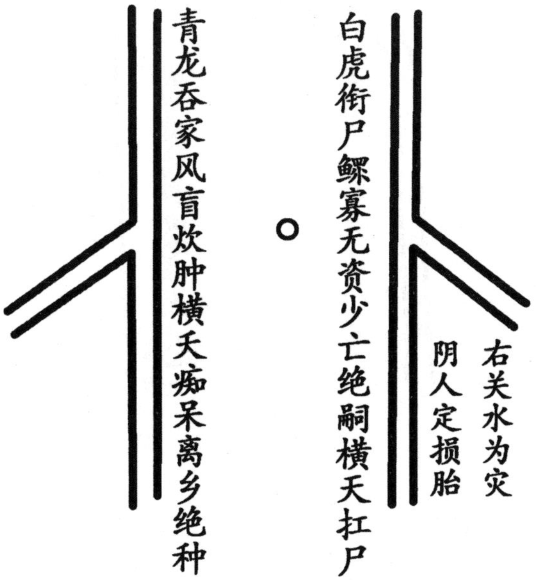
右关水为灾
阴人定损胎
白虎衔尸鳏寡无资少亡绝嗣横天扛尸
青龙吞家风盲炊肿横夭痴呆离乡绝种

白虎冲肠少子刑伤
青龙冲腹长子瘟疫

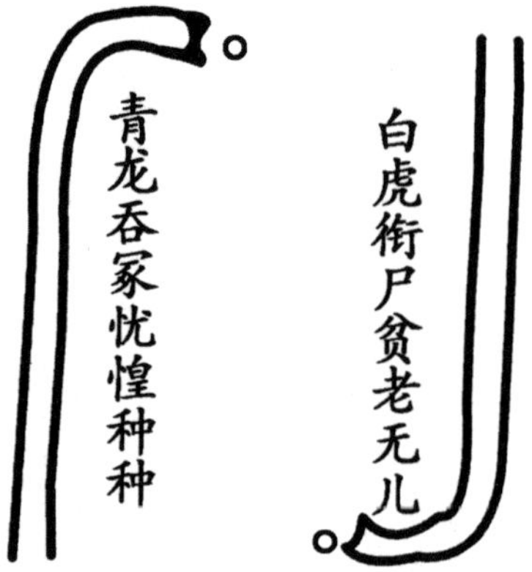
白虎衔尸贫老无儿
青龙吞冢忧惶种种

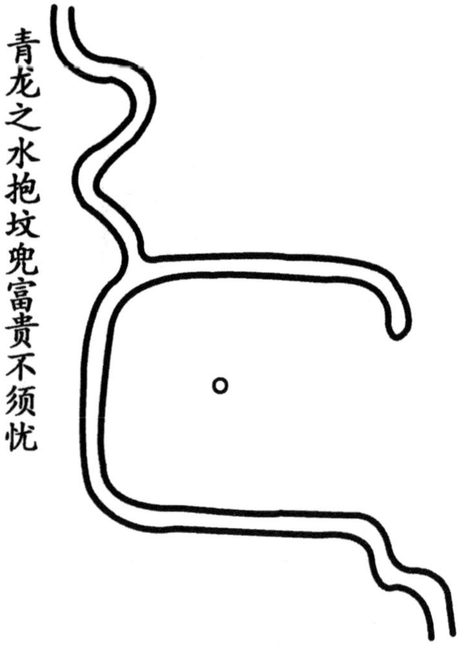
青龙之水抱坟兜富贵不须忧

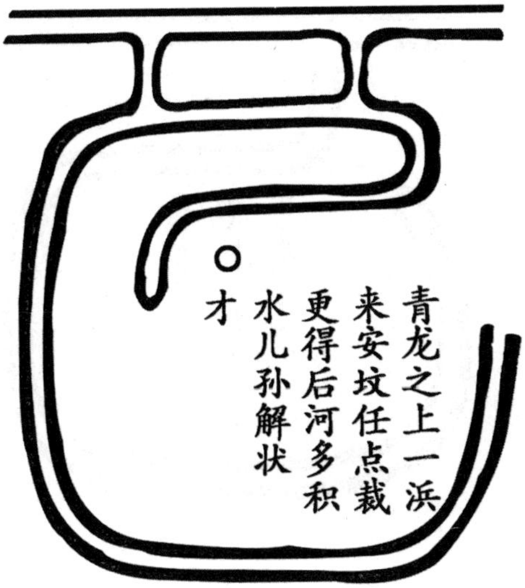
青龙之上一浜
来安坟任点裁
更得后河多积
水儿孙解状
才

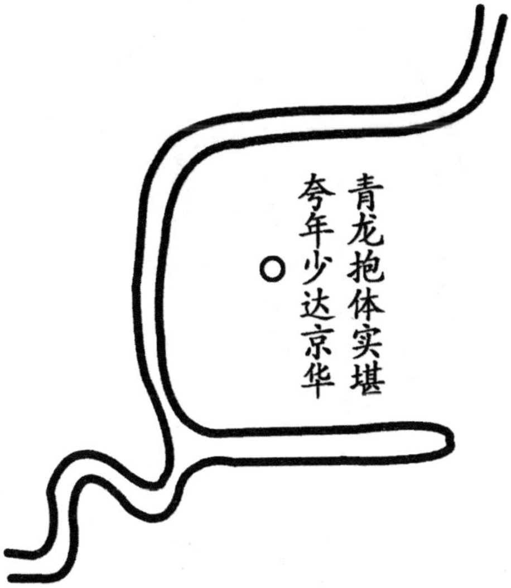
青龙抱体实堪
夸年少达京华

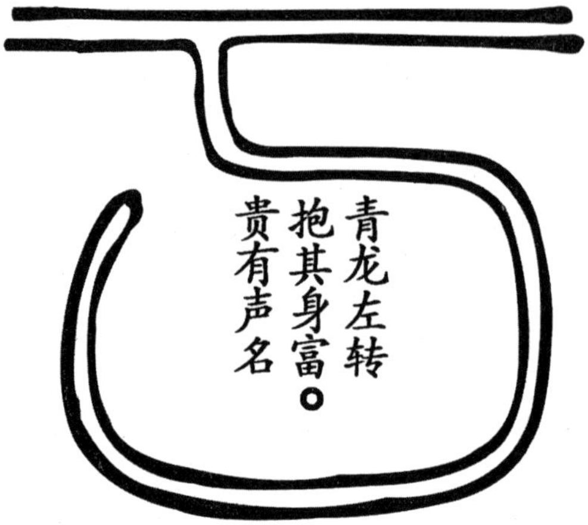
青龙左转
抱其身富。
贵有声名

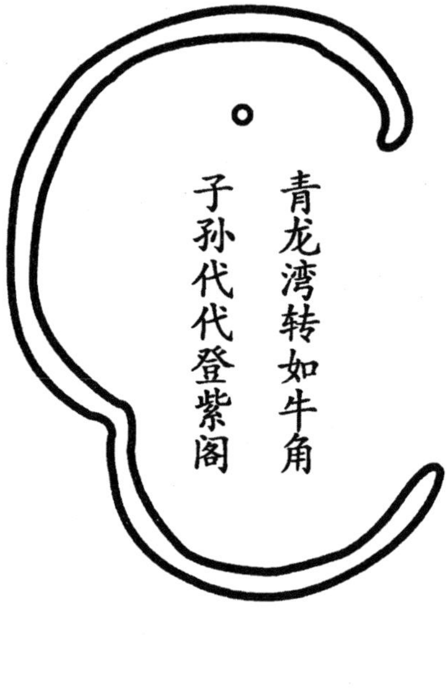
青龙湾转如牛角
子孙代代登紫阁

青龙湾抱穴富贵广田庄

青龙水似龙富贵比石崇
屈曲门前炤子息侍王宫

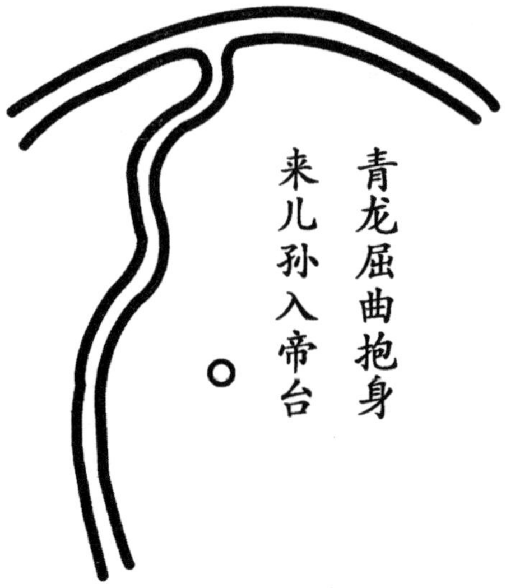
青龙屈曲抱身
来儿孙入帝台

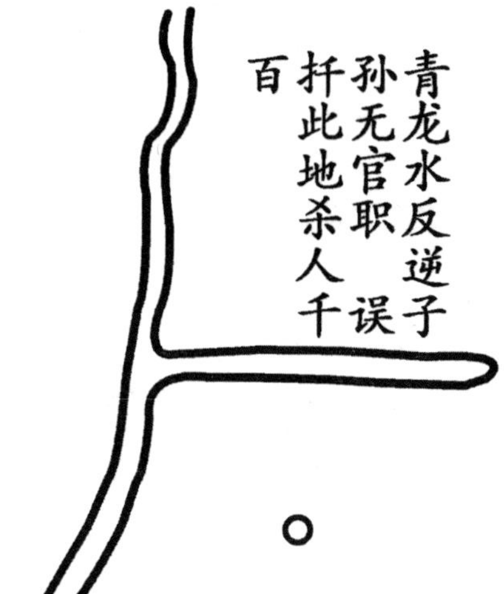
青龙水反逆子
孙无官职 误
扞此地杀人千
百

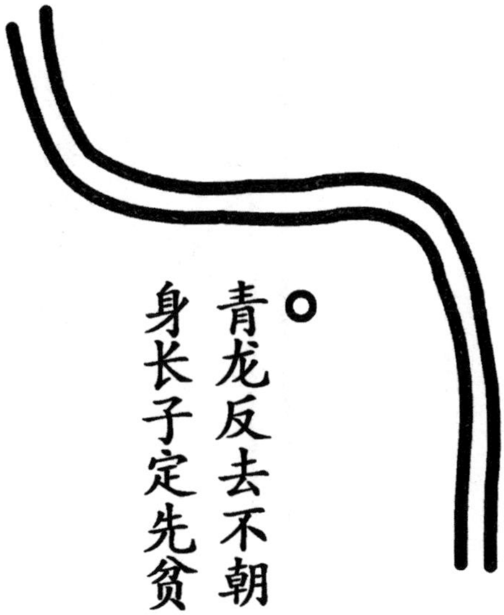
青龙反去不朝
身长子定先贫

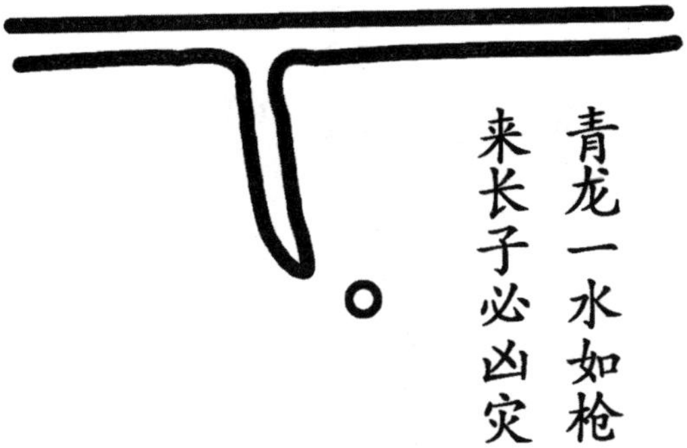
青龙一水如枪
来长子必凶灾

青龙射入子孙
伤死并军贼

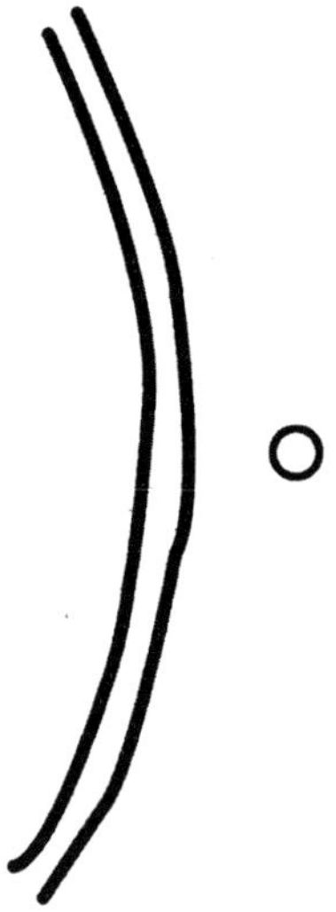

龙头水反飞家破并人离

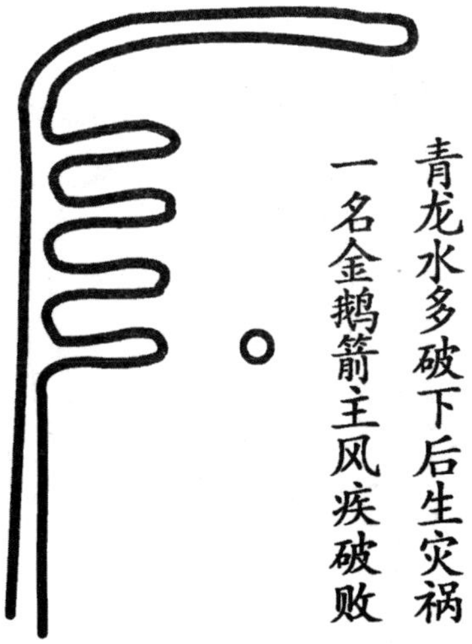
青龙水多破下后生灾祸
一名金鹅箭主风疾破败

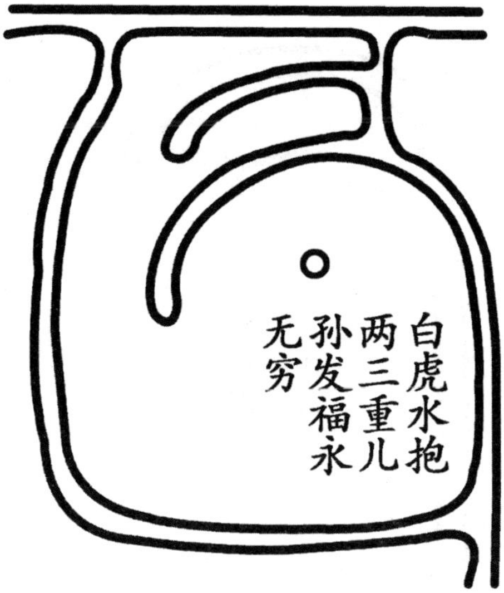
白虎水抱两三重儿孙发福永无穷

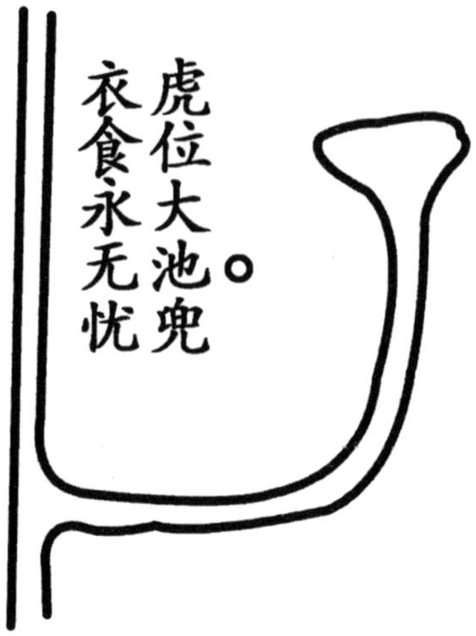
虎位大池兜
衣食永无忧

虎水象牙刀
儿孙掛锦袍

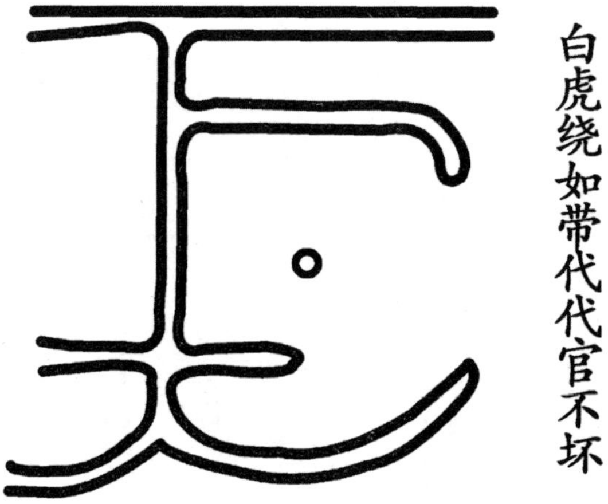
白虎绕如带代代官不坏

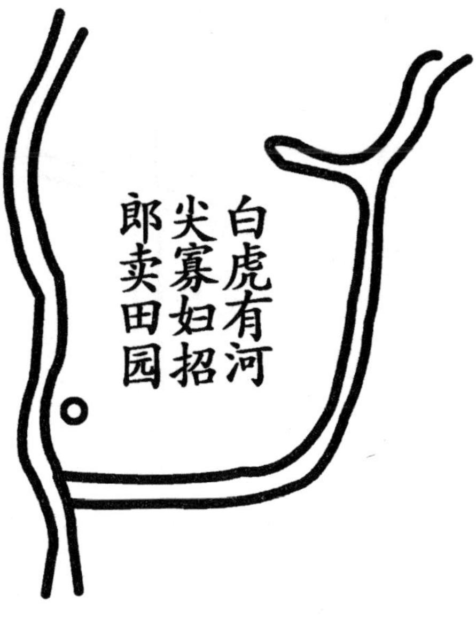
白虎有河
尖寡妇招
郎卖田园

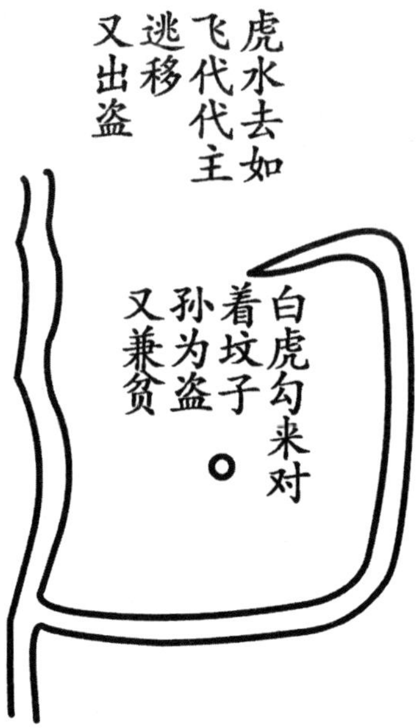
虎水去如飞代代主逃移又出盗
白虎勾来对着坟子孙为盗又兼贫

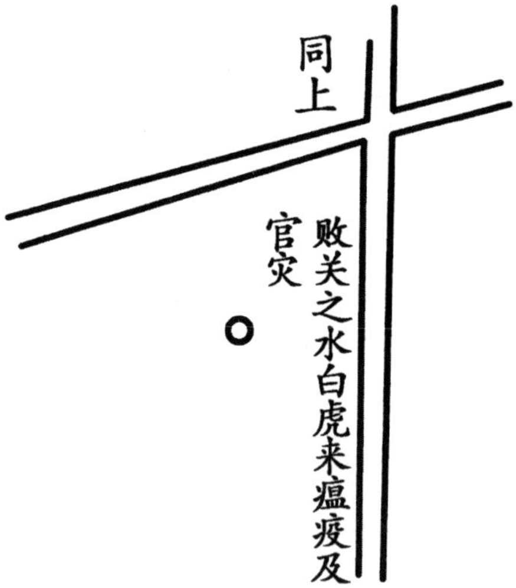
同上
败关之水白虎来瘟疫及官灾

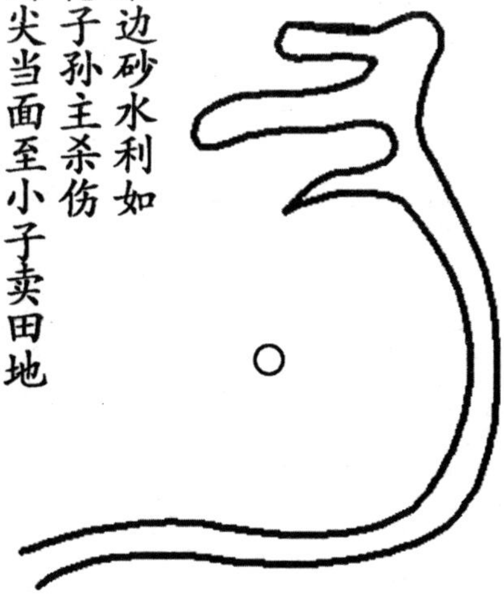

右边砂水利如
枪子孙主杀伤
虎口河尖当面至小子卖田地
官事频频祸患凶长子横亡终

论形局

木见三湾富贵安闲大吉水来朝家业自然豪
贪狼之水面前朝子孙代代产英豪不问去来
并前后官居台阁五云高

朝

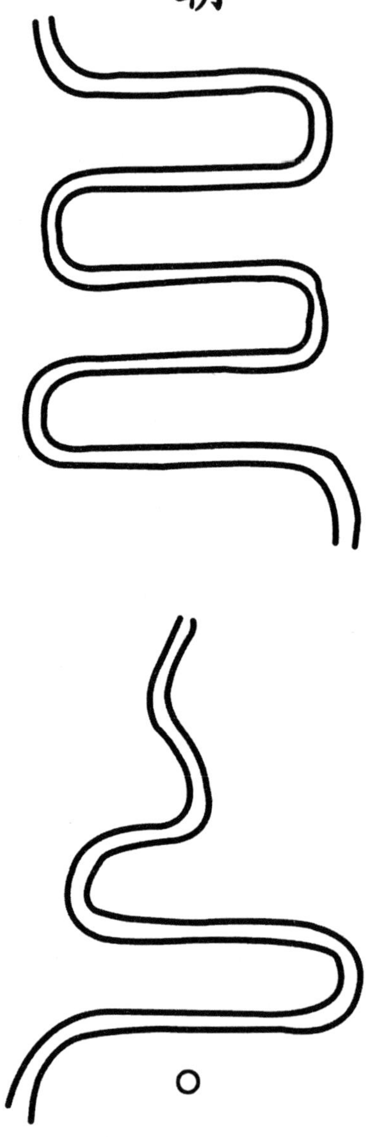

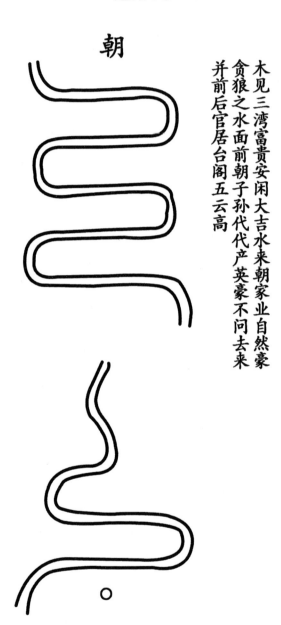

之元屈曲应门
前富贵两兼全

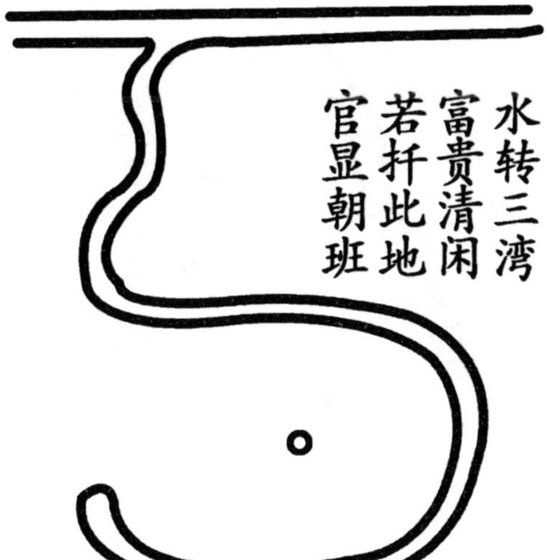
水转三湾
富贵清闲
若扦此地
官显朝班

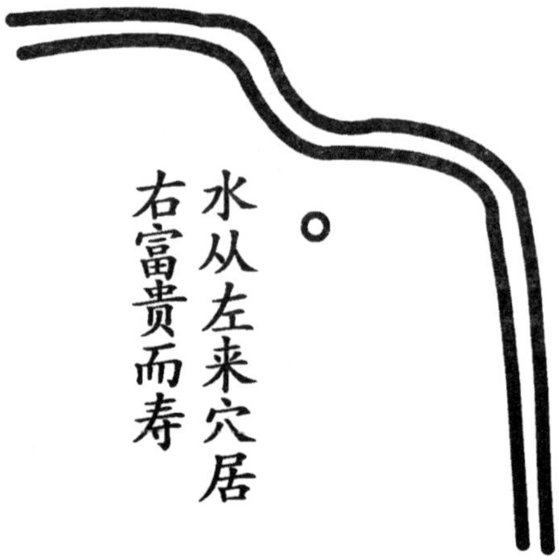
水从左来穴居
右富贵而寿

水从右来穴居
左官高两府

阅

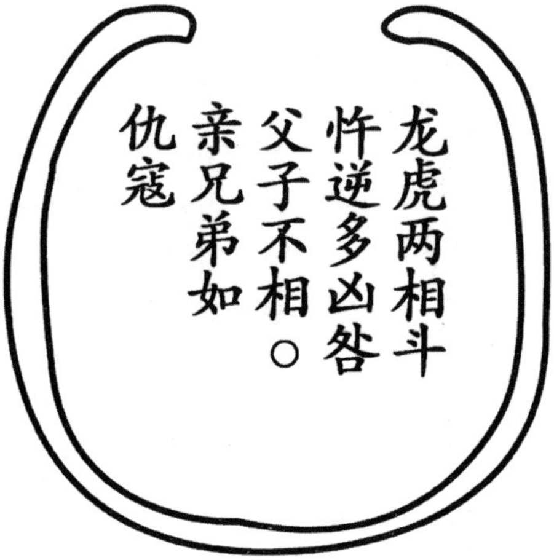
龙虎两相斗
忤逆多凶咎
父子不相○
亲兄弟如
仇寇

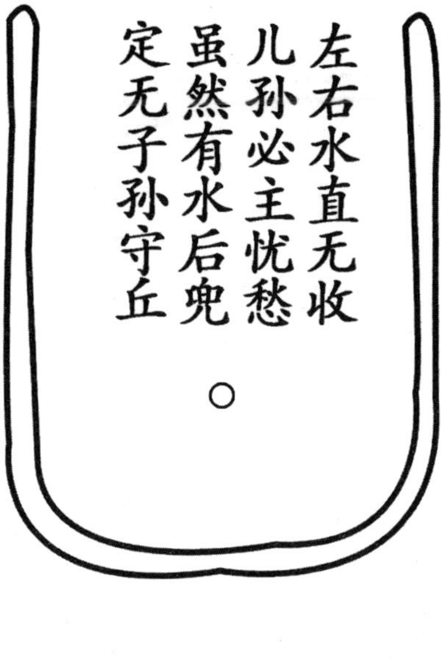
左右水直无收
儿孙必主忧愁
虽然有水后兜
定无子孙守丘
○

绕

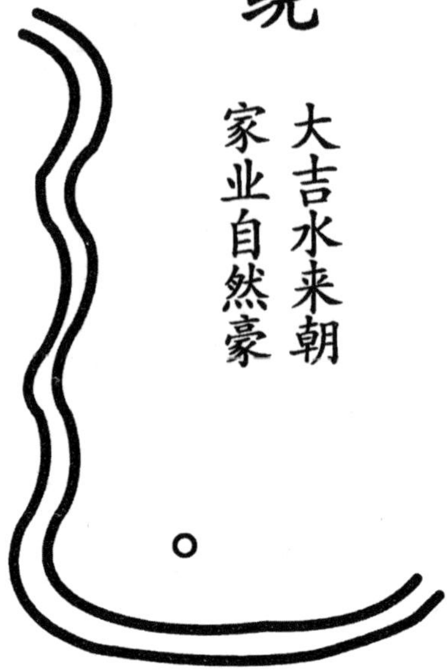
大吉水来朝
家业自然豪

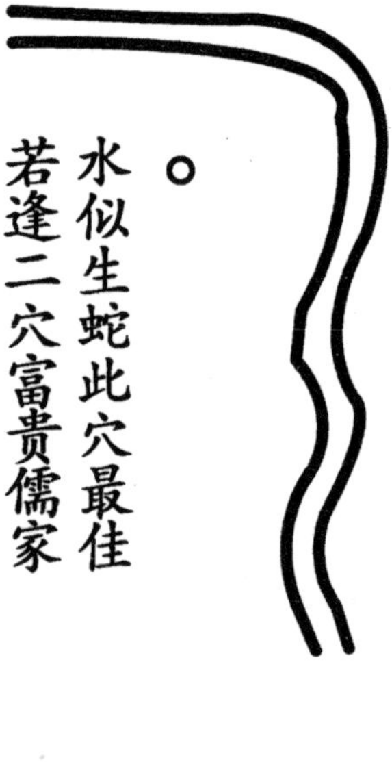
水似生蛇此穴最佳
若逢二穴富贵儒家

兜抱

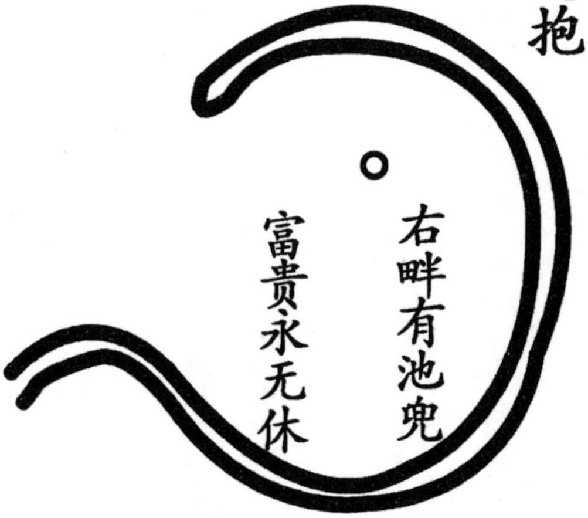
右畔有池兜
富贵永无休

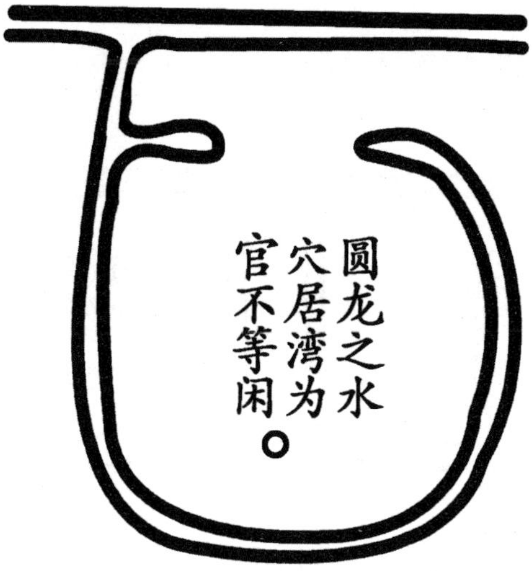
圆龙之水
穴居湾为
官不等闲

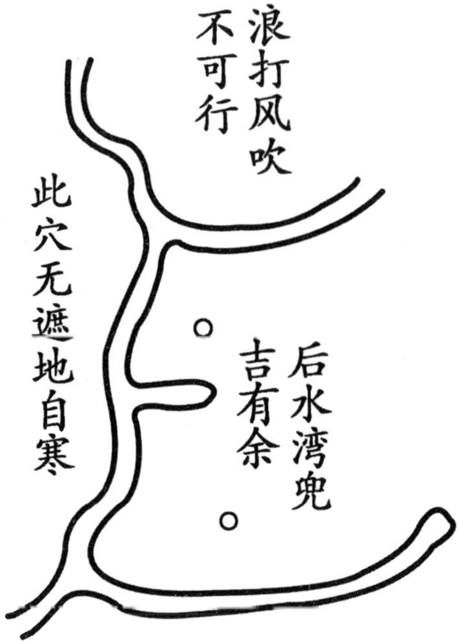
浪打风吹
不可行
此穴无遮地自寒
后水湾兜
吉有余

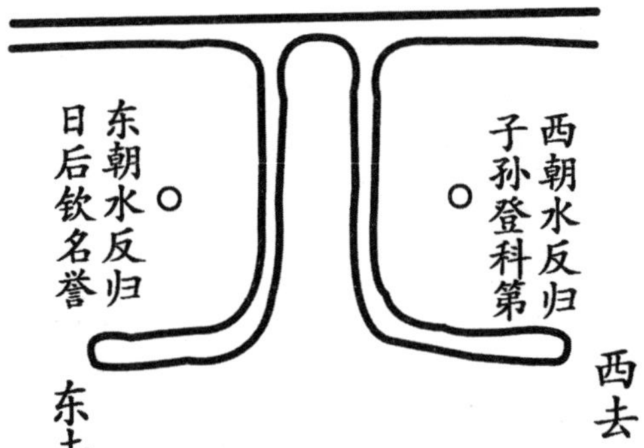
东朝水反归
日后钦名誉
西朝水反归
子孙登科第
东去
西去

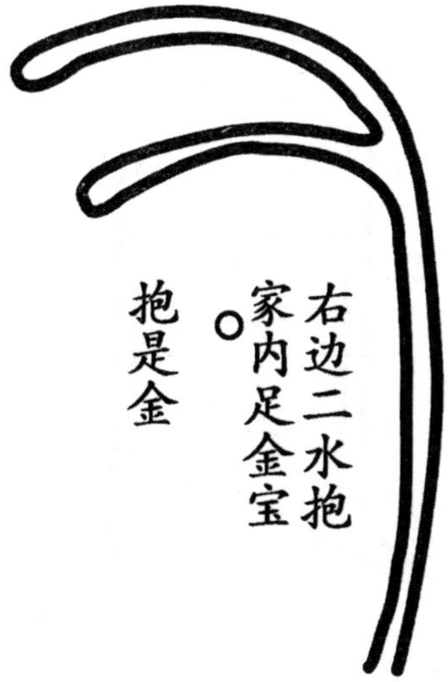
右边二水抱
家内足金宝
○
抱是金

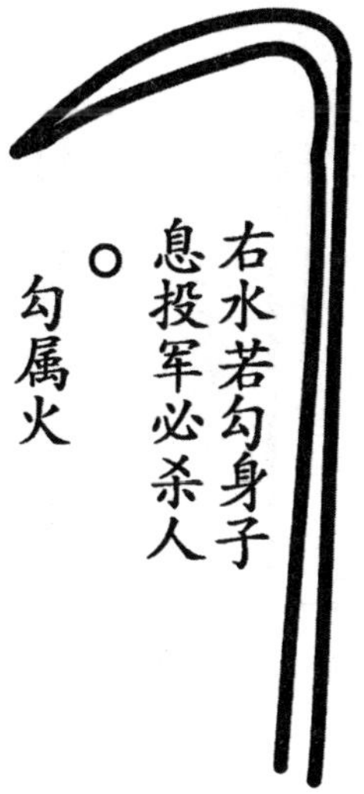
右水若勾身子
息投军必杀人
○
勾属火

冲射

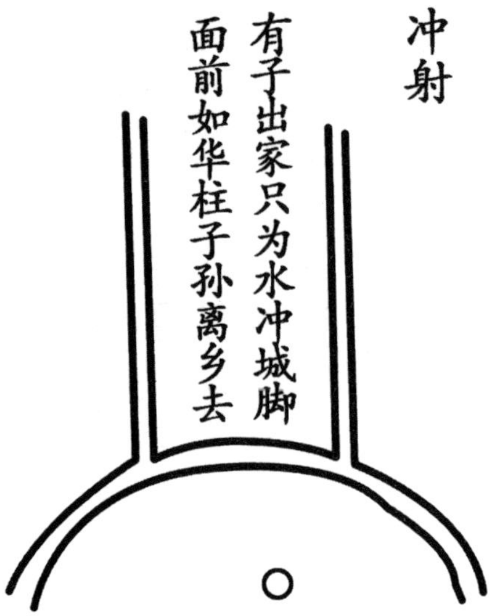
有子出家只为水冲城脚
面前如华柱子孙离乡去

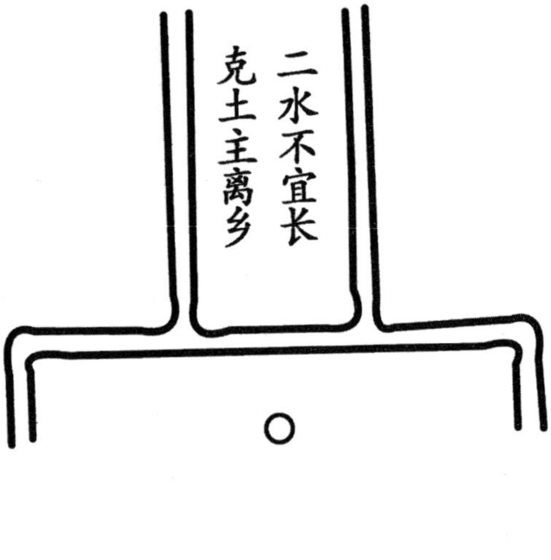
二水不宜长
克土主离乡

水若冲开孤寡妻寒
如居前案人死无棺

前冲之水两分流
有井当中淫不休

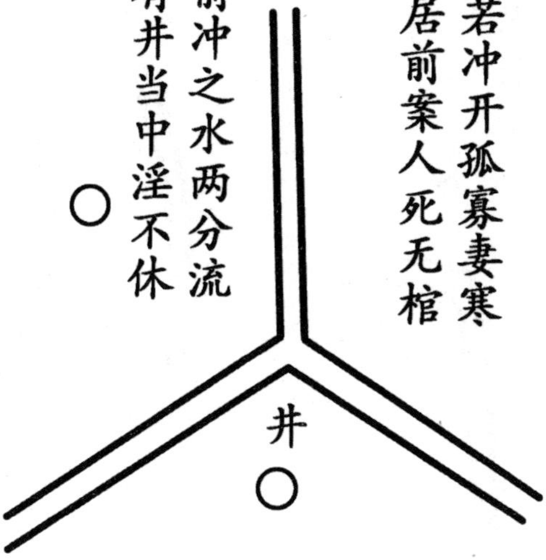

坟前一水直冲穴
下后儿孙必定绝

前面水冲穴
下后子孙绝

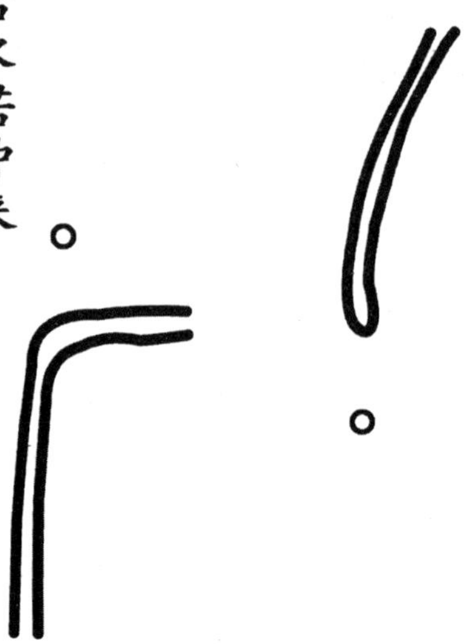

后水若冲来
暴富出刑灾
若居一代后
过房绝嗣衰

水中龙臂须看来势
平处还可若高不利

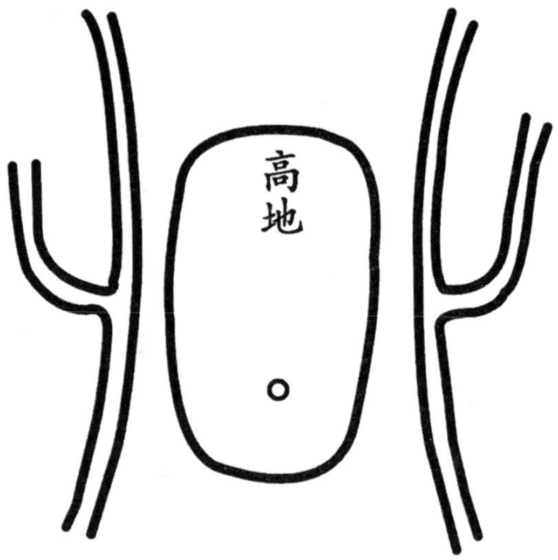

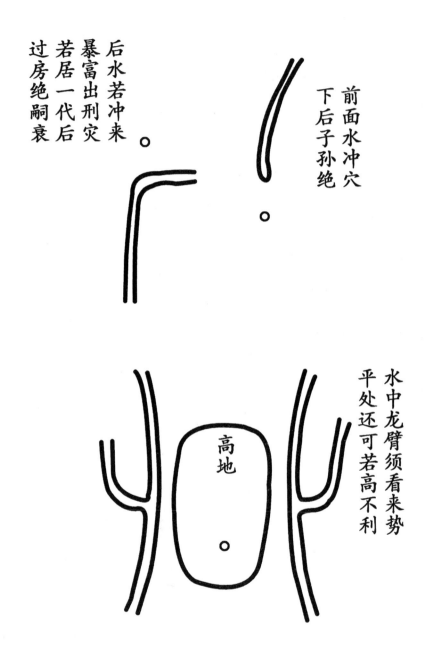

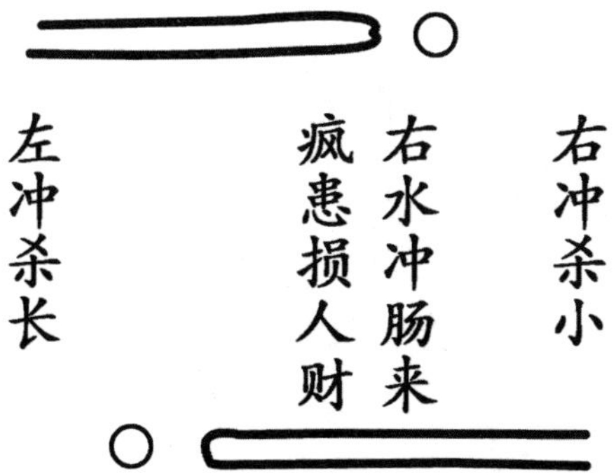
右冲杀小
右水冲肠来
疯患损人财
左冲杀长

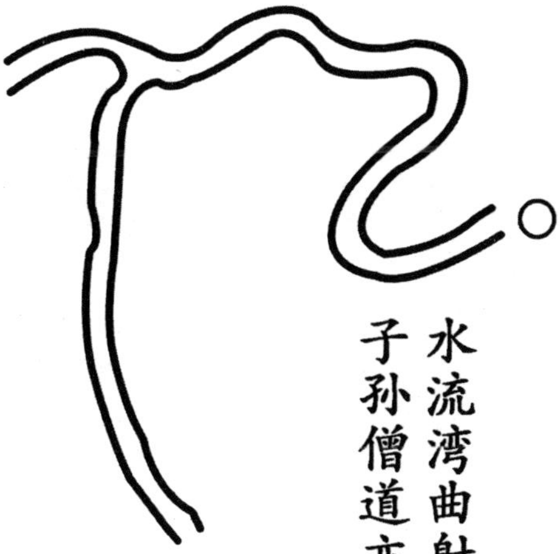

水流湾曲射佳城
子孙僧道亦家贫

龙虎分飞
父子东西
乾星打艮风吹不
久流移定不回

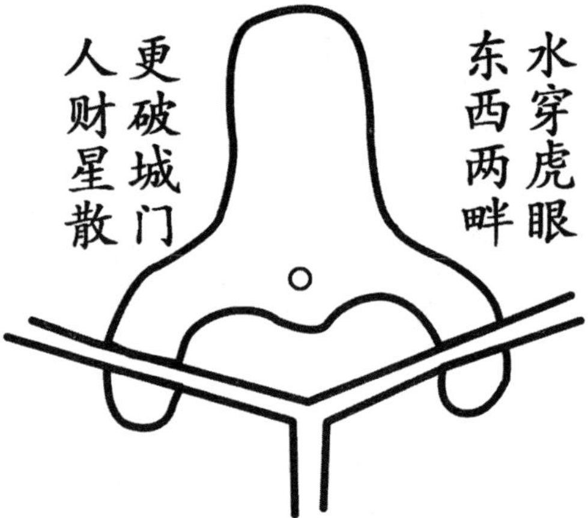
水穿虎眼
东西两畔
更破城门
人财星散

左右分张
徒配离乡
朱雀抛觜
官事败亡

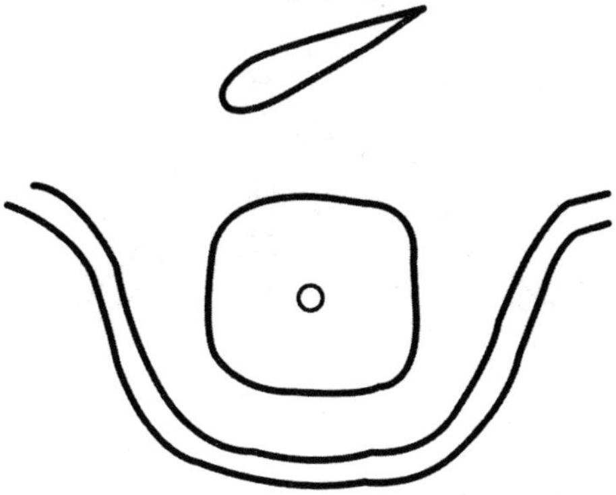

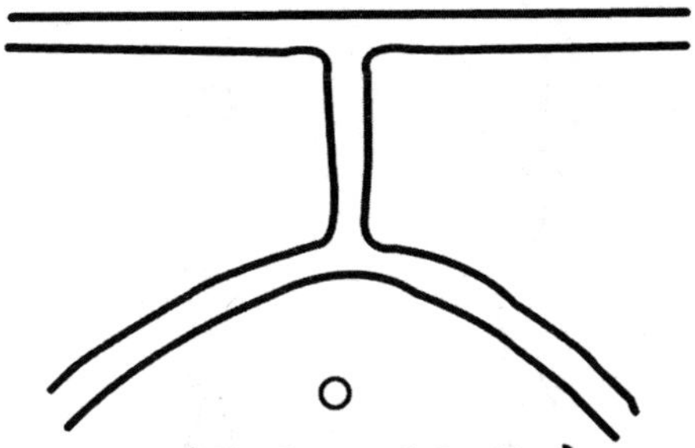

朱雀之水
两分开灾
祸日日来
又兼淫乱
无男女何
须将眼觑

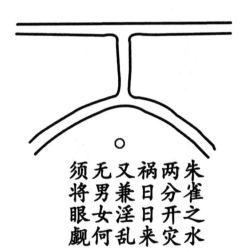

裹头城里莫安坟劫
脚东西
动火瘟
疑是真
能求贤
福到头终久败儿孙

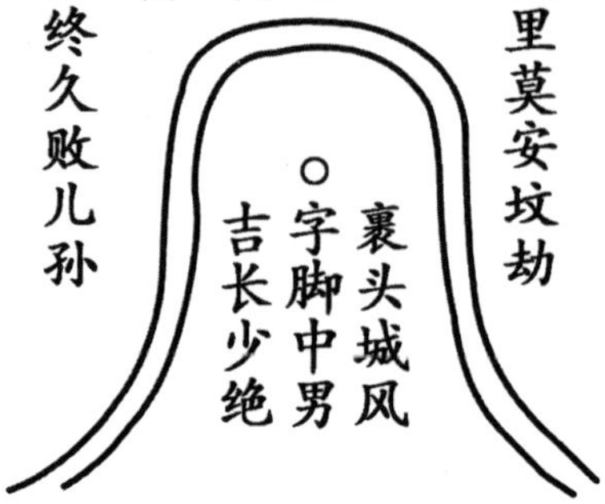

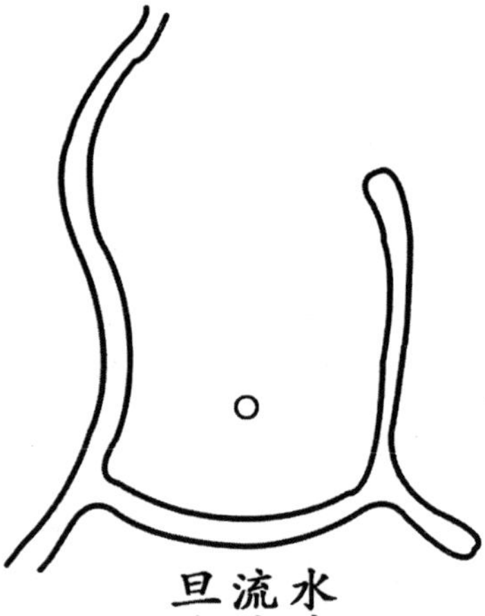

水脚两分
流其家一
旦休

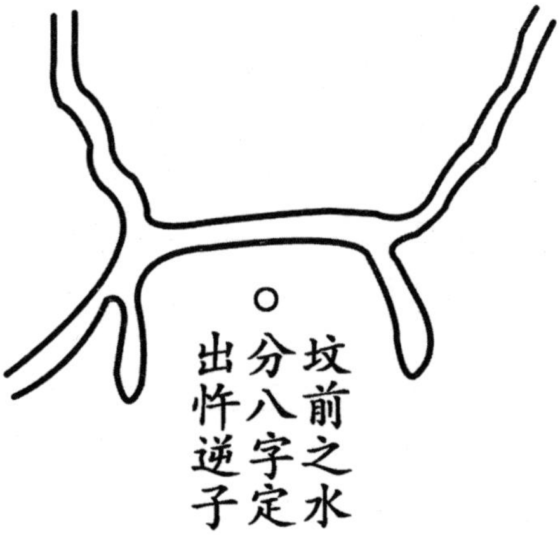
坟前之水
分八字定
出忤逆子

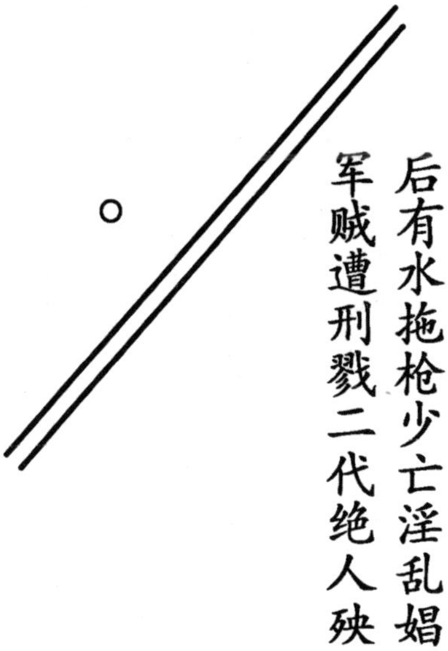
后有水拖枪少亡淫乱娼
军贼遭刑戮二代绝人殃

坟前有水不相顾，
常招女婿当门户。

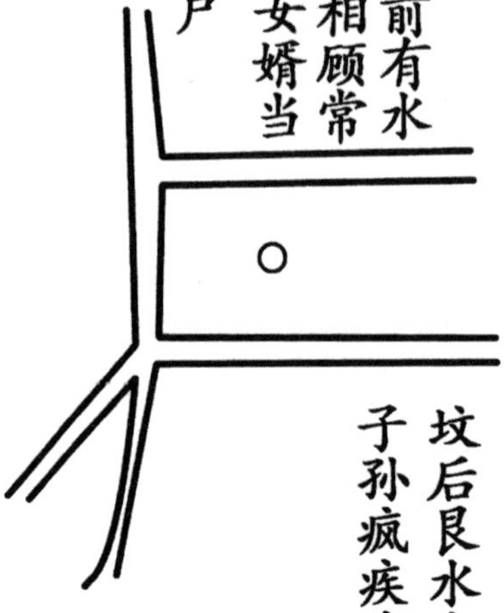

坟后艮水十字河，
子孙疯疾受灾磨。

长河一水通舟直，
两边不许安尖坟。
宅若安坟宅，
子孙游荡为军贼。

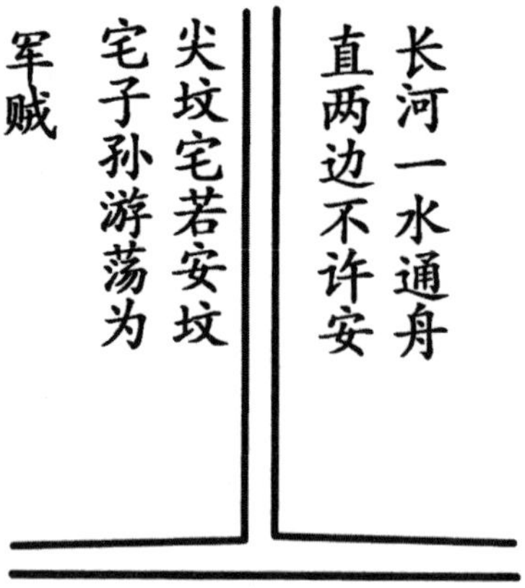

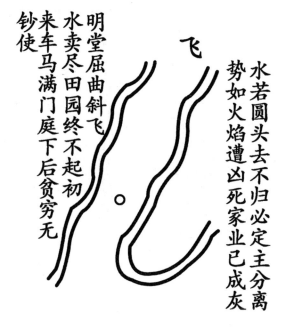

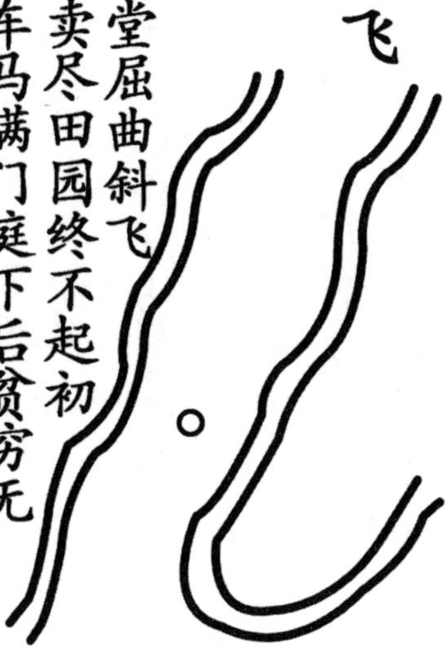

水若圆头去不归必定主分离
势如火焰遭凶死家业已成灰

明堂屈曲斜飞
水卖尽田园终不起初
来车马满门庭下后贫穷无
钞使

五马五方驰水散
似飞尸

明堂若端
正临刑数放归

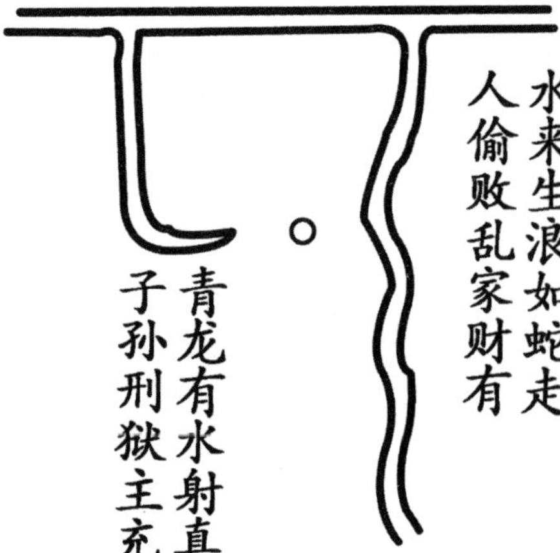

水来生浪如蛇走
人偷败乱家财有

青龙有水射真身
子孙刑狱主充军

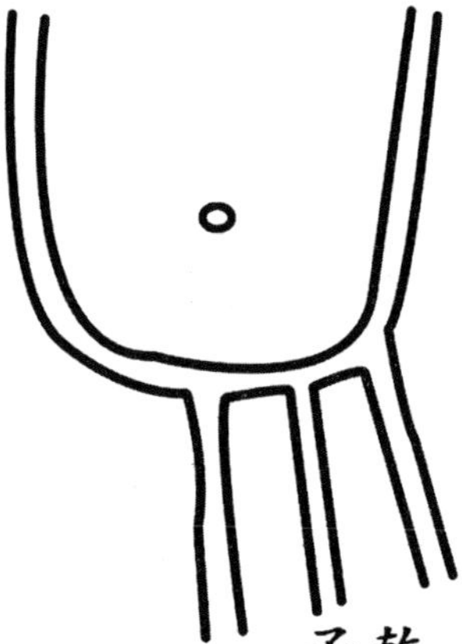

乾水支流
子孙后休

水向乾流必出贼头

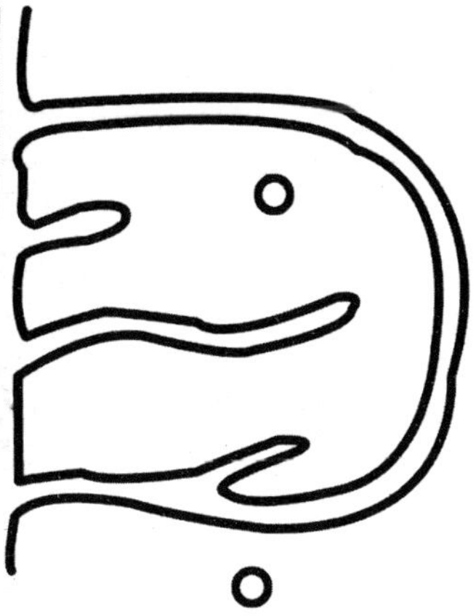

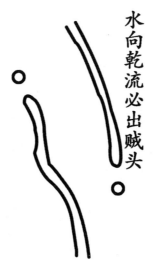

前砂顺水似飞旂金火相形护得知军贼跛跏跎瞎有兄弟相杀见凌欺

反

右边反无情
逃离又充军

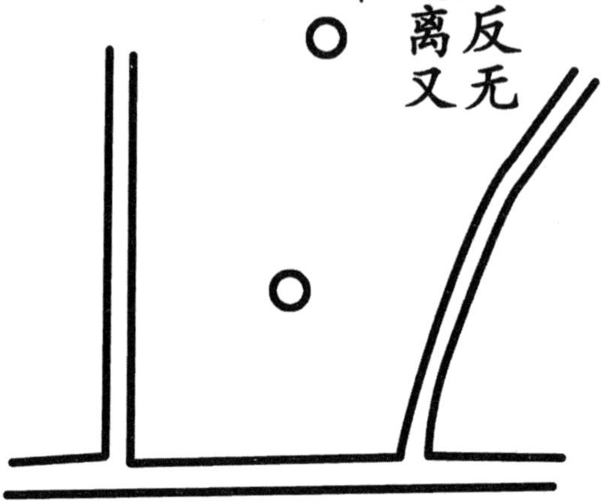

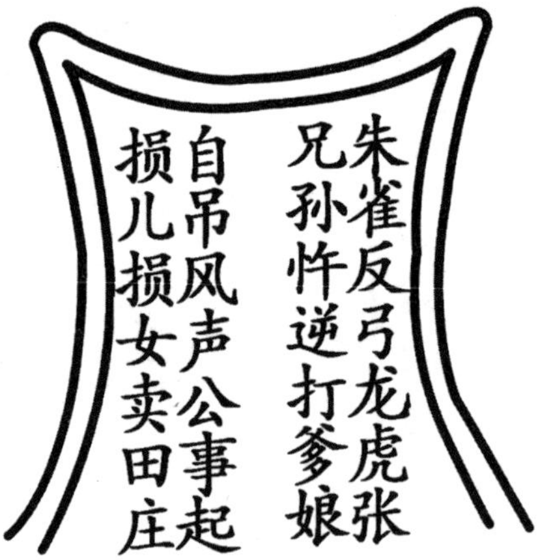
朱雀反弓龙虎张
兄孙忤逆打爹娘
自吊风声公事起
损儿损女卖田庄

水城怕反弓逃走主贫穷

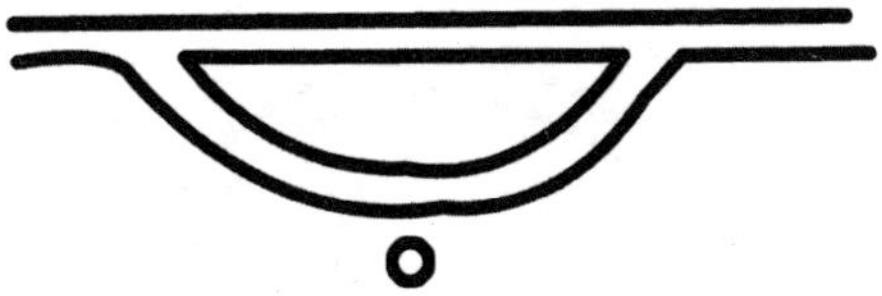

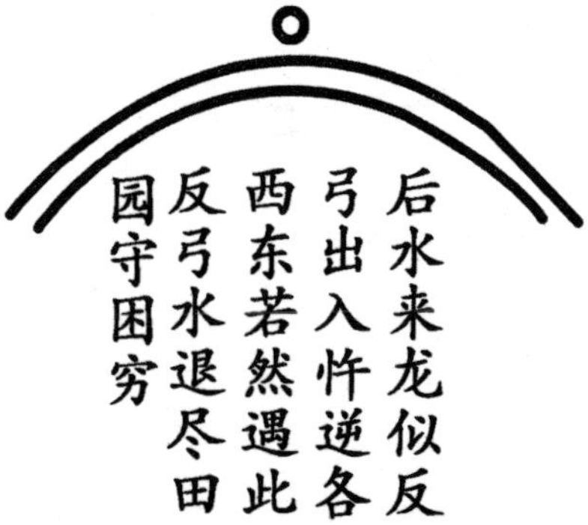
后水来龙似反弓出入忤逆各西东若然遇此反弓水退尽田园守困穷

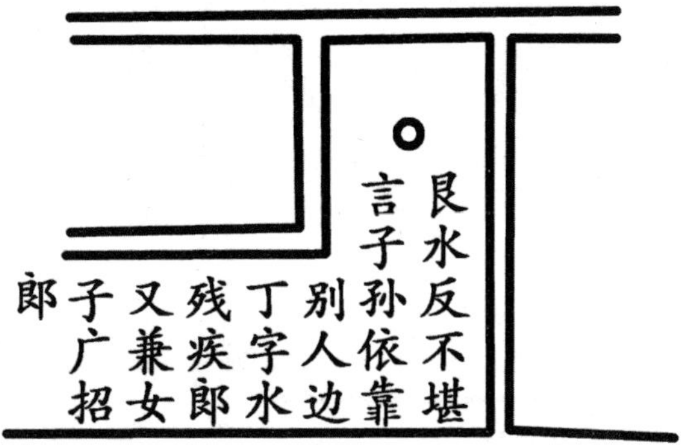
艮水反不堪言子孙依靠别人边丁字水残疾郎又兼女子广招郎

论异形

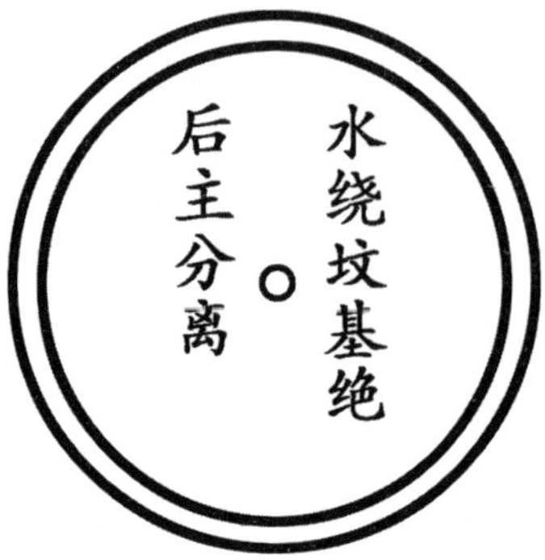

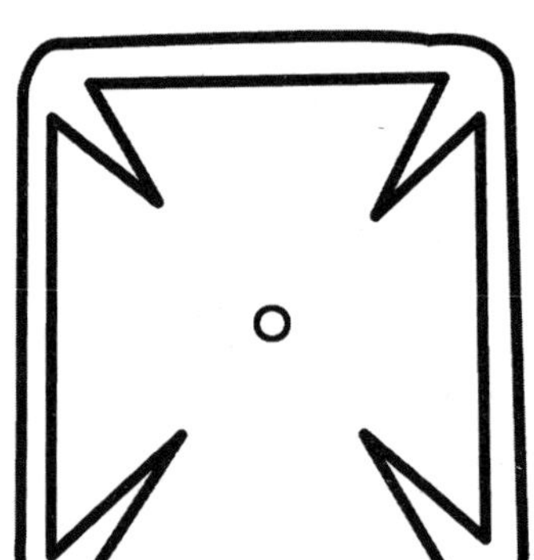
乾枪向巽配在云南交趾坤枪
向艮配在远东巽枪向乾配在
陕西艮枪向坤配在广西

周回之水绕
坟林破败损
金银。
又兼
淫乱无家室
疾病少精神

抄估龙体纵然
富贵亦主充军

抄估

青龙腰上水嵌
破常常有灾祸

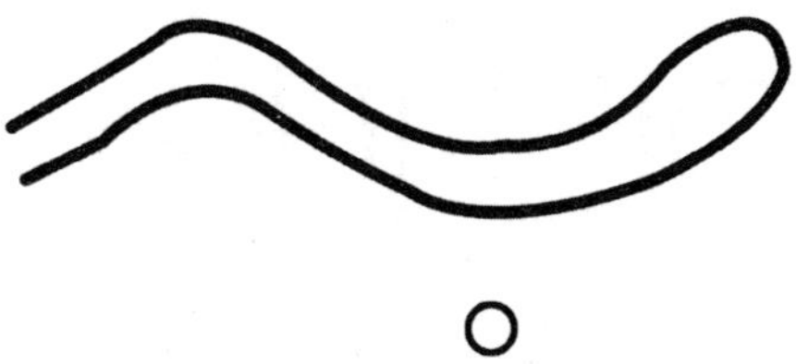

水如卷古
哑疾磨折
说是搬非
众人摈绝

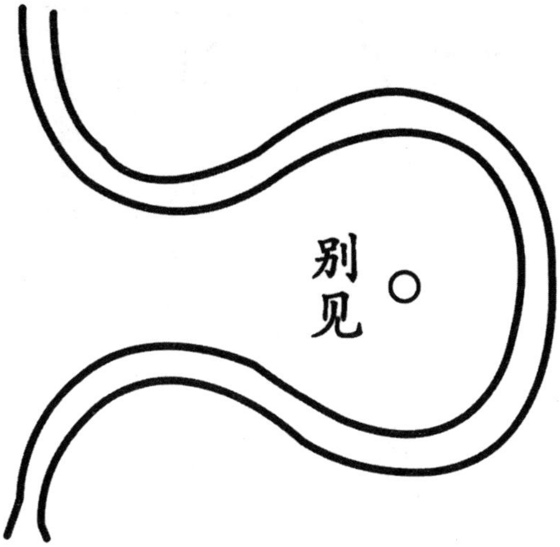

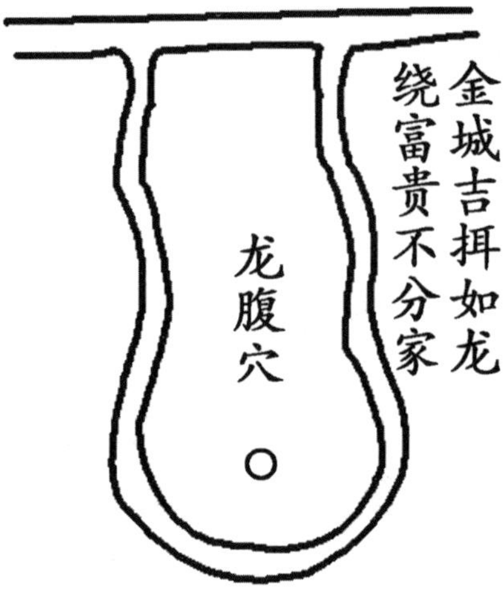
金城吉揖如龙
绕富贵不分家
龙腹穴

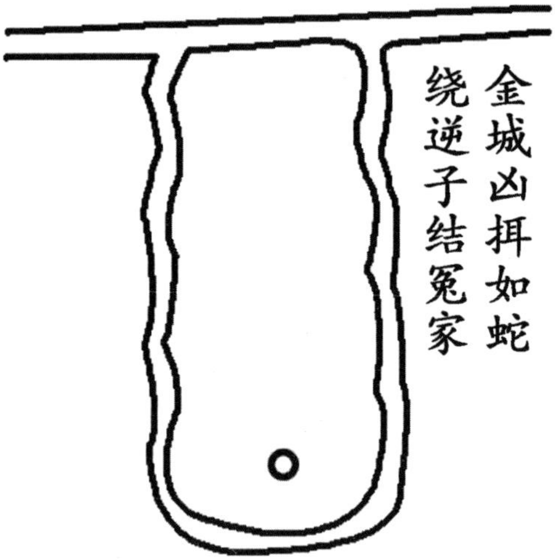
金城凶揖如蛇
绕逆子结冤家

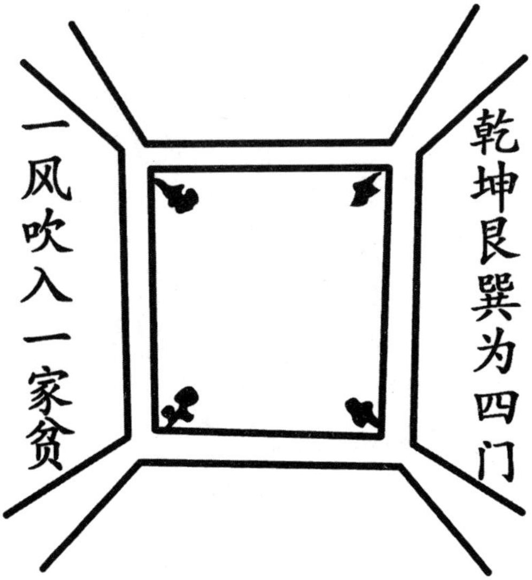
乾坤艮巽为四门
一风吹入一家贫

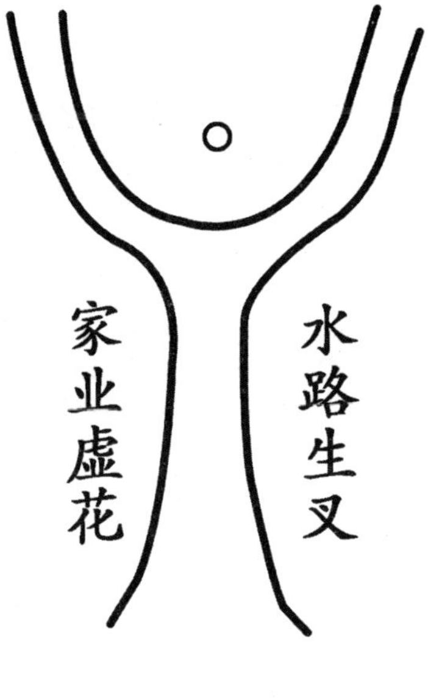
水路生叉
家业虚花

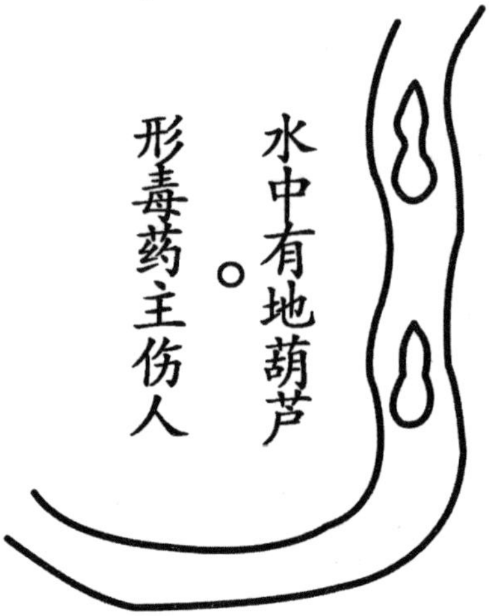
水中有地葫芦。
形毒药主伤人

武官旅水
交剑长流

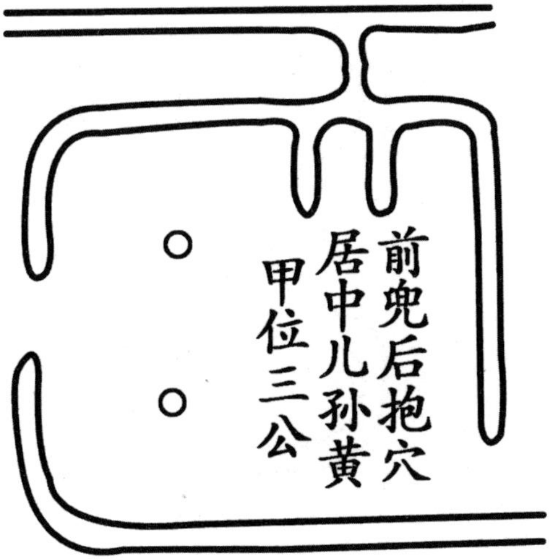
前兜后抱穴
居中儿孙黄
甲位三公

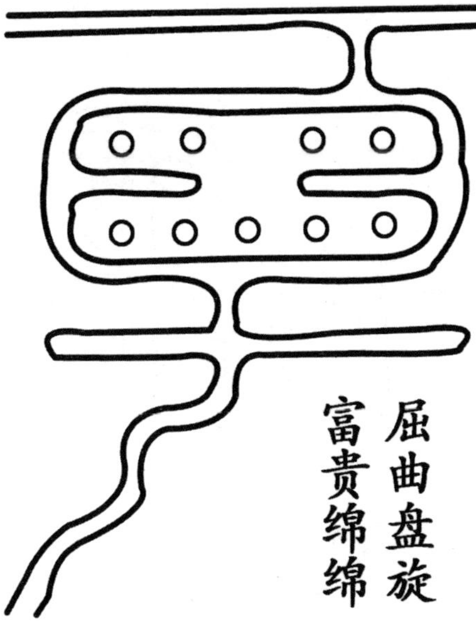
屈曲盘旋
富贵绵绵

屈曲如弓义门和顺
富贵声名奕世隆盛

破

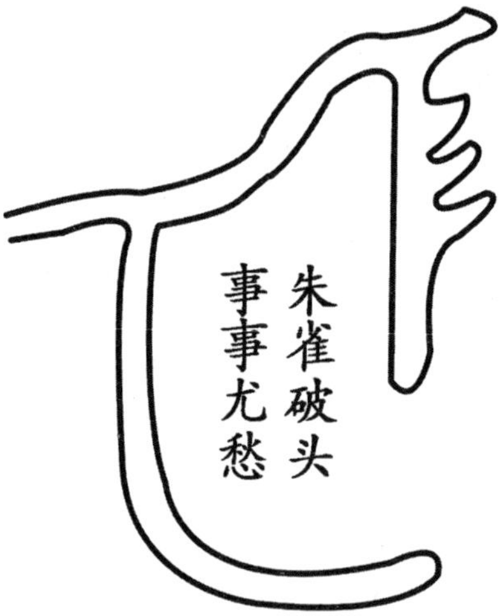

交

火入金名
带剑城砂
水两相刑
葬后儿孙
终不显边
远夫充军
先发财后
大凶

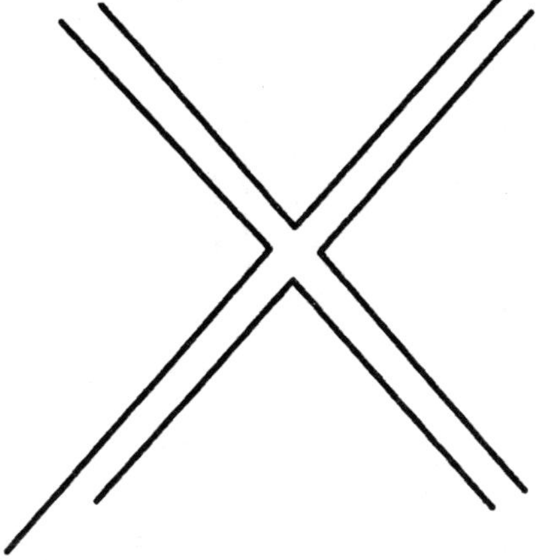

尸枪射穴刑狱充军
逃亡横死绝嗣无人
射

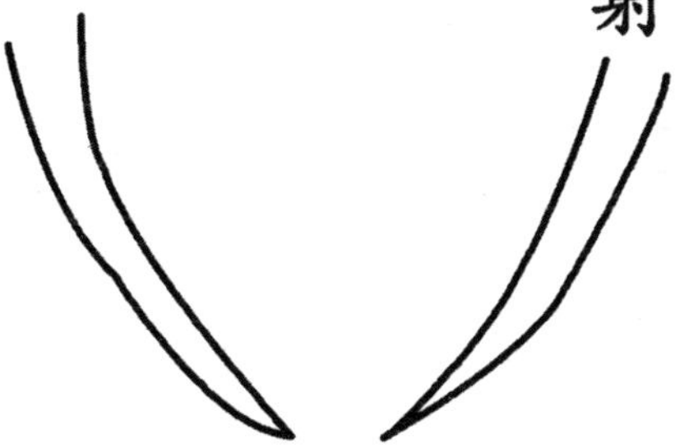

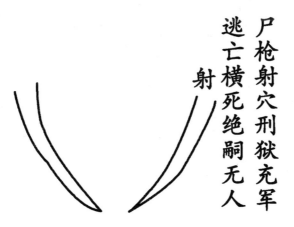

叉

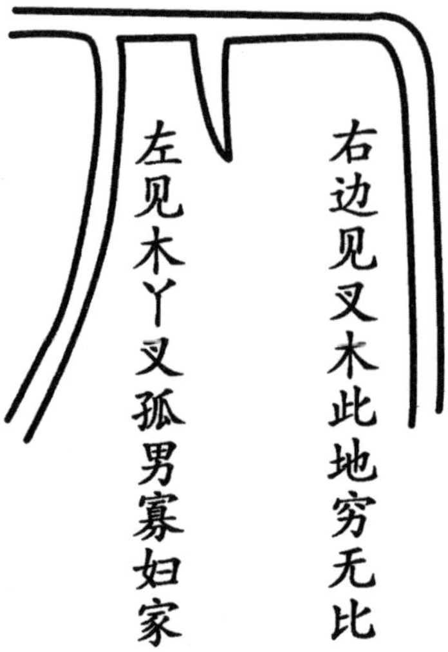
右边见叉木此地穷无比
左见木丫叉孤男寡妇家

偏

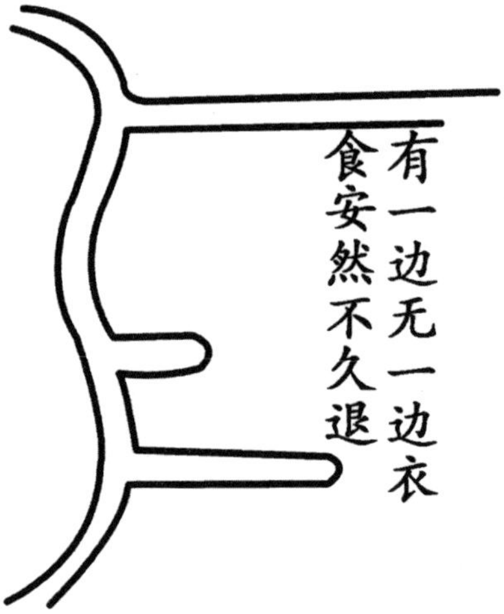
有一边无一边衣
食安然不久退

斜

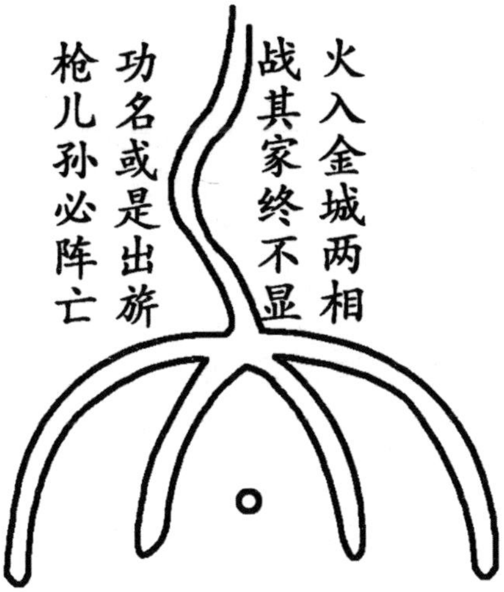

裹

裹头之水气无
余向前安
冢实非宜
纵使暂时
能一发为
人量窄又无儿

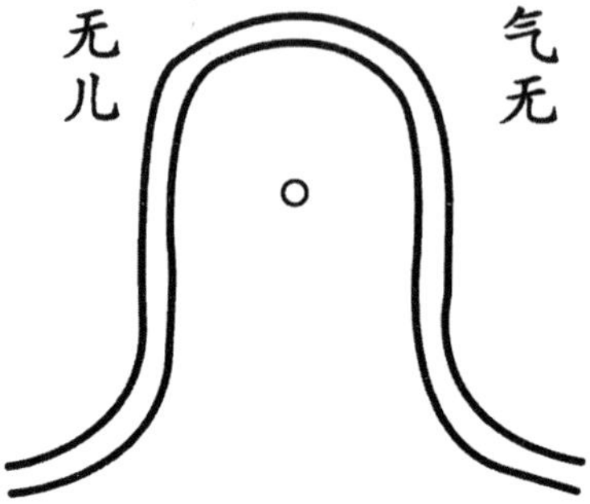

割

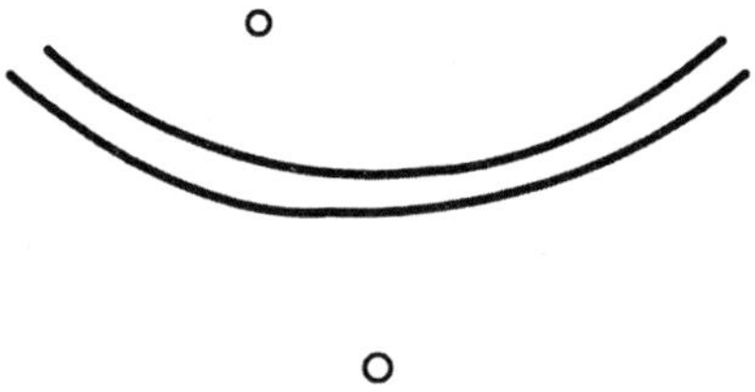

水城怕过割
下后枪刀割
绝嗣又逃亡
时师莫去宽

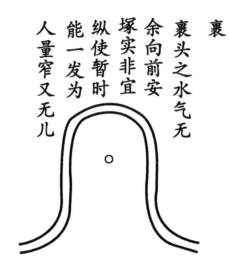

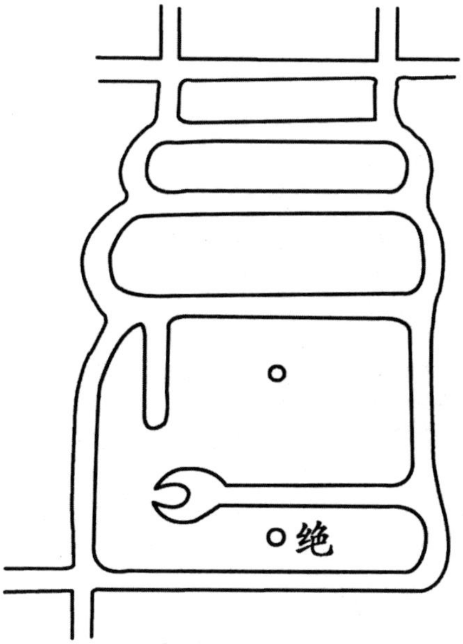

明堂若见三折水为官必定到三公
正对前朝明印业弟兄必定世恩荣

论象形

水城屈曲似飞
龙日日遇恩荣

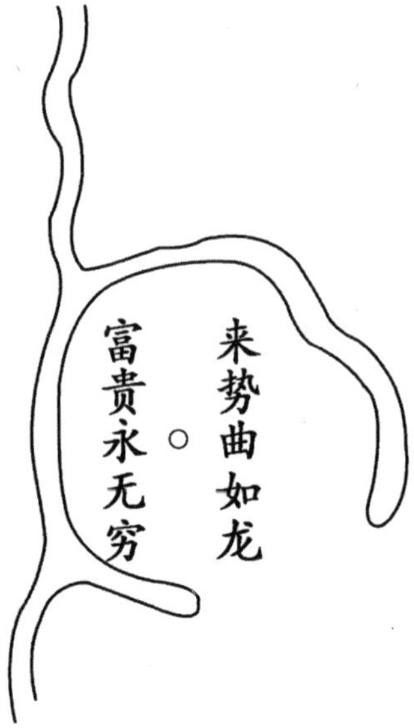
来势曲如龙
富贵永无穷

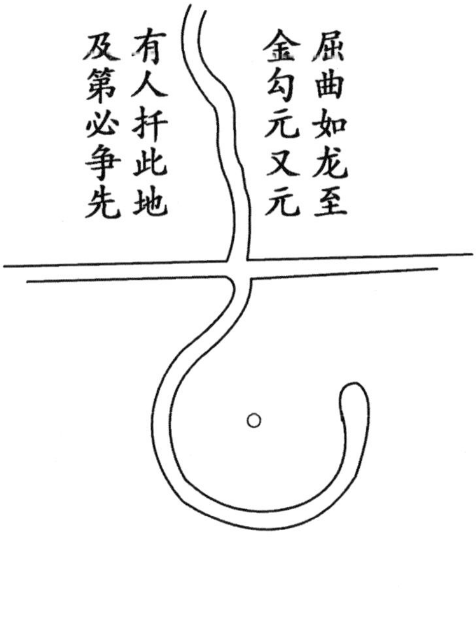
屈曲如龙至
金勾元又元
有人扦此地
及第必争先

飞龙之水腹中求
子孙去拜凤池头

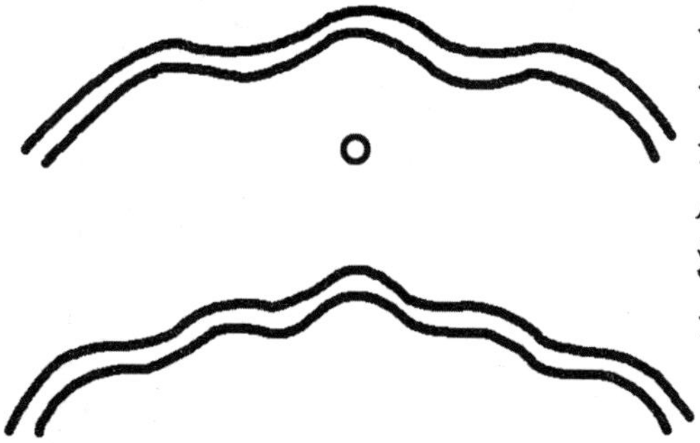

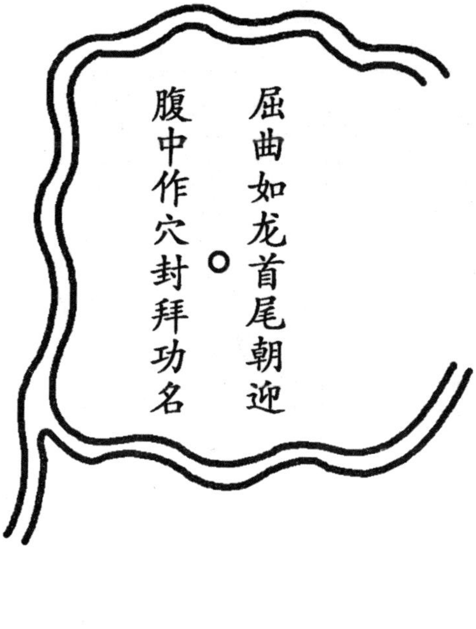
屈曲如龙首尾朝迎
腹中作穴封拜功名

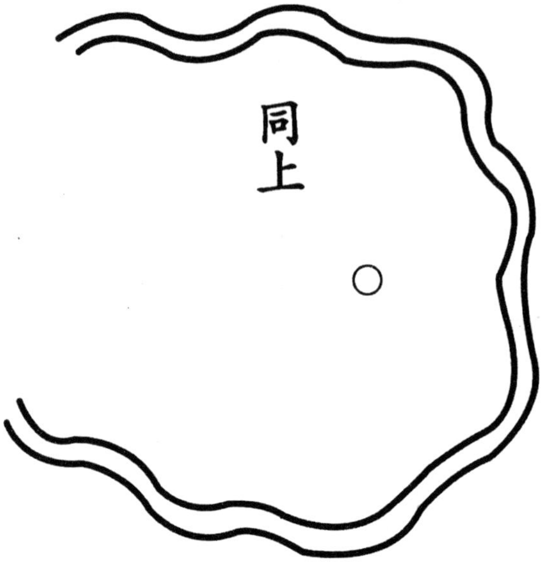
同上

金蛇势
难识下
后大官
出
又名笑天龙

飞龙之水最难
逢必定出三公

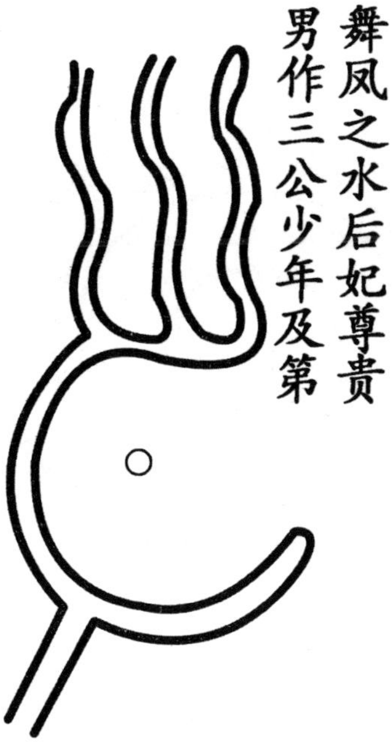
舞凤之水后妃尊贵
男作三公少年及第

二龙相会号雌雄
富贵出三公

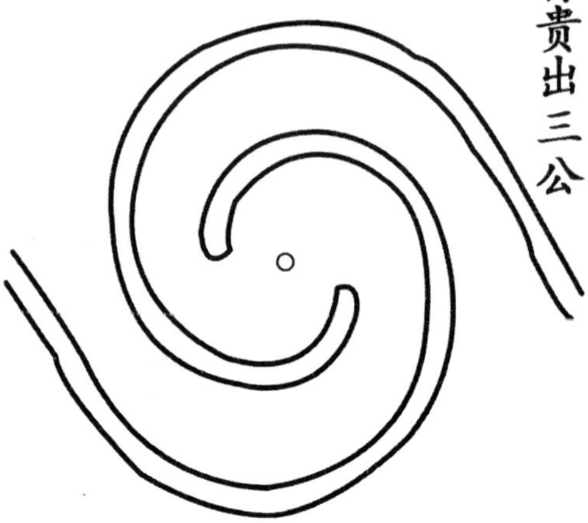

水朝曲去又缠身家内出豪英
更有路朝生旺地官显在朝廷

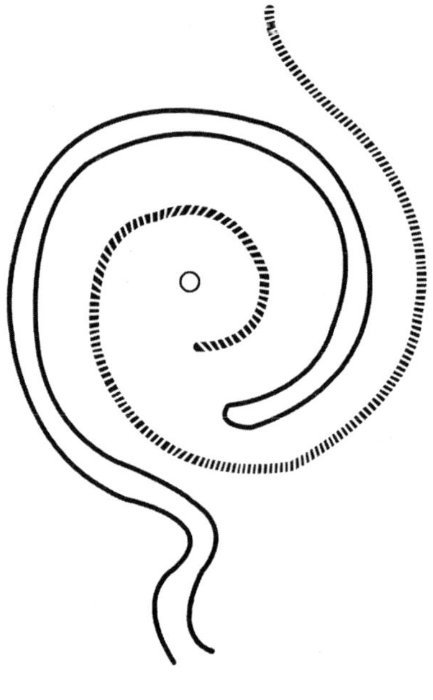

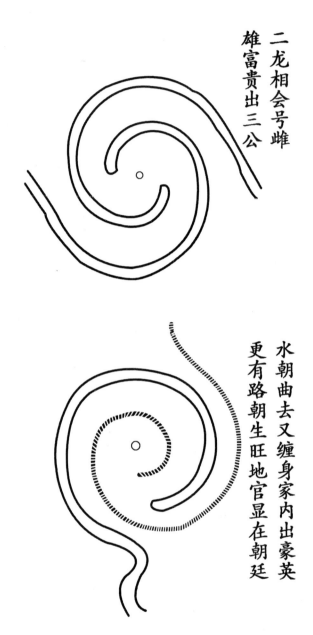

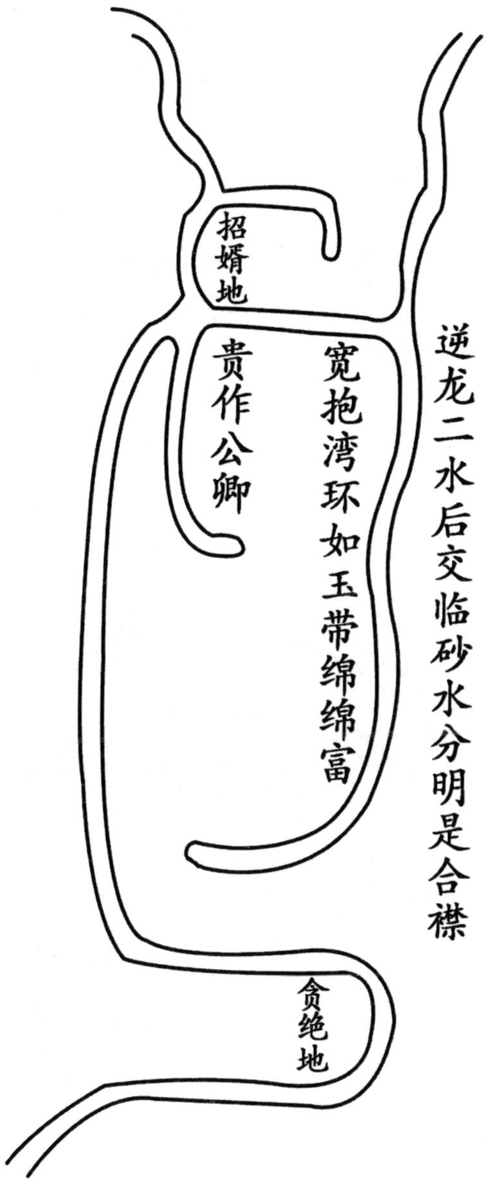
逆龙二水后交临砂水分明是合襟
宽抱湾环如玉带绵绵富
贵作公卿
招婿地
贪绝地

一重路抱一重
城金木重重
案面门若
得穴中再
包裹代代
英华绕帝
京

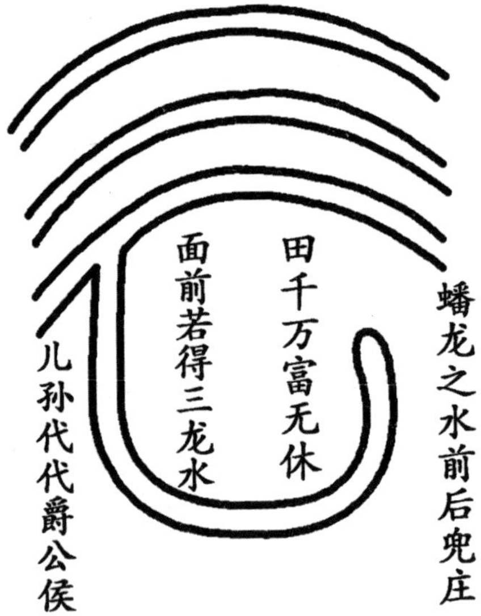
蟠龙之水前后兜庄
田千万富无休
面前若得三龙水
儿孙代代爵公侯

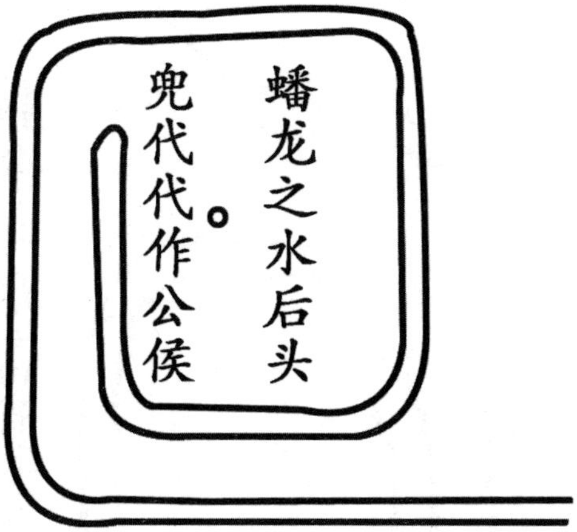
蟠龙之水后头
兜代代作公侯

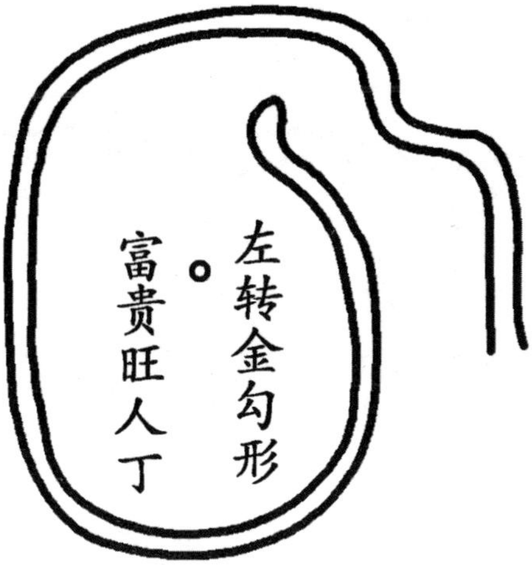
左转金勾形
富贵旺人丁

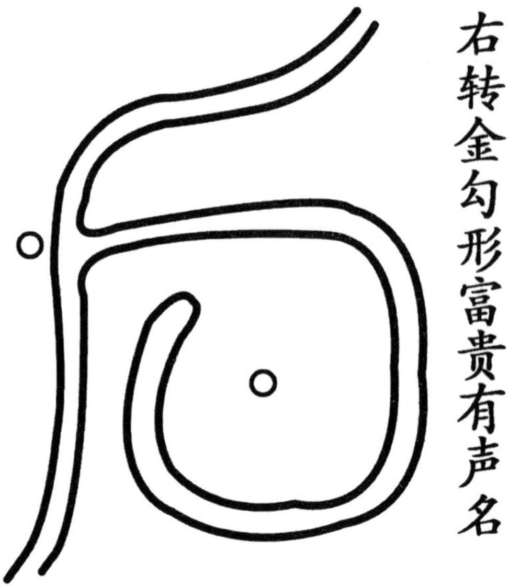
右转金勾形富贵有声名

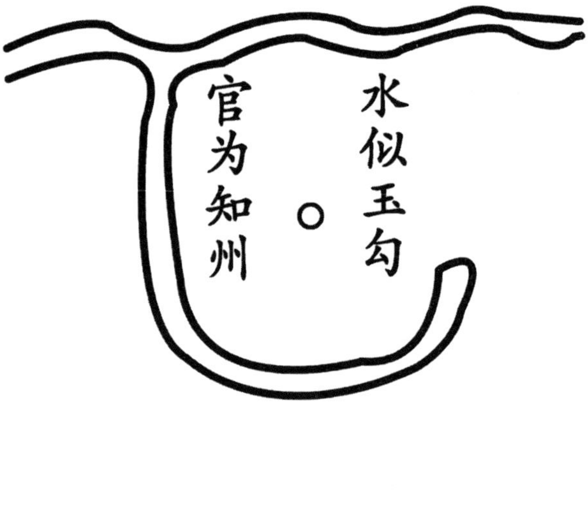
水似玉勾
官为知州

瓜藤之水
节节有情
若扦此地富贵声名

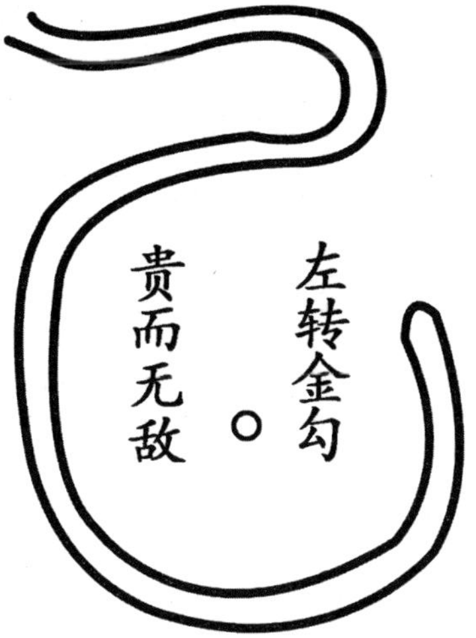
左转金勾
贵而无敌

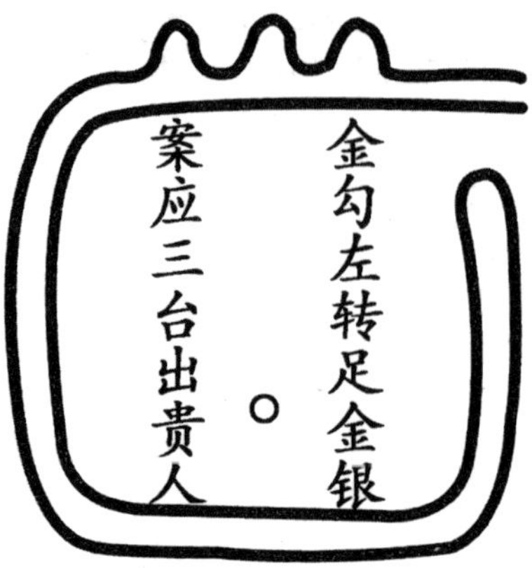
金勾左转足金银
案应三台出贵人

活龙来势作三台
秀水前朝对面来
若见有人扦此地
为官代代作乌台

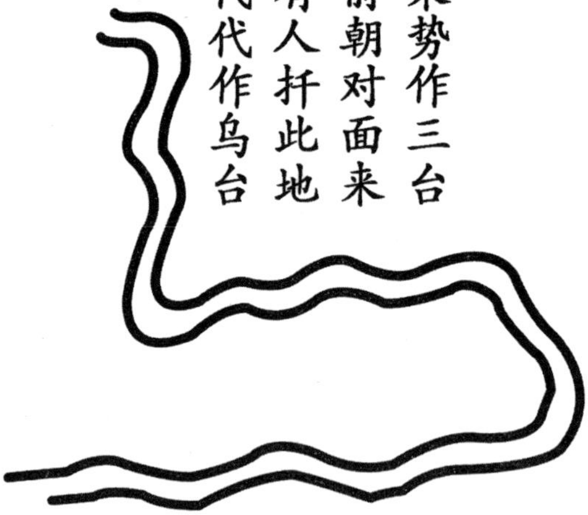

乙字水影身
家出大朝臣

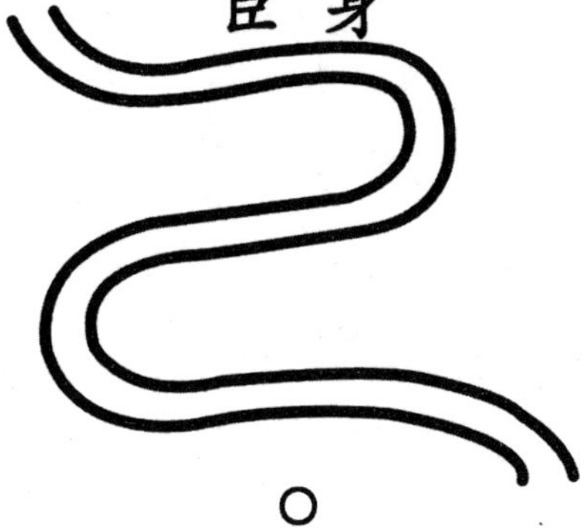

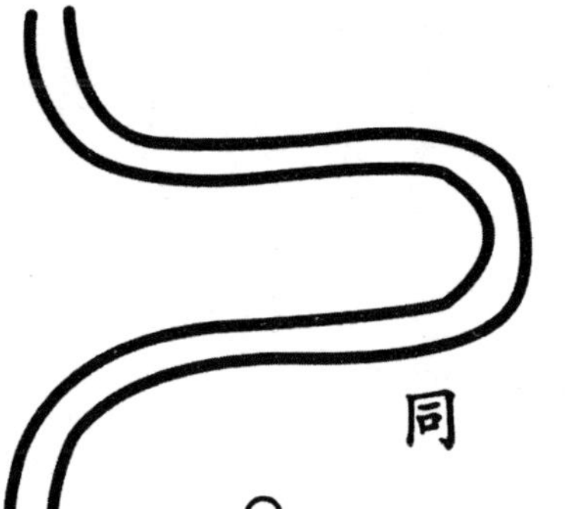

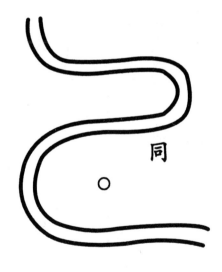

之字合衿
之字流知
州知府出无
休
澪池

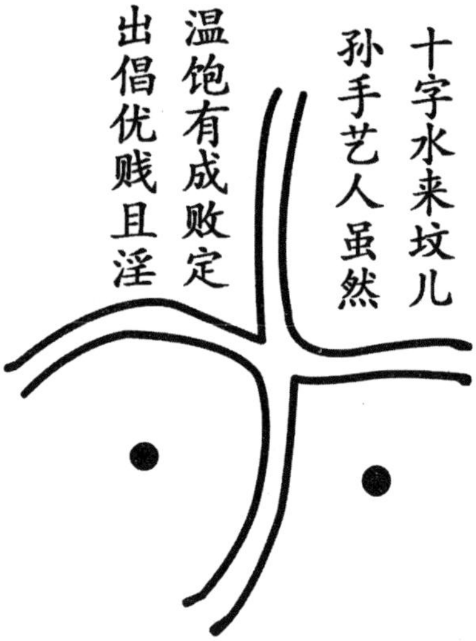
十字水来坟儿
孙手艺人虽然
温饱有成败定
出倡优贱且淫

十字水流后与前，廿字井字总一般。
此为市井人多住，若是一家不可安。

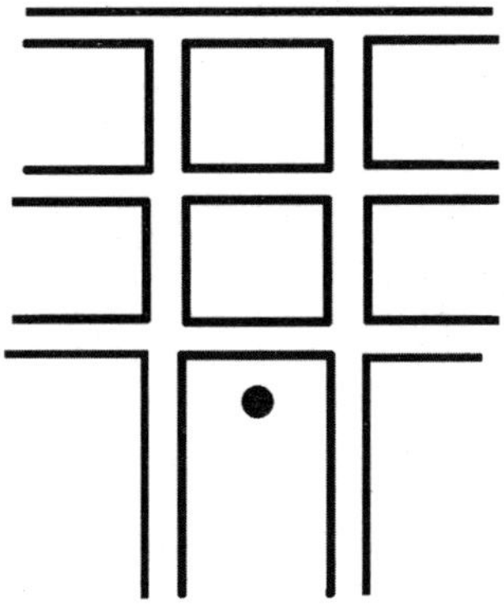

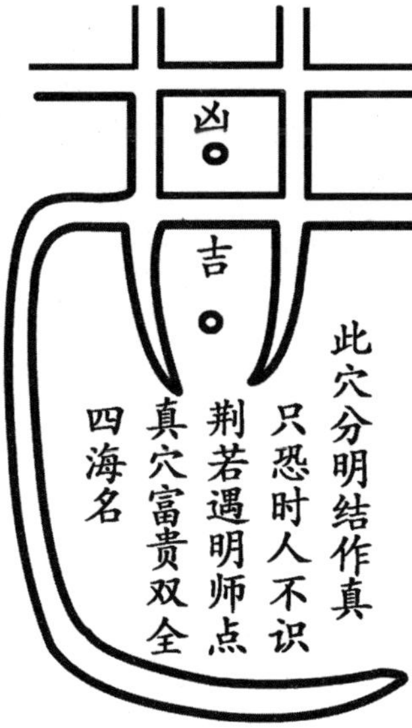

此穴分明结作真，只恐时人不识荆。
若遇明师点真穴，富贵双全四海名。

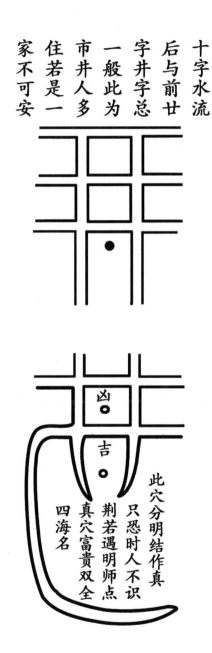

有人扦得仰
大湖儿孙衣
紫达皇都

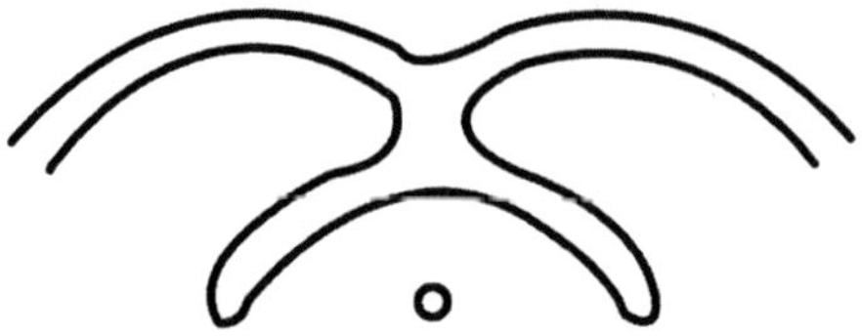

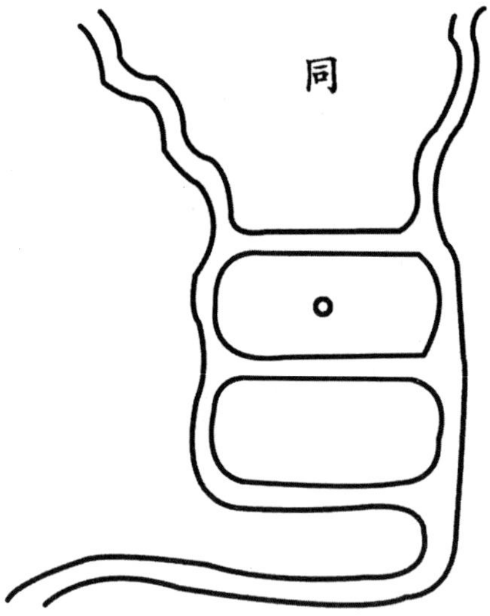

仙人伸足形
定出及第人

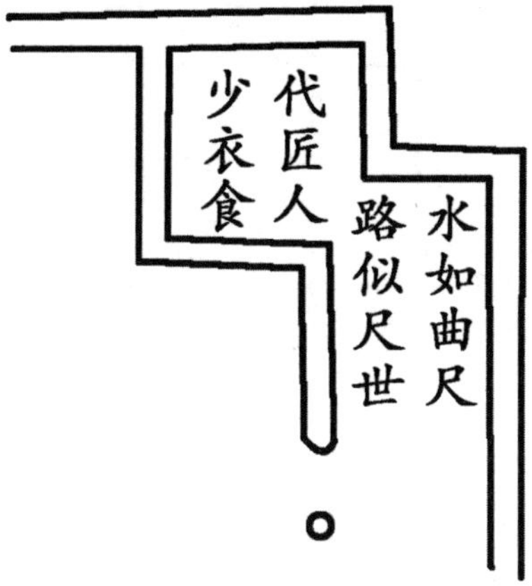
水如曲尺
路似尺世
代匠人
少衣食

双龙

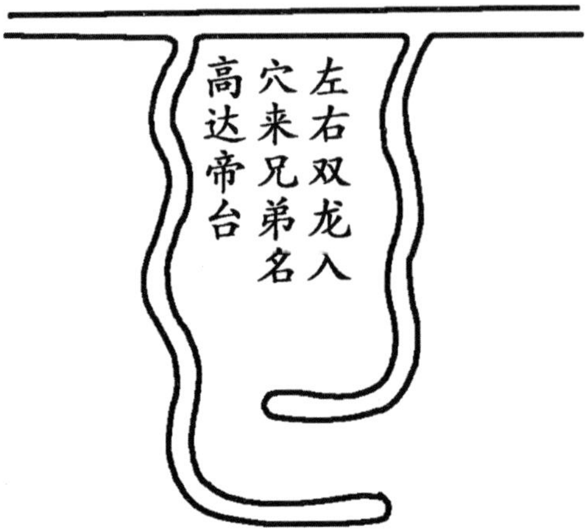
左右双龙入
穴来兄弟名
高达帝台

雌雄并出水同流去了又回头

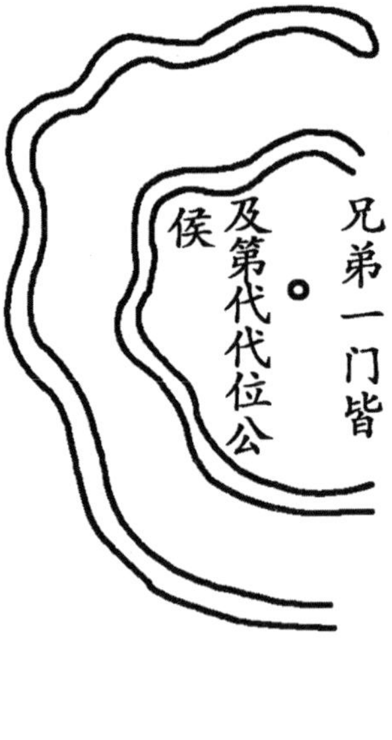
兄弟一门皆
及第代代位公
侯

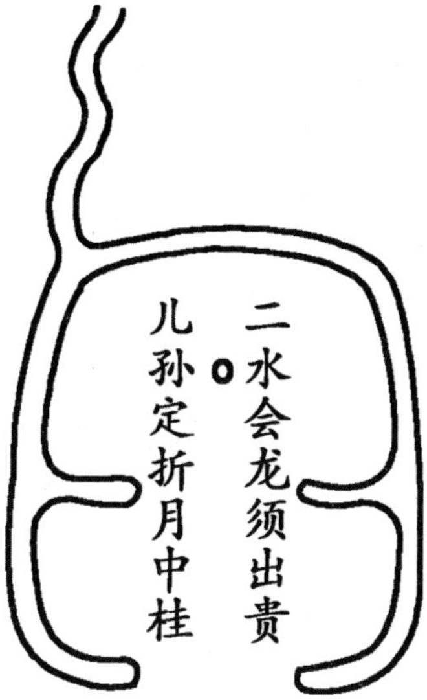
二水会龙须出贵
儿孙定折月中桂

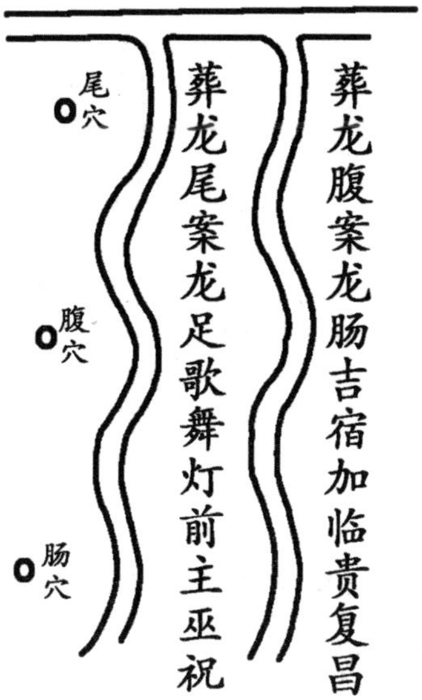
葬龙腹案龙肠吉宿加临贵复昌
葬龙尾案龙足歌舞灯前主巫祝
尾穴
腹穴
肠穴

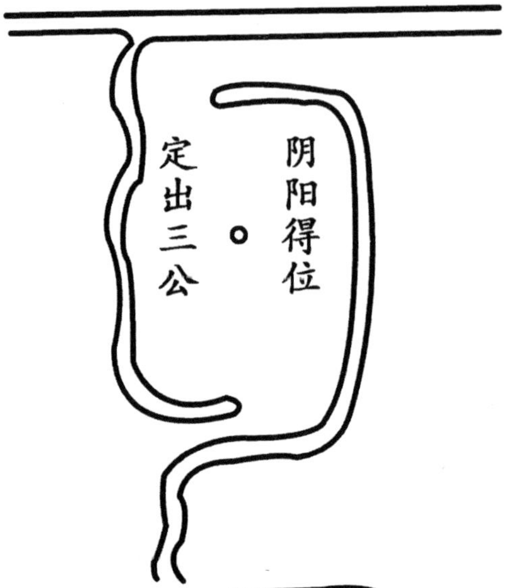
阴阳得位
定出三公

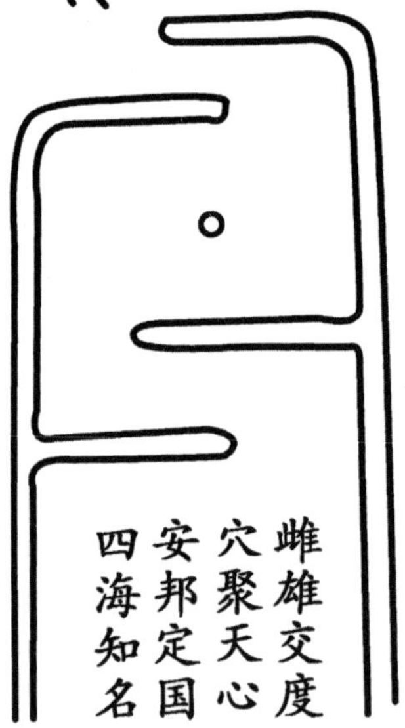
雌雄交度
穴聚天心
安邦定国
四海知名

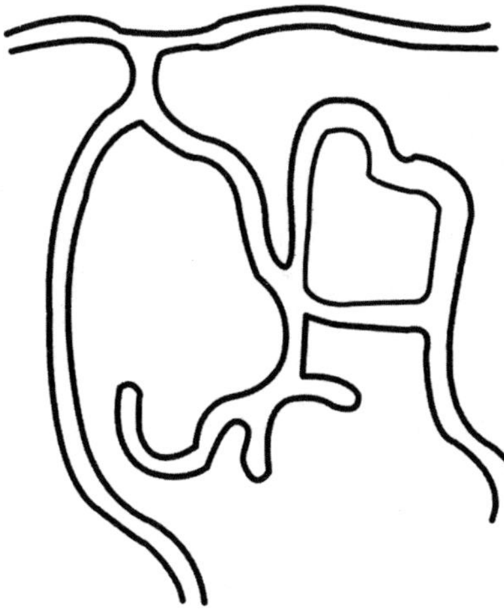

砂水缠流荷叶地却如架上金
盘形点作幞头穴儿孙朝内人

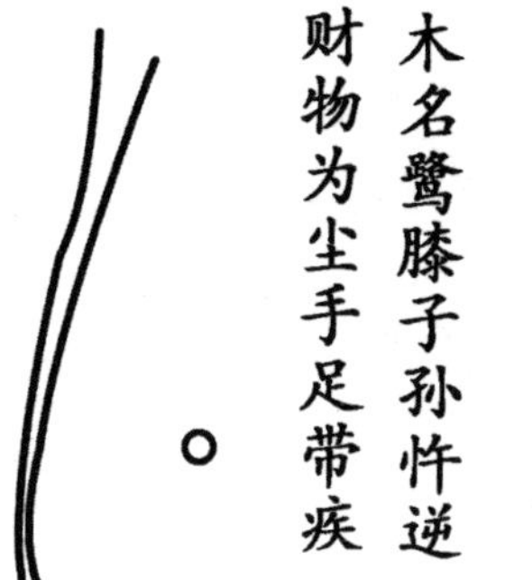

木名鹭膝子孙忤逆
财物为尘手足带疾

幞头地执笏水子孙及第作翰史

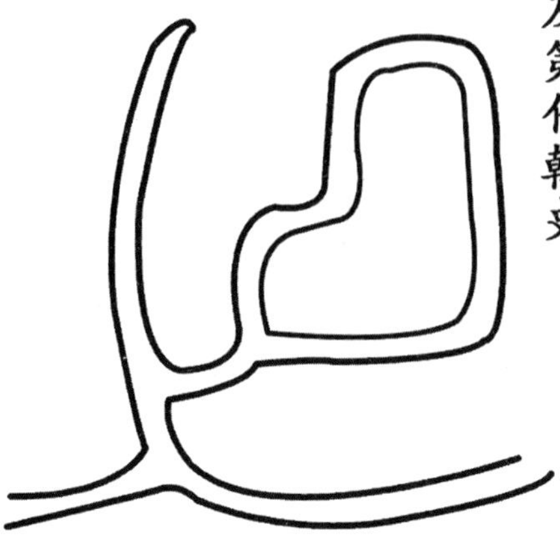

右水似笔头小子贵无休

左水似笏圭长房中元魁

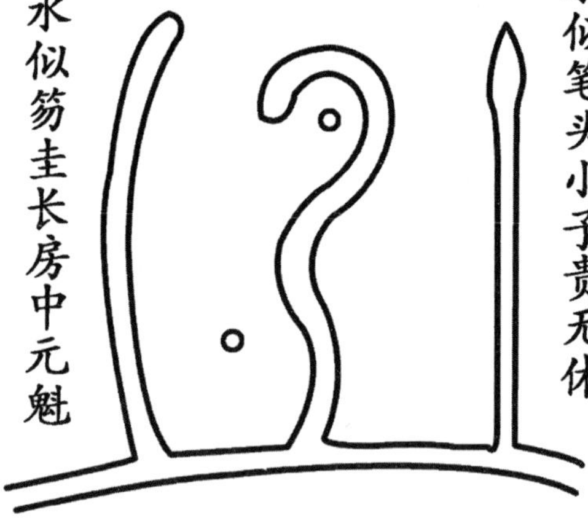

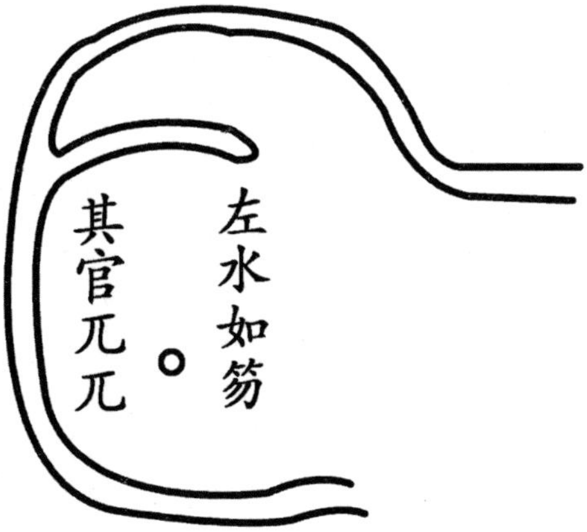
左水如笏
其官兀兀

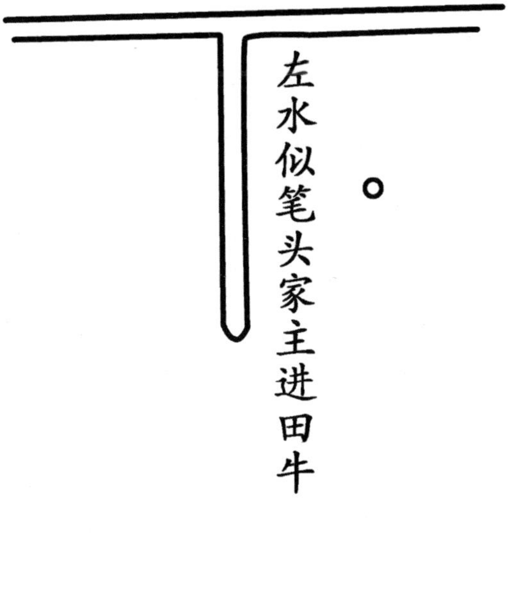
左水似笔头家主进田牛

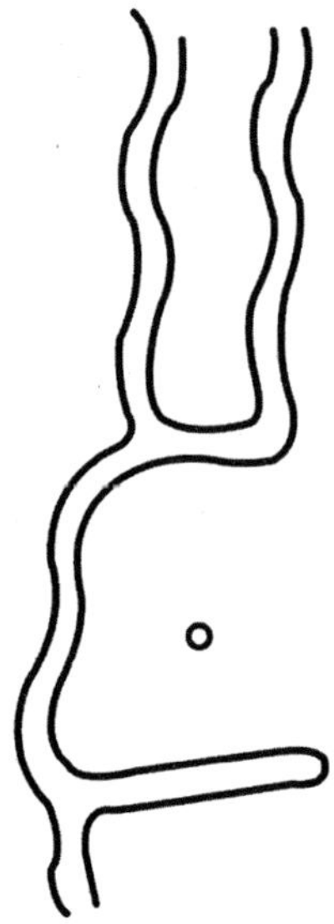

二水合门前家富出名贤

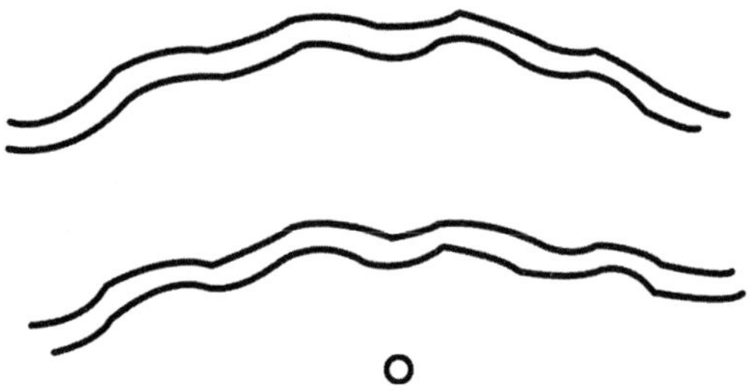

二龙相
会应门
前子嗣
去朝天

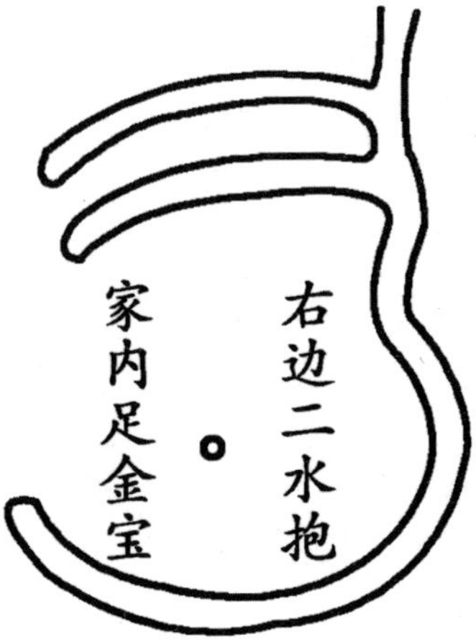
右边二水抱
家内足金宝

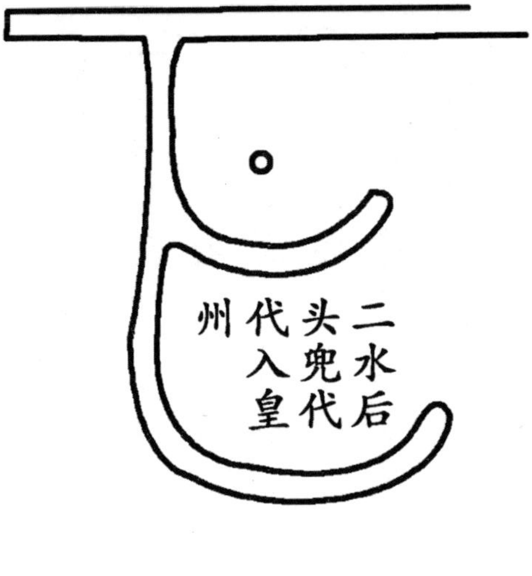
二水后
头兜代
代入皇
州

二龙水后兜
富贵永无休

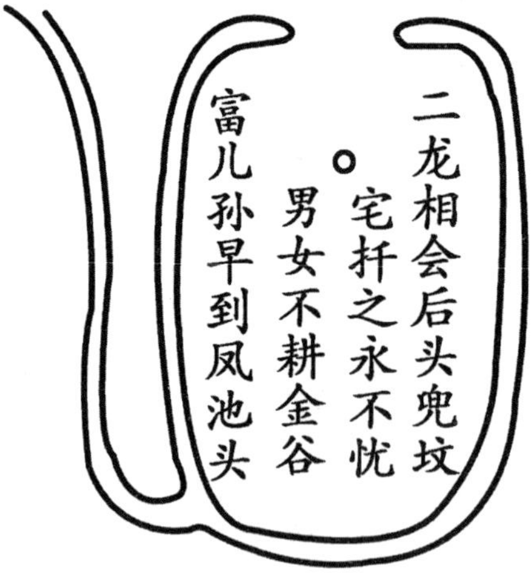
二龙相会后头兜坟
宅扦之永不忧
男女不耕金谷
富儿孙早到凤池头

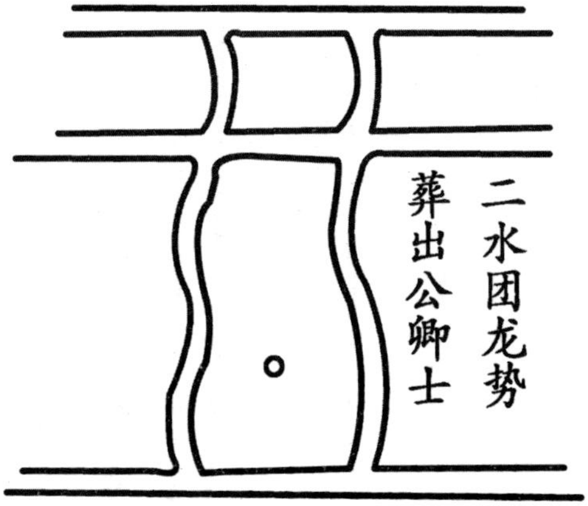

二水团龙势
葬出公卿士

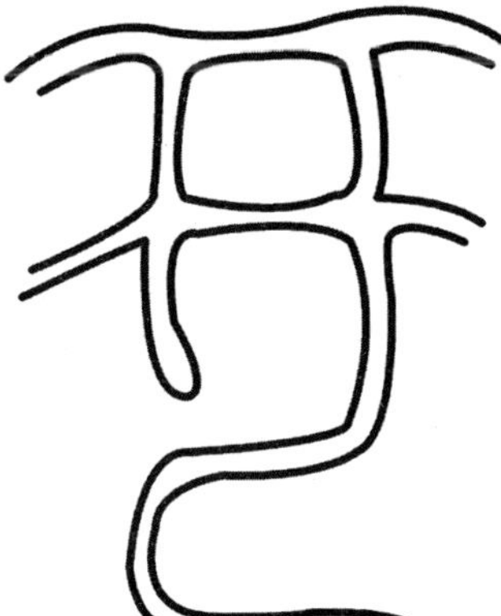

迢迢四水入朝堂直冲直射不相
当若还屈曲水回头贵上金阶粟万仓
其地一圩二三十亩乃吉

二水右边出不孝兼多疾

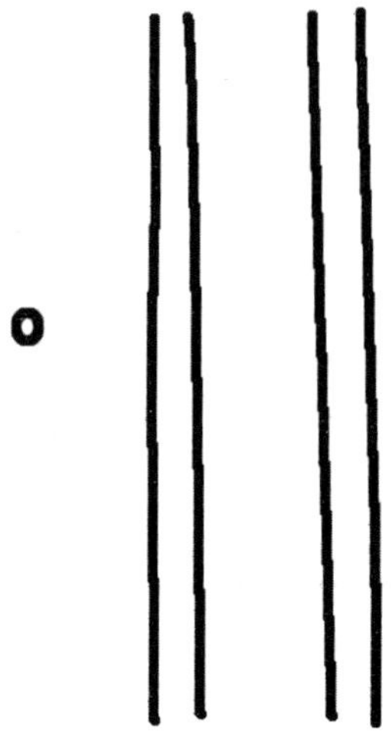

杂论

前逢池沼永为富贵之家

东浜深百尺西住有千粮

西北池塘近冢边

子孙不孝叫皇天

宅后有池塘亦入财之地

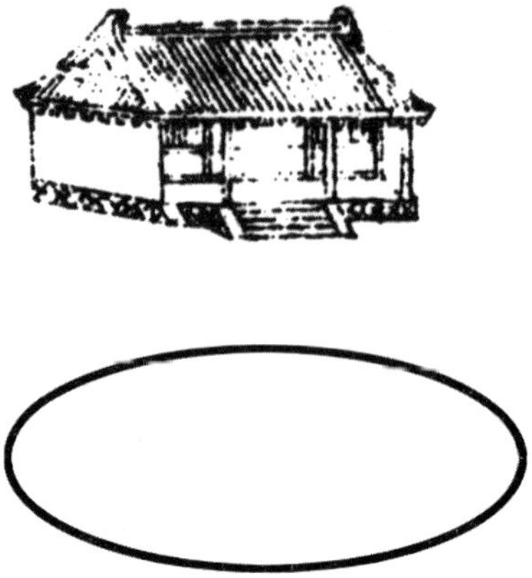

又云屋后有池塘寡妇守空房须以三元方位断之

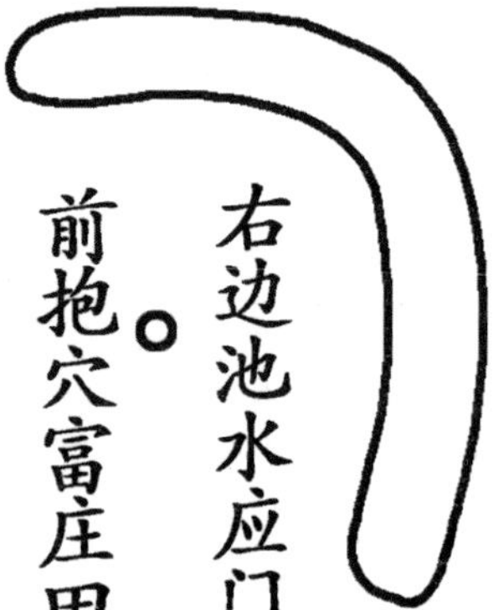

右边池水应门前抱穴富庄田

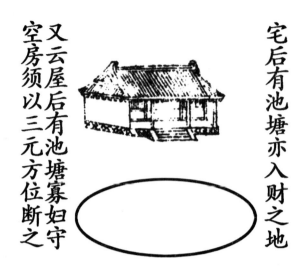

坟后有井患心疼双目损儿孙井不分左右南北近冢主心腹目痛

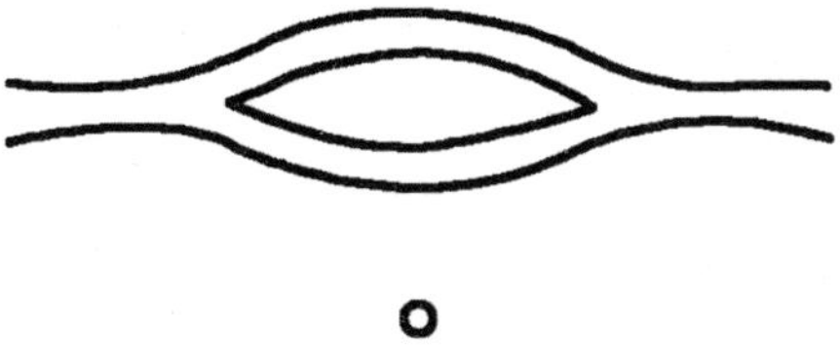

坟前水内一蛾眉水来水去绕蛾眉家中女子随人走更同僧道有情私

门前桥冲少死横亡疾病

鳏寡人口过房此值衰败当旺还反能发福局中俱当依此推之

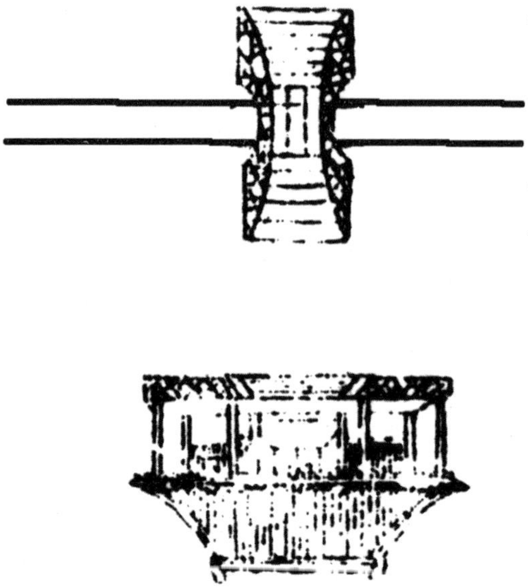

右有桥冲淫败绝宗

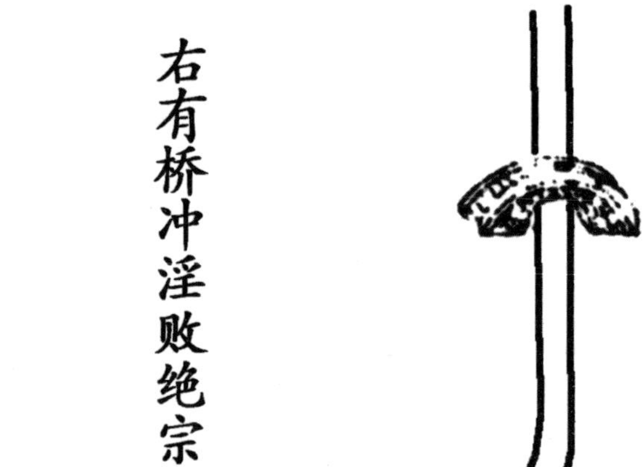

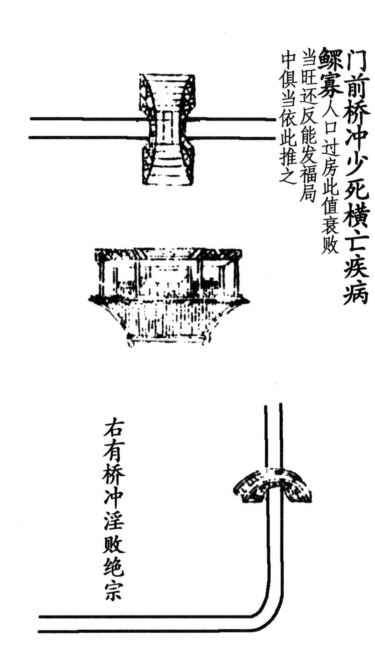

前有横沟
足疾难瘳

朱雀一丘地此穴乐安然
更有后河兜富贵岂等闲

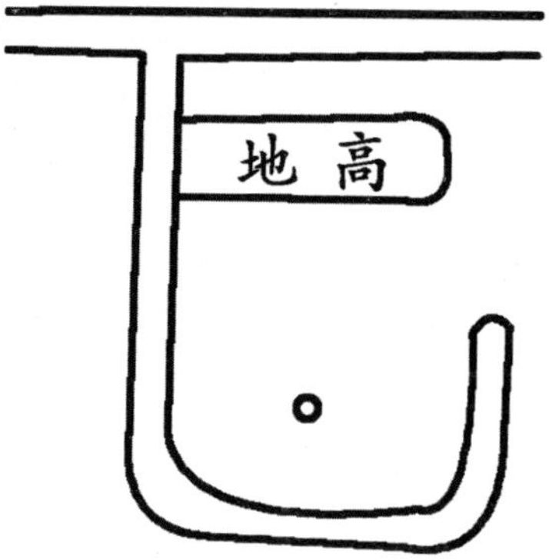

前山如木杓媿妇抱公脚

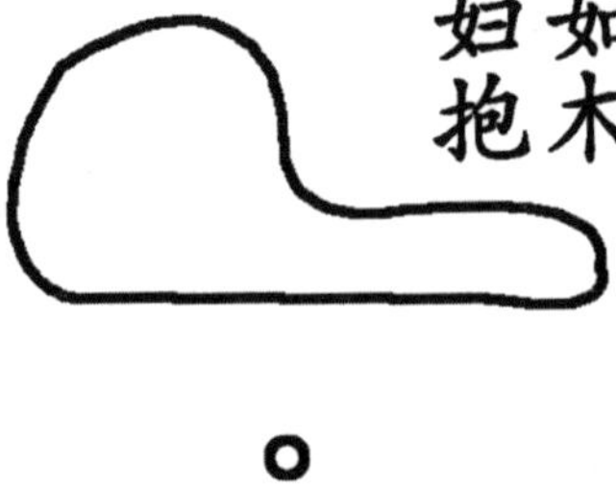

鹅公颈鸭公头女儿媳妇上秦楼

秘传水龙经卷三

水钳赋

天壤浩渺，三辰显晦；一气循环，五星荣悴。江河以流，以岳以峙。暄阳为生，阴寒为死。哲人象天，则物因地。察义地出，川岳天垂。斗星本乎一气，同情异名天施。顺播地德，上承阴阳。相禅五运森联举，一远二乃术之偏。欲识其地，先观其天；欲识其形，先观其元。不察其流，孰知其源。乘气而行，子母相援。夫妇交度，剥换蜿蜒。缺四字激射为嫌。指水为水，孰辨五星。土水厚重，金水圆清。木水挺直，火水飞腾。金木相攻，变水则比。水火相战，木旺尤忌。土神生金，最畏逢木。木星带火，邦家倾覆。趋蓄之位，各有关轴。胞胎死绝，生旺官禄。冲克刑伤，灾祥迅速。吉凶本乎消长，五行运乎死生。信耳不如信目，信目不如信心。若乃长江鸭绿，天海无涯，界之罔极，索之愈疑。虽有曲折，不忌逶迤。运起天钥，君子无题。下逮淮泗，江河汉水，巨脉纵横，沿洪触涘。州邑乡村，龙神所据。旋垣转屏，脉随气聚。洲涧洋洋，穿江入湖。三十六穴，景纯所图，唐宋以来，水法处无。青鸟石匮，发自何年，不载他物，惟说水钳。龙额藏珠，云云详图奎宿所履。以上龙法，形难具陈。得鱼忘筌，顿悟以心。生旺起祖，清纯入穴。水缠砂转，蔓若瓜瓞。山乱势奔，水乱势结。蛛丝浪萍，隐隐冥冥。入土不灭，入水不湮。上哲辨气，下士辨形。形气俱得，殃福自真。东南华暖，西北凛冽。冰雪未消，湖水易泄。揆高衡平，视生处穴。虾须蟹眼，立论纷纭。盖粘倚撞，化生脑唇。神不传目，化不传心。懵懵五行，既泥罗经。指生为死，白昼杳昏。上渎天垣，下毁地文。苟非智者，交臂不亲。遇元真秘，草野哀吟。虽先贤之淑教，亦祀人之秉心。伏龙山人董遇元编。

雪心赋言山而带水此言水而带山可以并看。

总论三

伏龙山人董遇元述郭氏之言，而作水龙垣局。上应天星三十六图，图各四言十六字即赋之中，幅有驸马仪宾京堂等语，知为近代之人。至其穷，探甘石撰词典，丽诚景纯之流亚。考形家自杨公以还，鲜能文之士。惟赖布衣，生当元运，佯狂诗酒天才，偶见于会稽，诸钤不意，又得此卷。其论天形但取水形。相似所云：在天成象，在地成形，与世传二十四方，道各分星躔者，天壤。盖地有定位，而天无定位。虽有十二次舍，不可谓即地之二十四山也。翰林学士岂尽出巽辛，万里封侯，未必皆生庚震。帝王发迹之地，亦不皆属三垣来龙。故方位之合天星，不若象形之有据。三垣九野，列宿甚多。名川三百，支川三千，安能一一而比拟哉。必合天星而取水局，则又拘墟主见。存此以显水龙作用之大，与山龙不分轩轾。学者无以文害志可也。

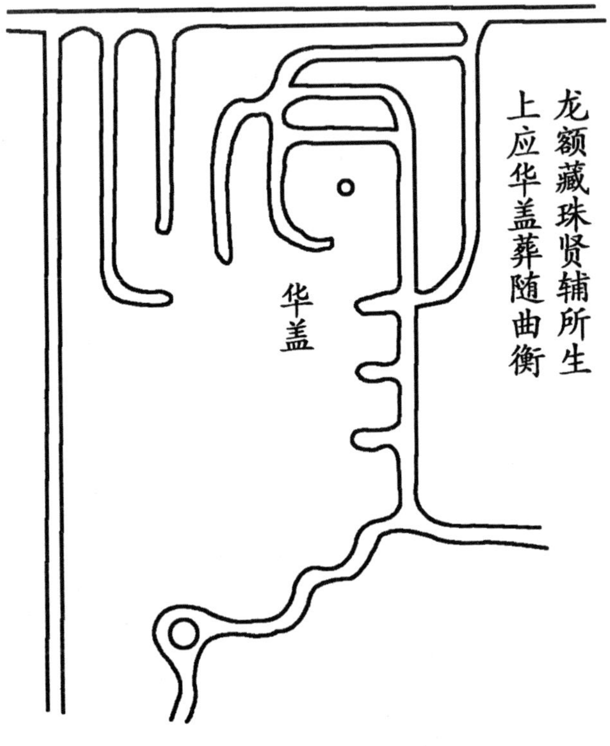
华盖
龙额藏珠贤辅所生
上应华盖葬随曲衡

河汉交度东西二藩
真穴奠下近侍宫班

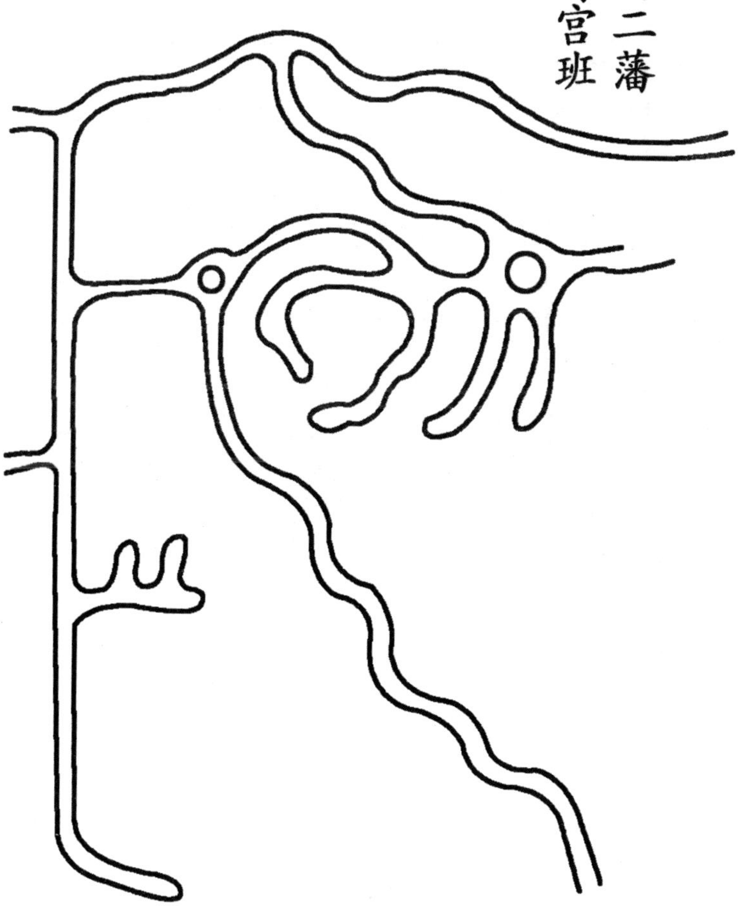

天府壎篪曜通天
苑穴点龙睛名扬
翰苑

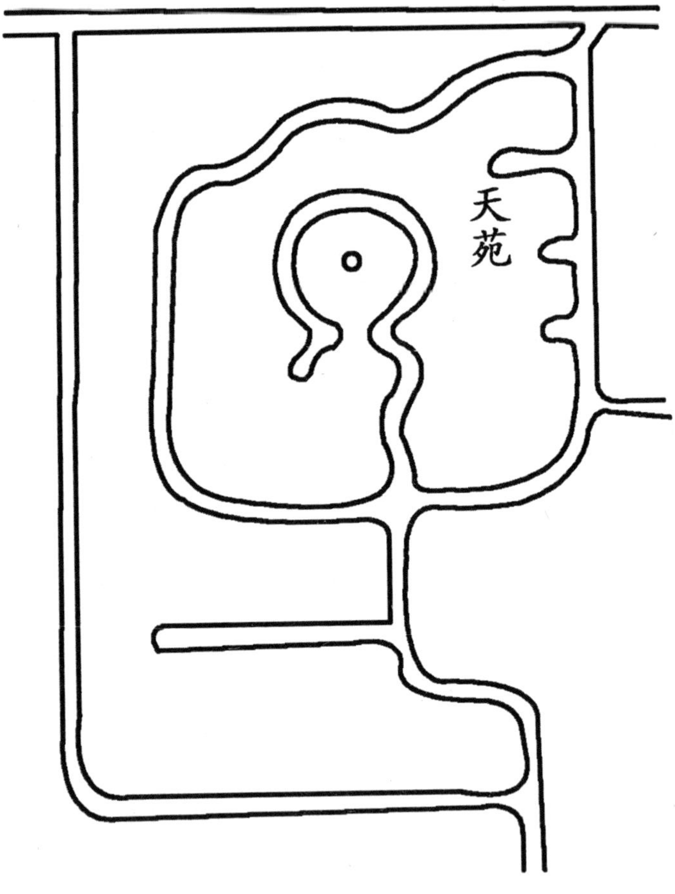

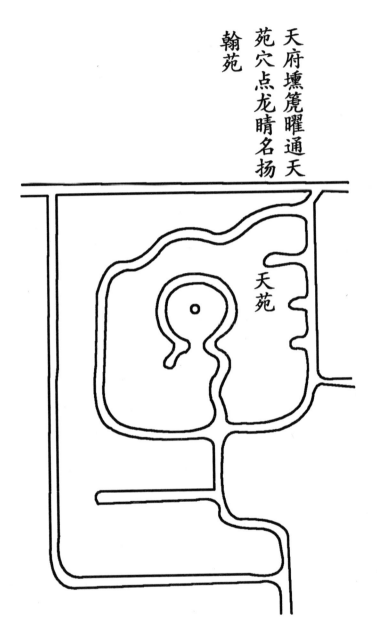

虹飞饮海将军
气扬帷幔内穴
威振边疆

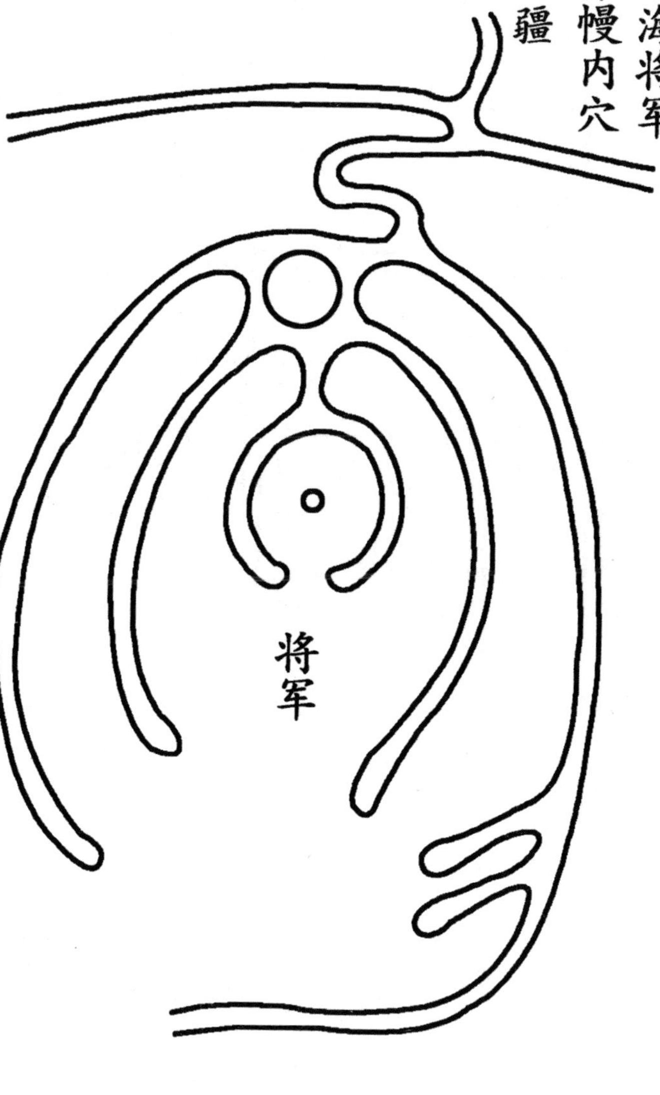

蟠龙饮乳轸宿所处
内穴京堂旁为骠骑

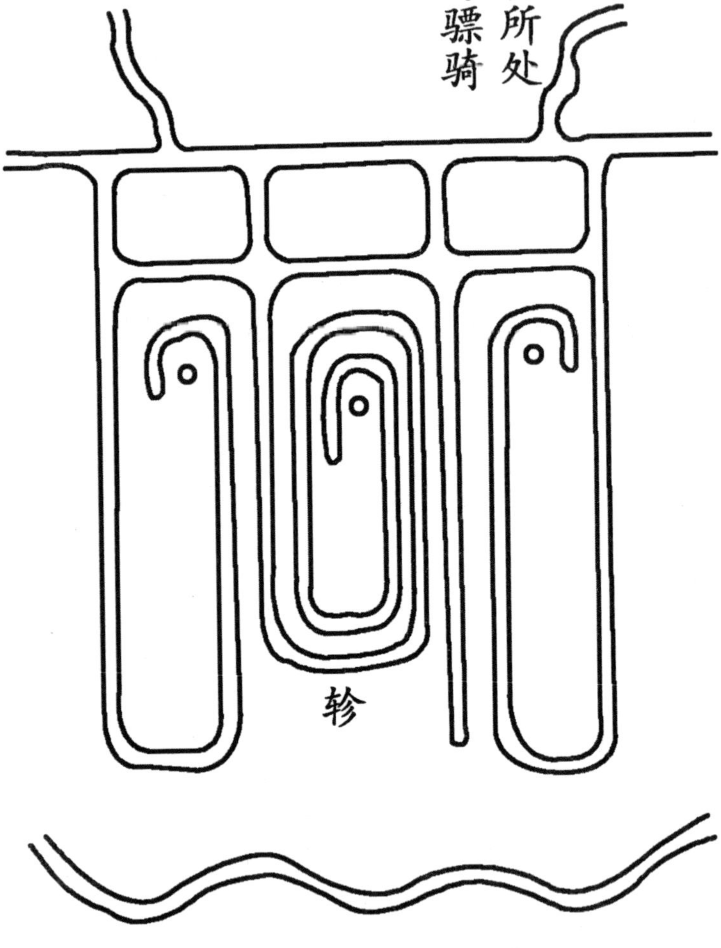

锦屏挂镜上辉天
钱穴藏中宿主嫔
贵贤

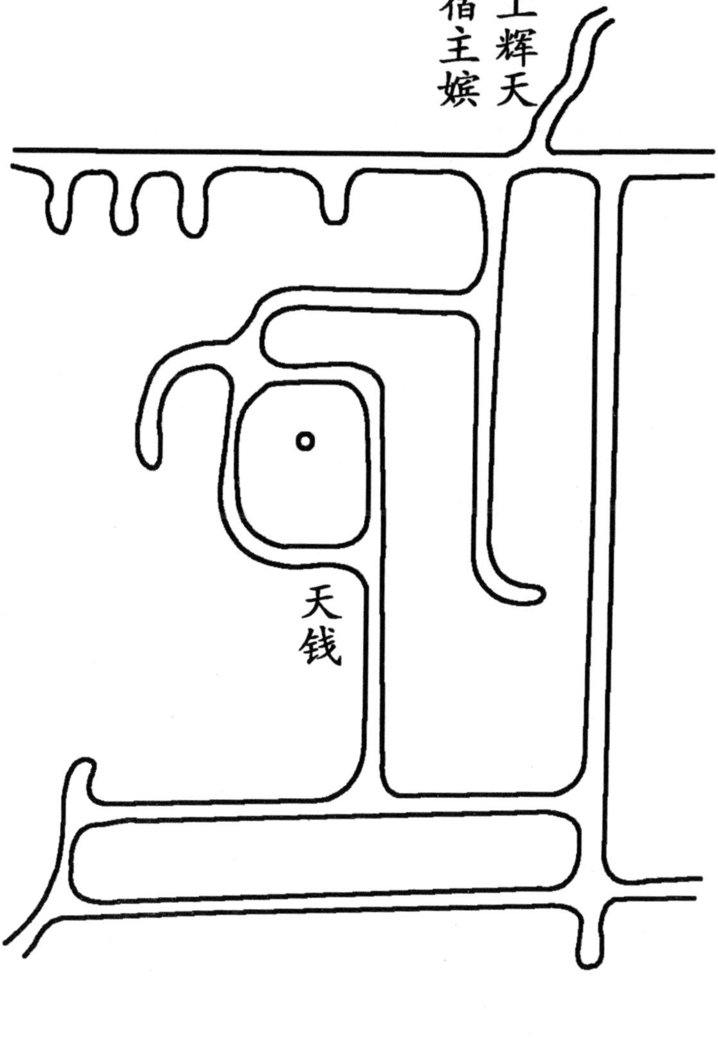

金勾挂月天勾入垣饵穴居内可钓显官

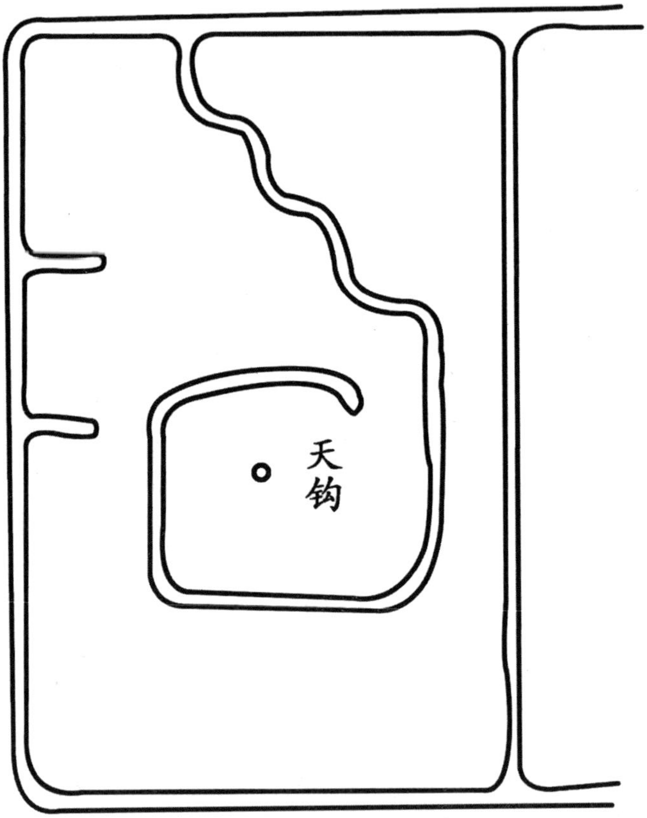

天衢献印渐台乘应穴候
中轂贵雄百乘

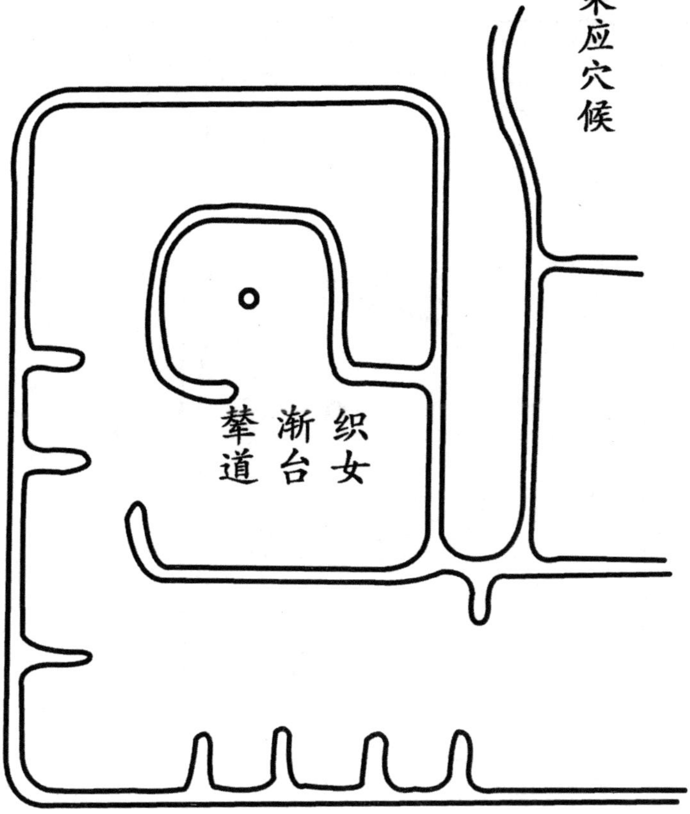

天厨玉膳天皇内厨鼎金求穴珍羞肥腯

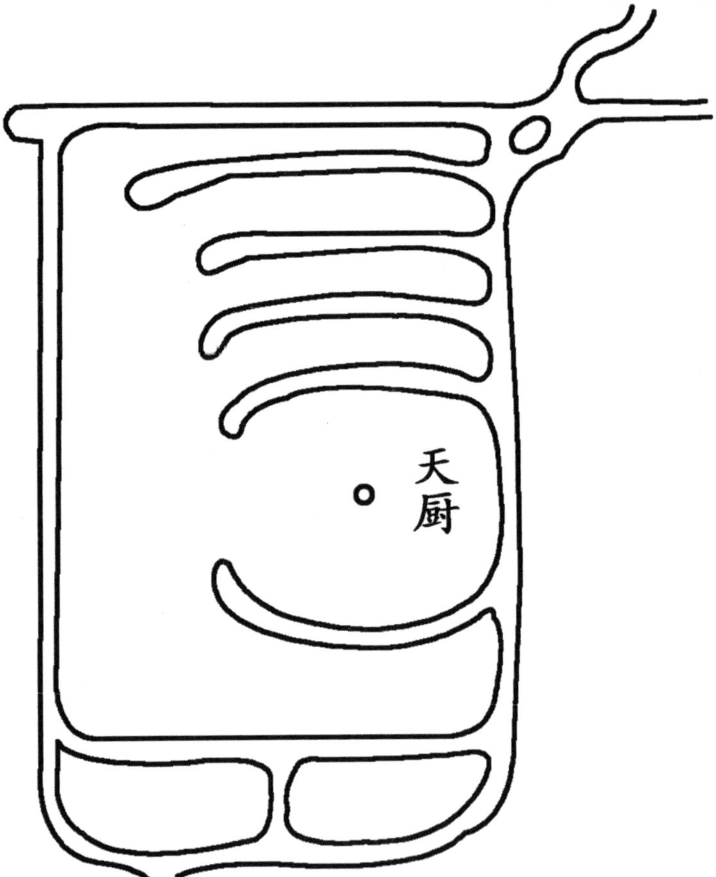

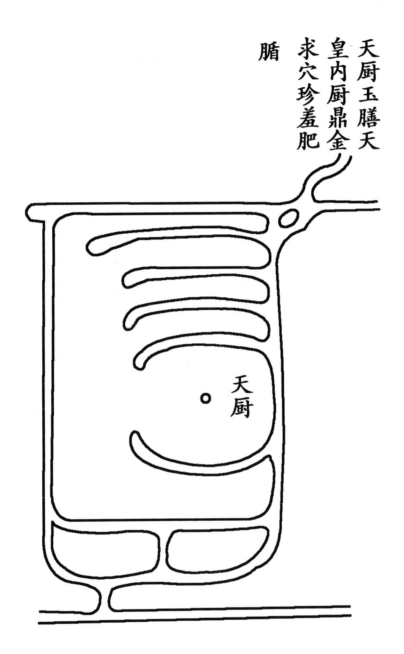

龟浮莲影天灶
暗照穴应莲
心者福之兆

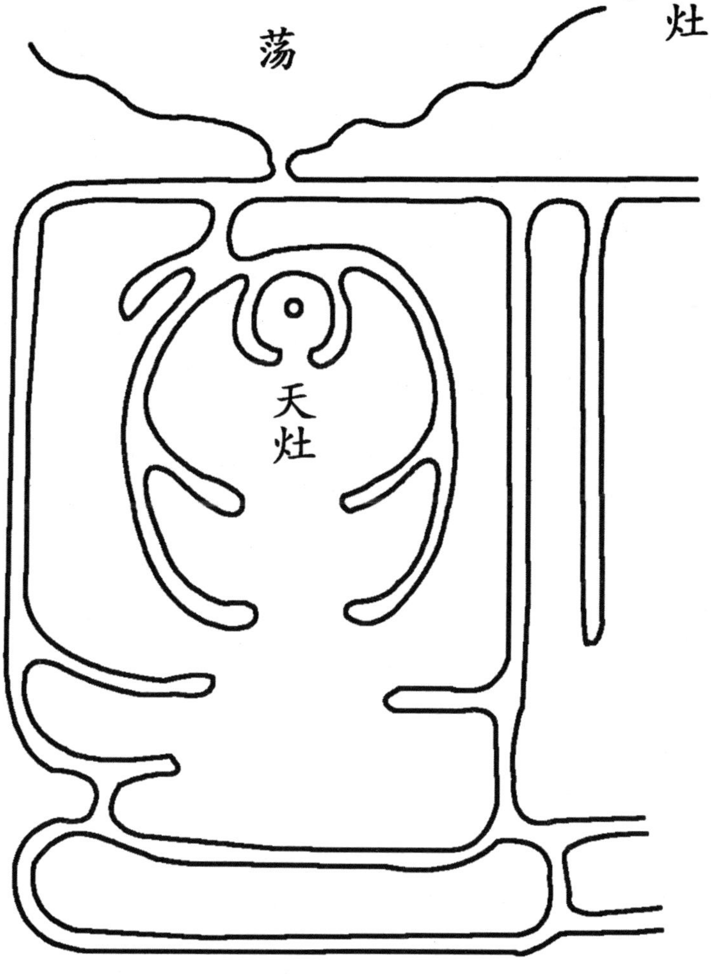

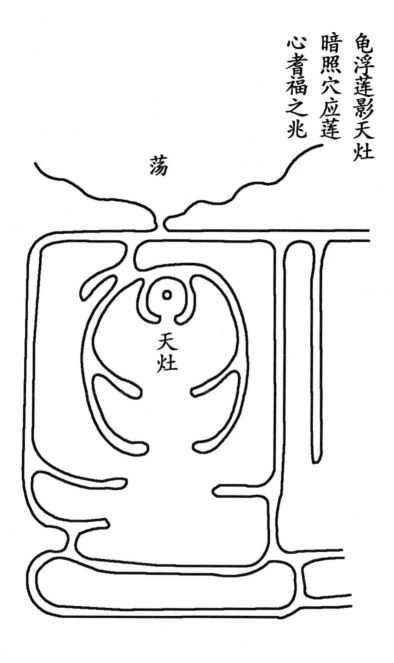

瑗屏玉架上应五车
牙签夹穴翰史荣华

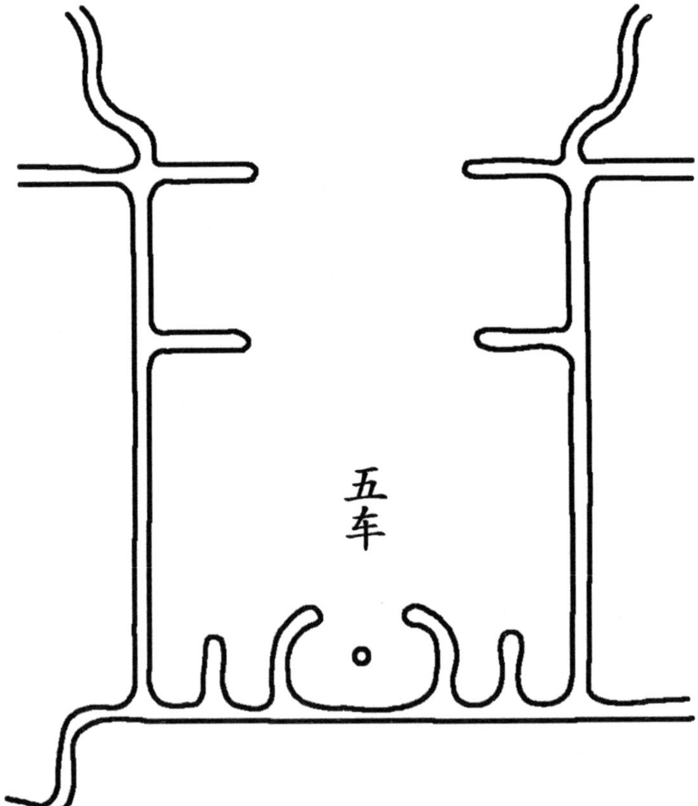

玉阶五级翼宿所居
穴乘羽翰飞步天衢

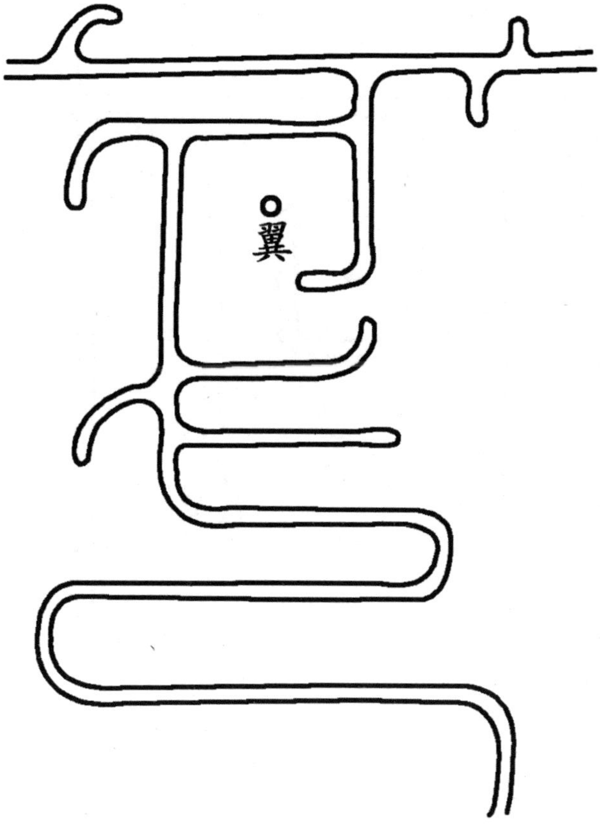

瑗筵结尖八魁聚灵
隐褥取穴锦缠联英

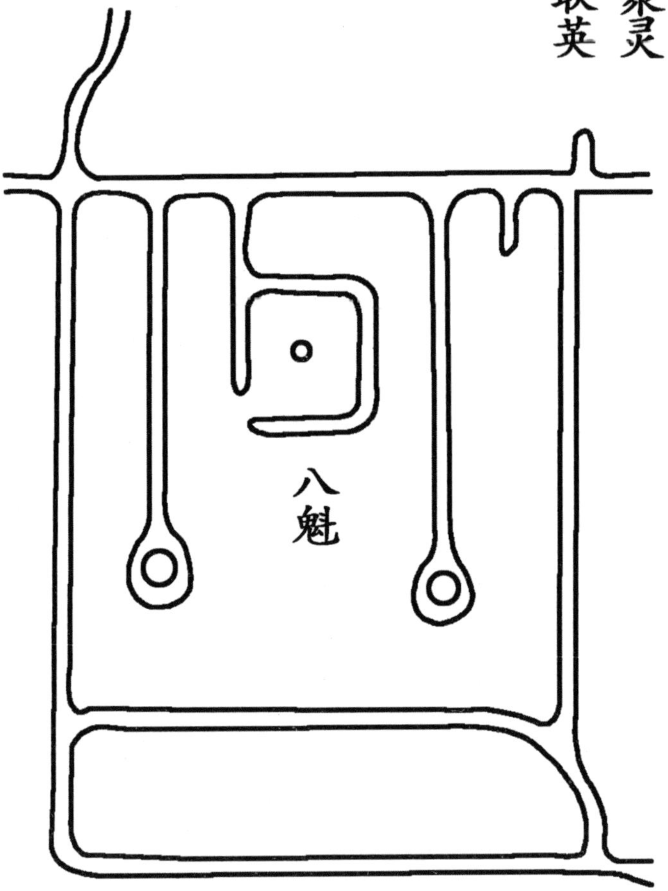

金锁瑗闱斗宿所藏穴转曲窝金资万箱

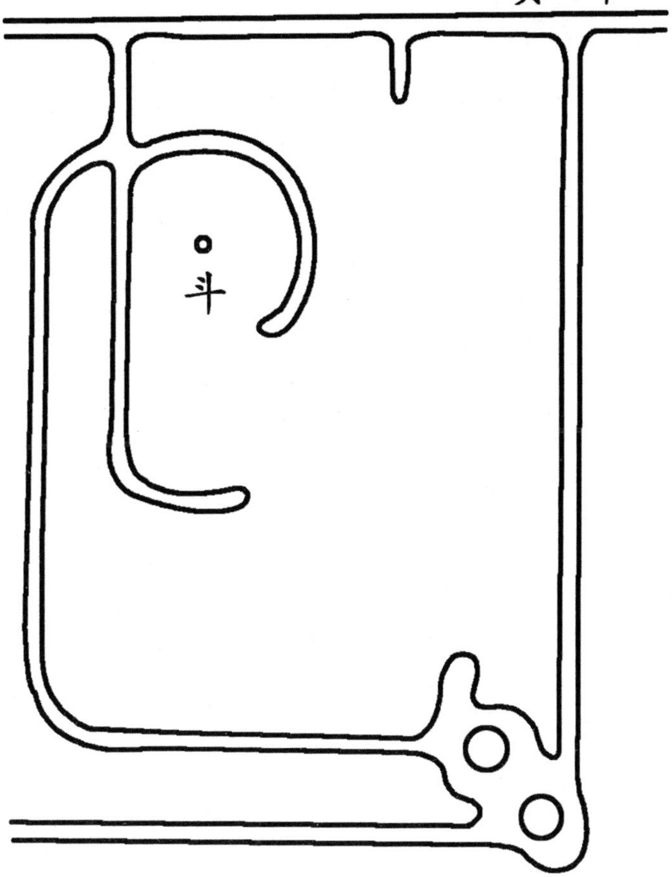

玉堂文幕器府璘璘福穴居内笙歌满庭

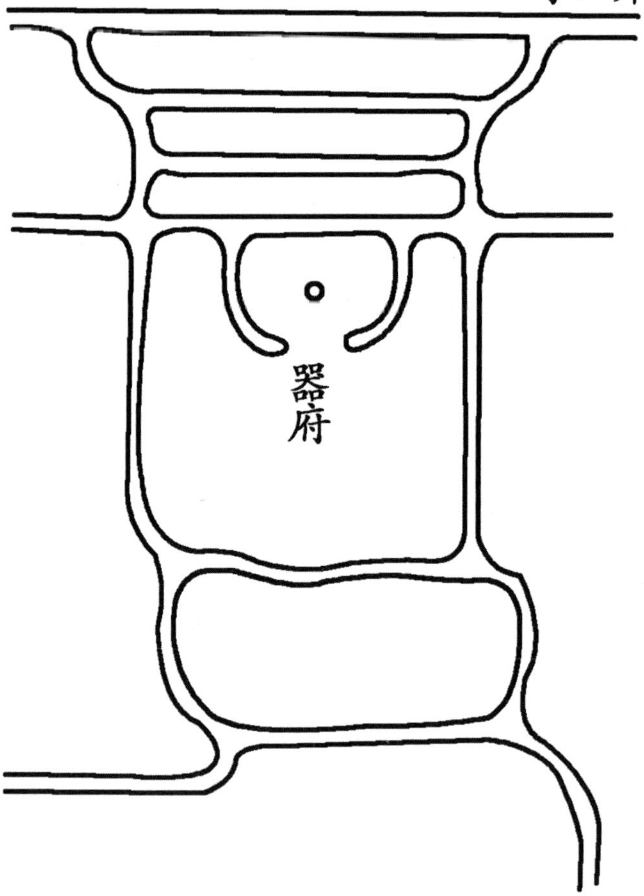

虬龙蛰首女床星列穴卧压簷肥遁贤哲

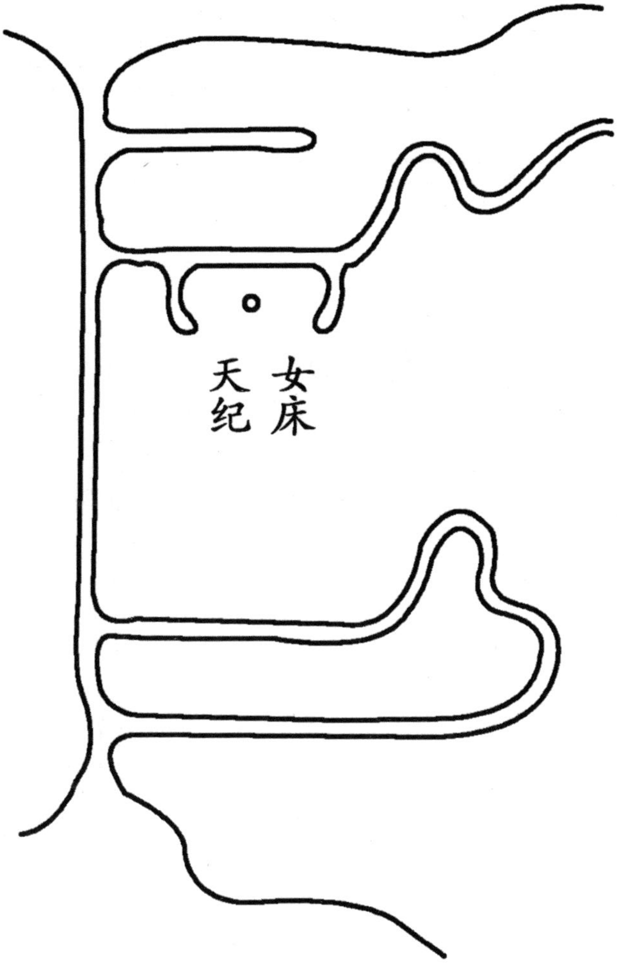

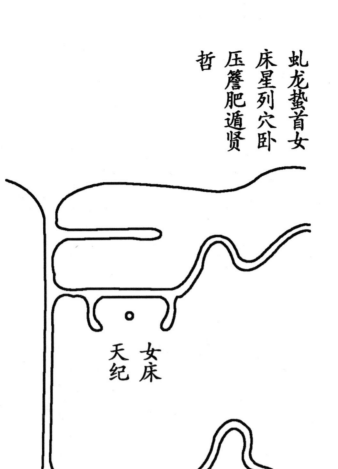

芳城秀衍上配天田
葬居中央阡陌连绵

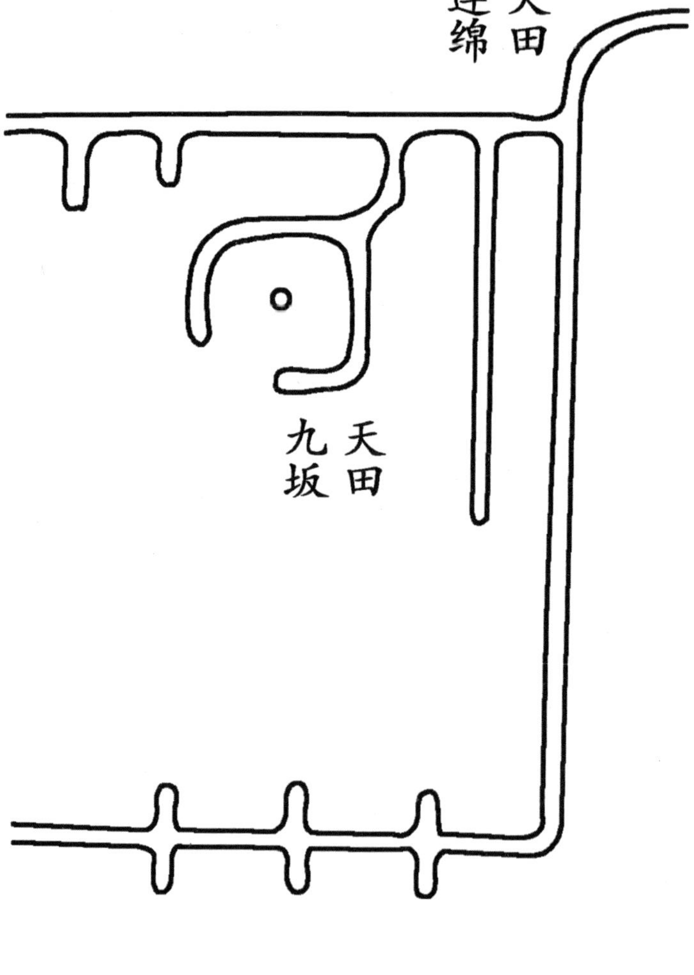

王练缠矢上应文曲穴居剪裁补衮之职

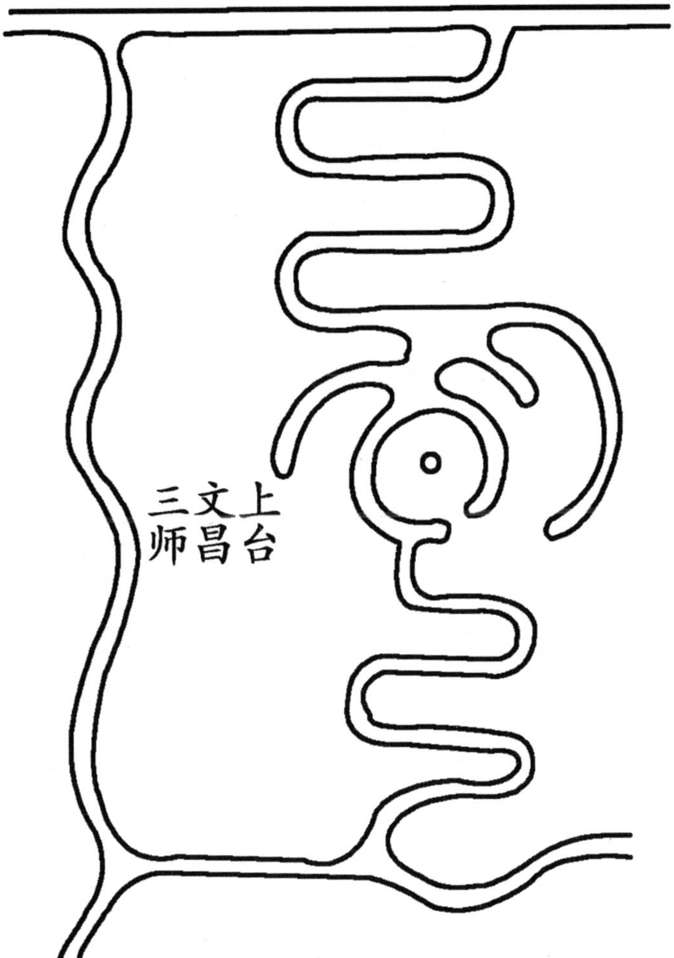

金阙牙班库楼森张
玉案作穴殊爵鶶行

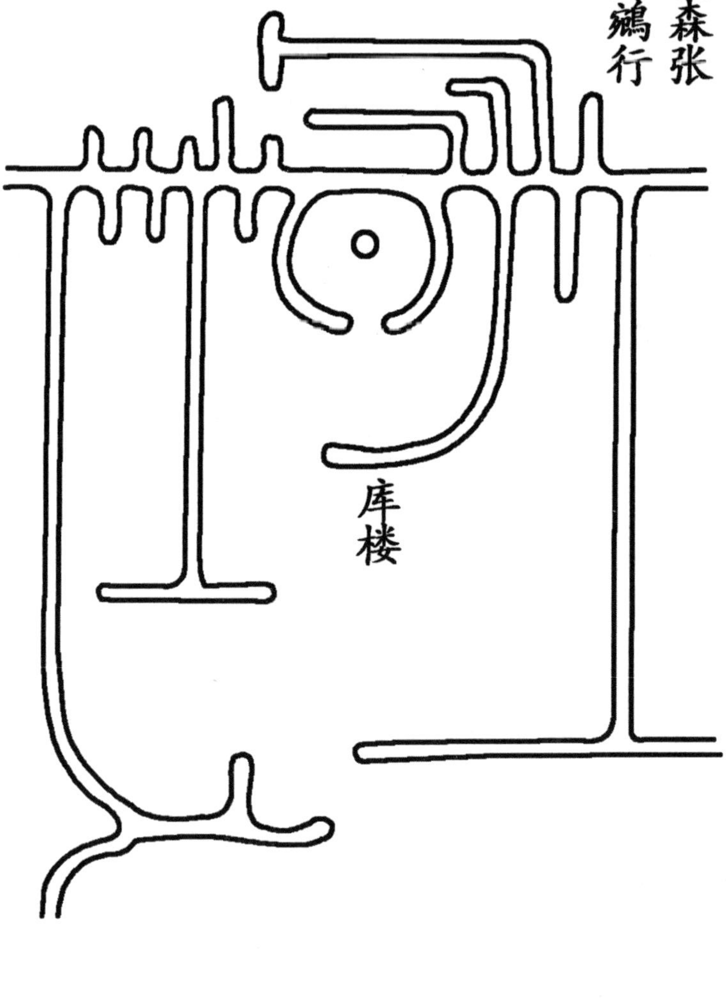

象横九畹天厩
曜明穴点豸眉
负扆扬名

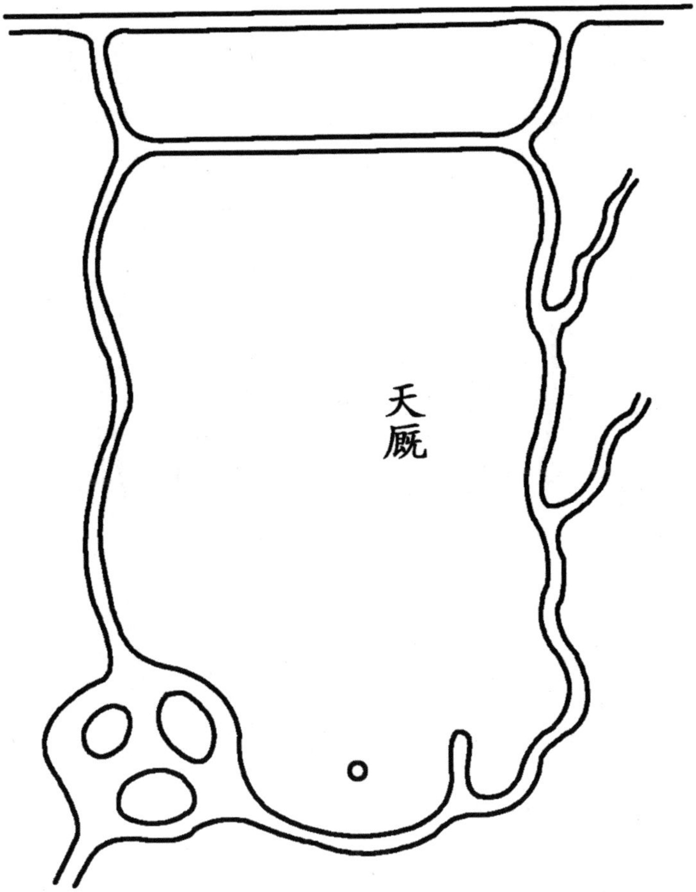

阳河潴禄土应斗斛
穴钟日精冢宰之福

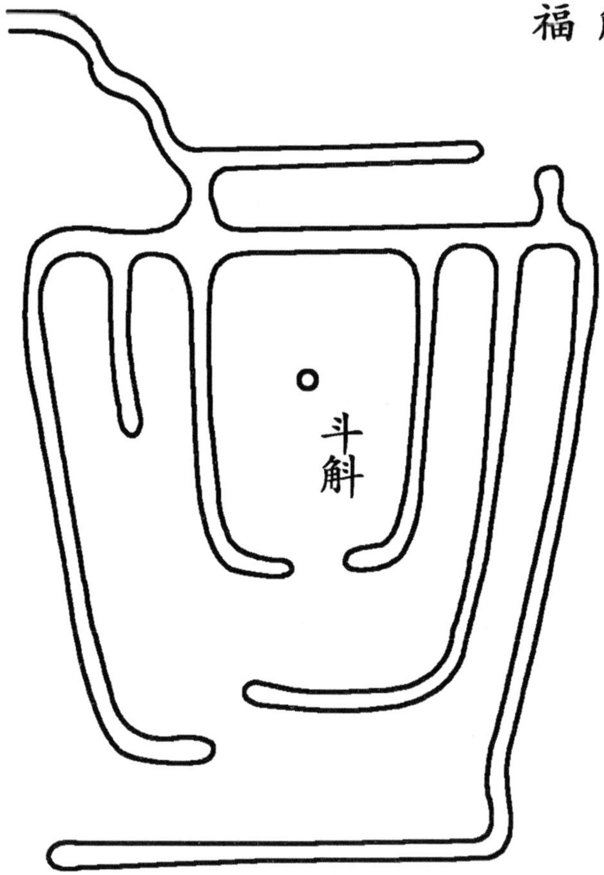

阳显缠辉郎位亹
亹参差点穴簪缨
九里

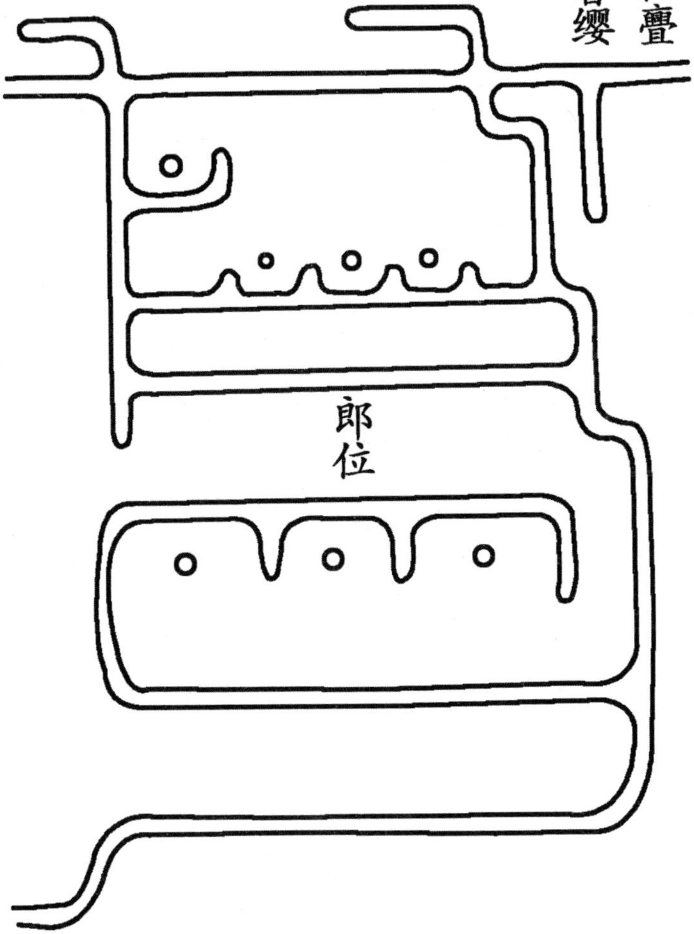

神龟拾蛤六甲奋光
穴居丰颈爕理阴阳

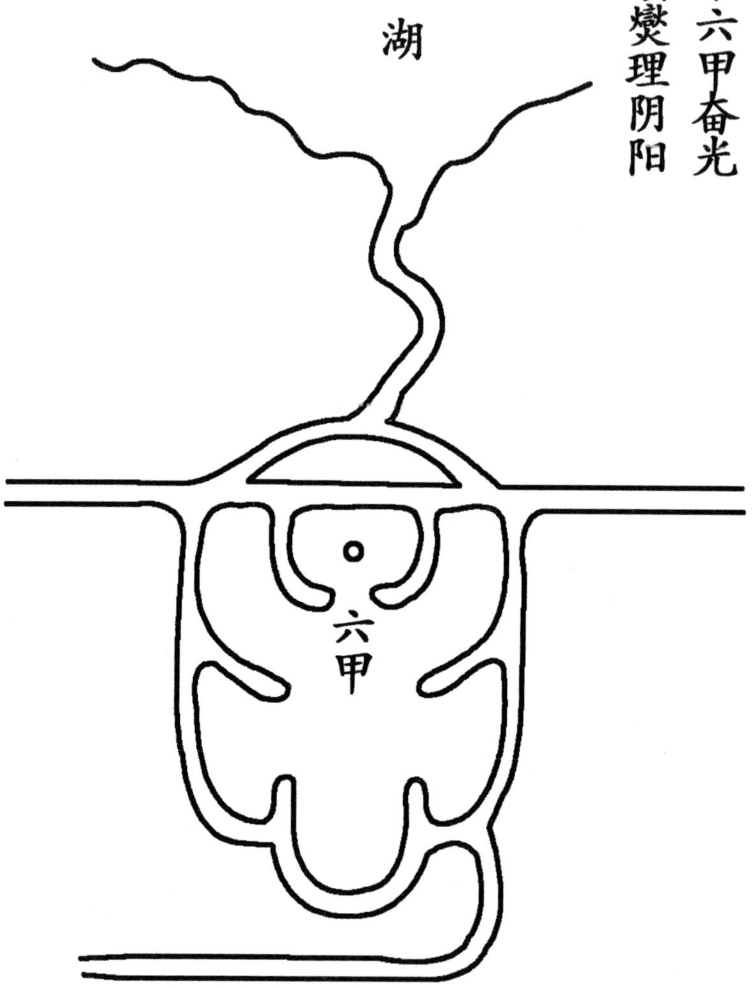

骥嘶掉尾左映旂星
葬系其颈阵上扬名

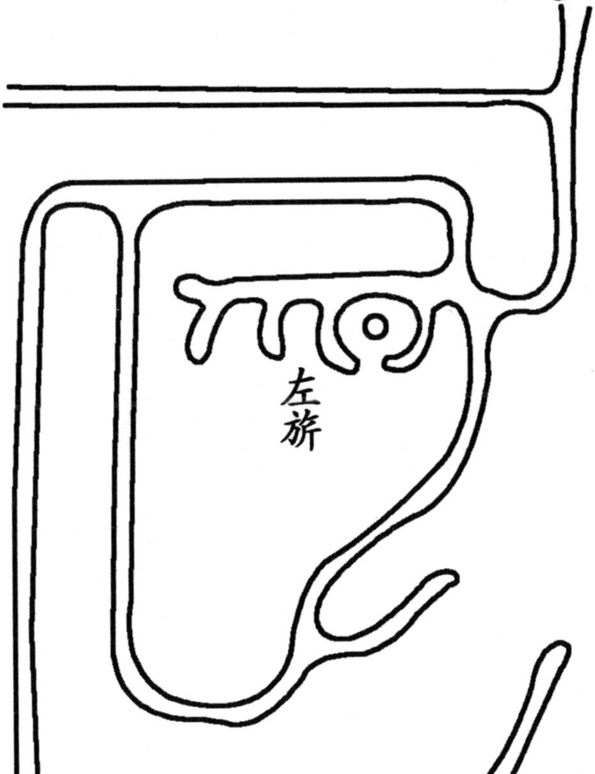

日月分精天庙显
星葬阳御阴男女
双英

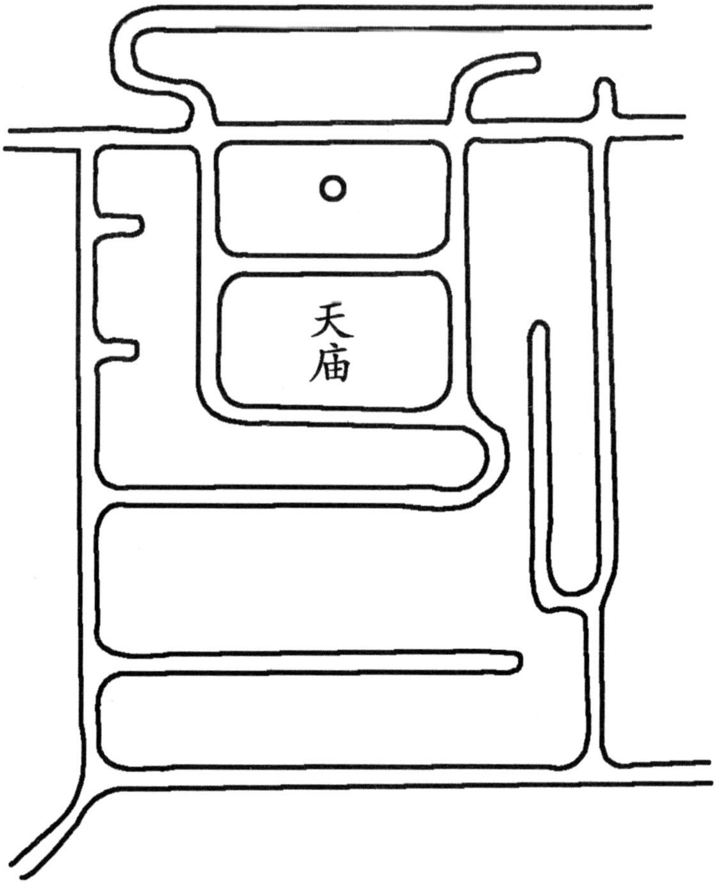

双虬聚英左右执
法穴齐端门咎由
显达

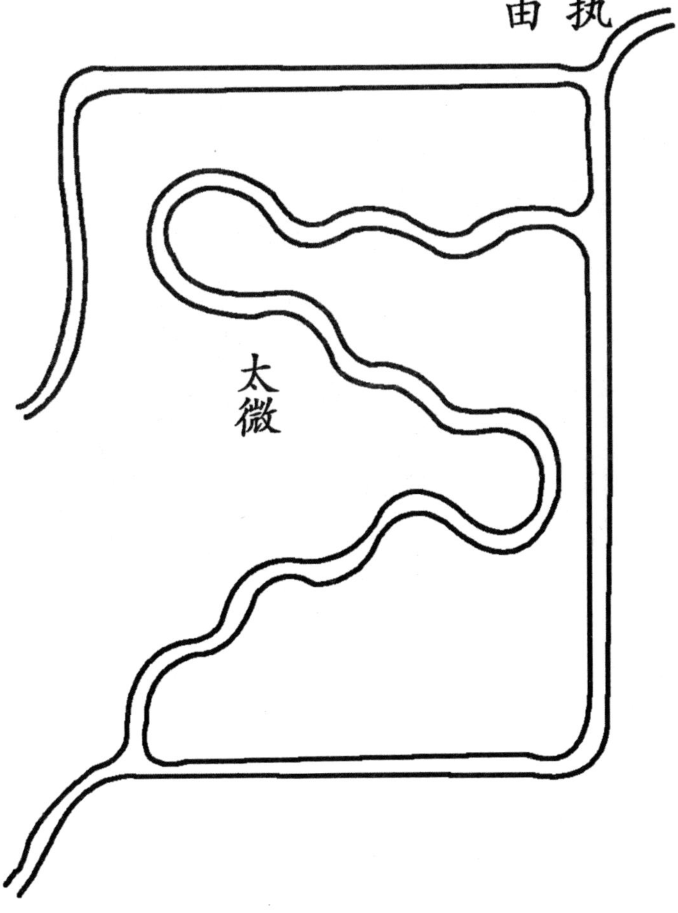

春蛟赛月蜿蜒临湖
神宫取穴名显皇都

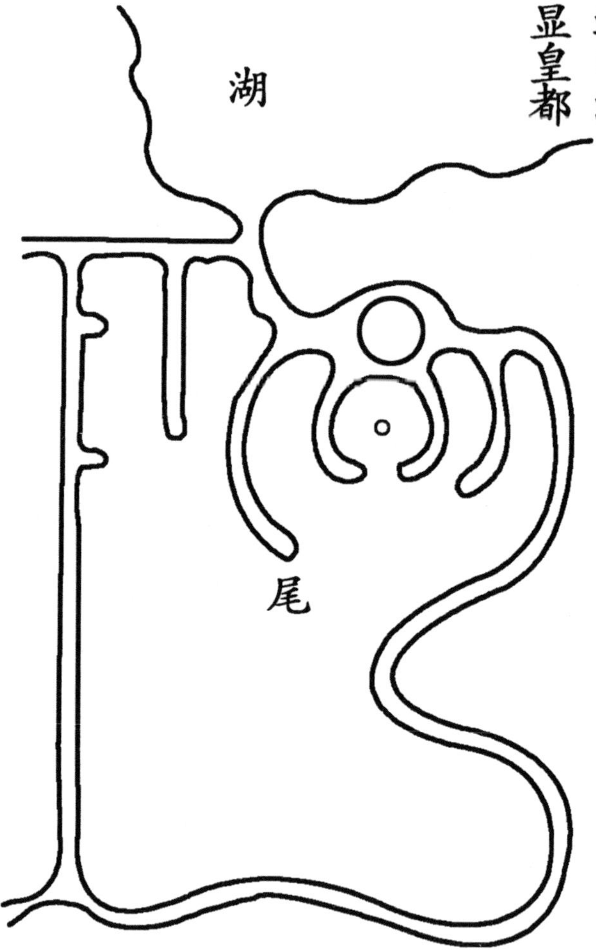

金盘出匣牛宿所
临葬肴点馔绮席
药裀

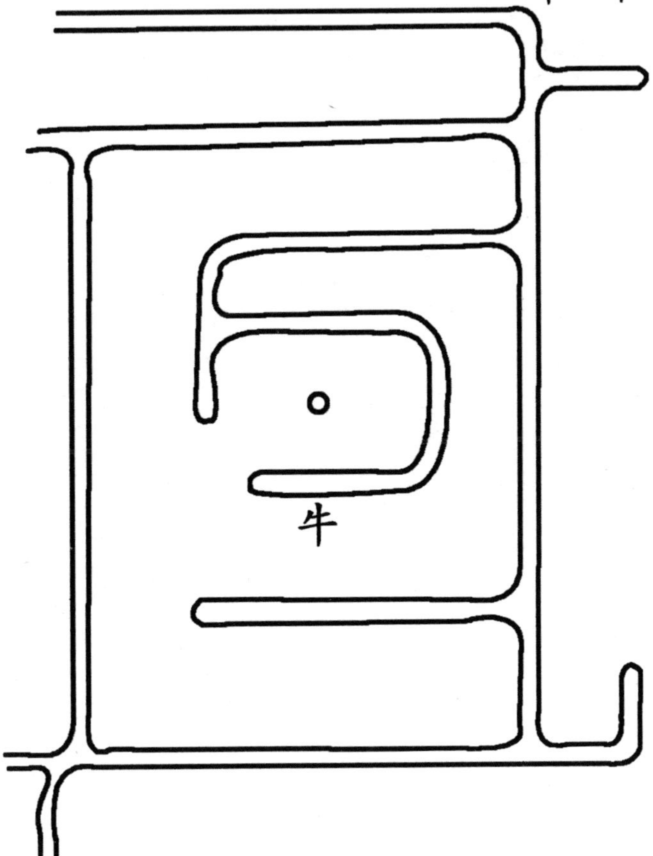

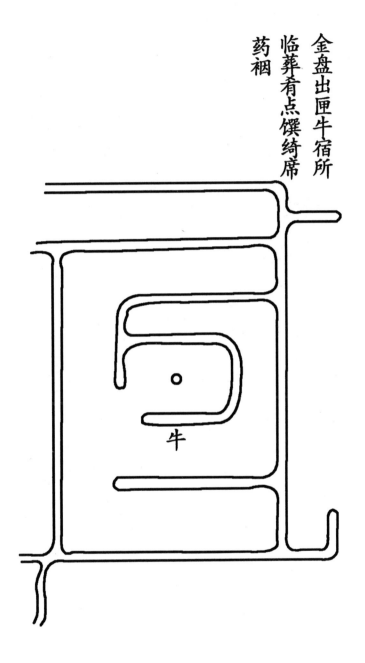

金仓玉粒天囷显赫
葬其中廪禄锡万石

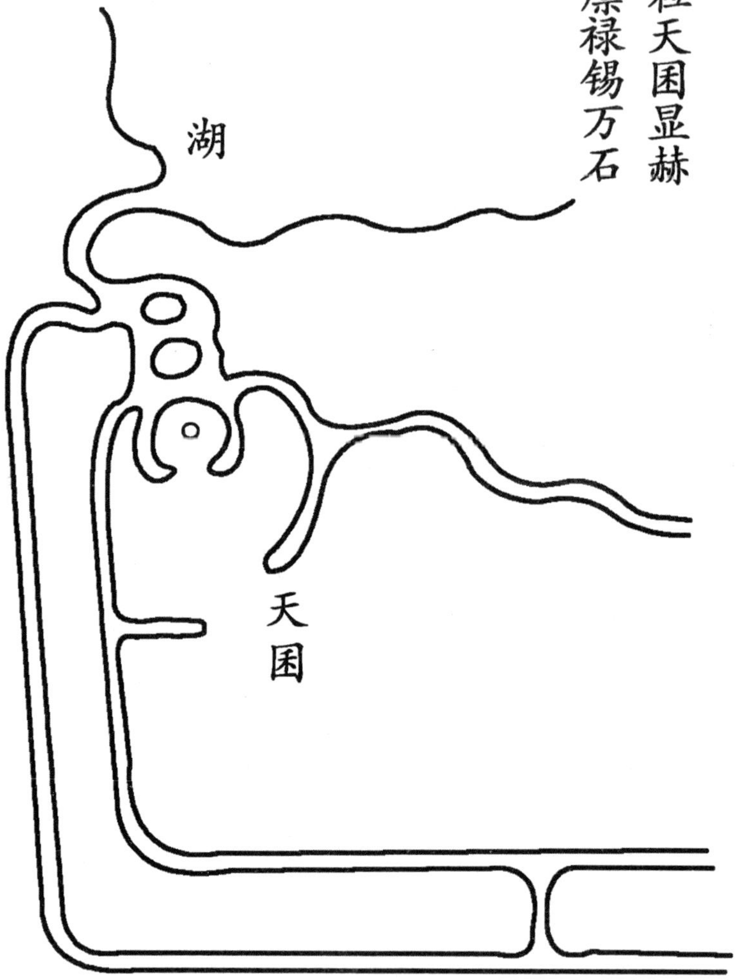

玉女铺床天床森
炤驸马仪宾穴居
阃奥

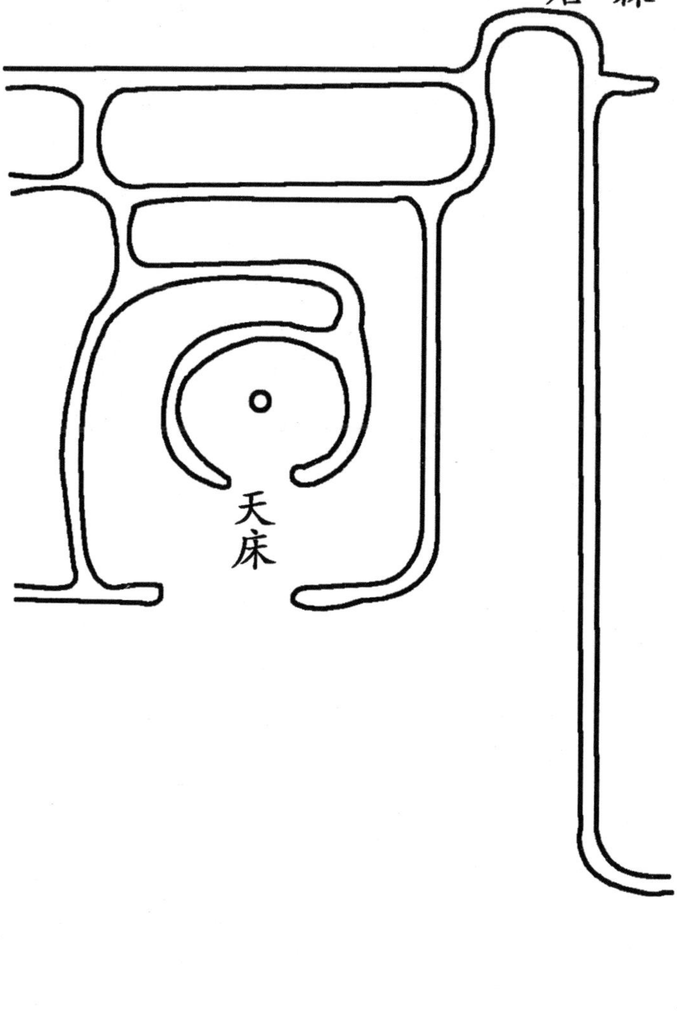

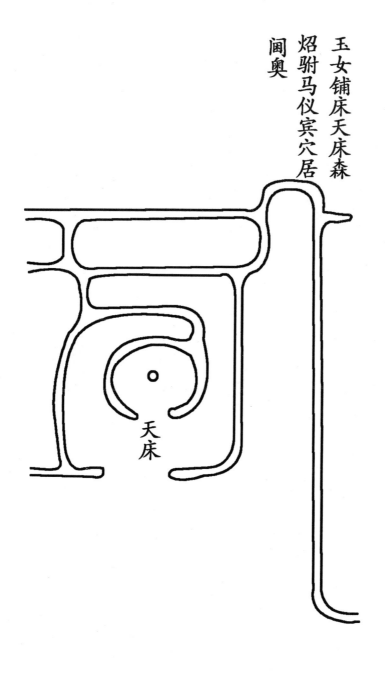

绣幄银勾天涸外
屏裀褥取穴御苑
芳英

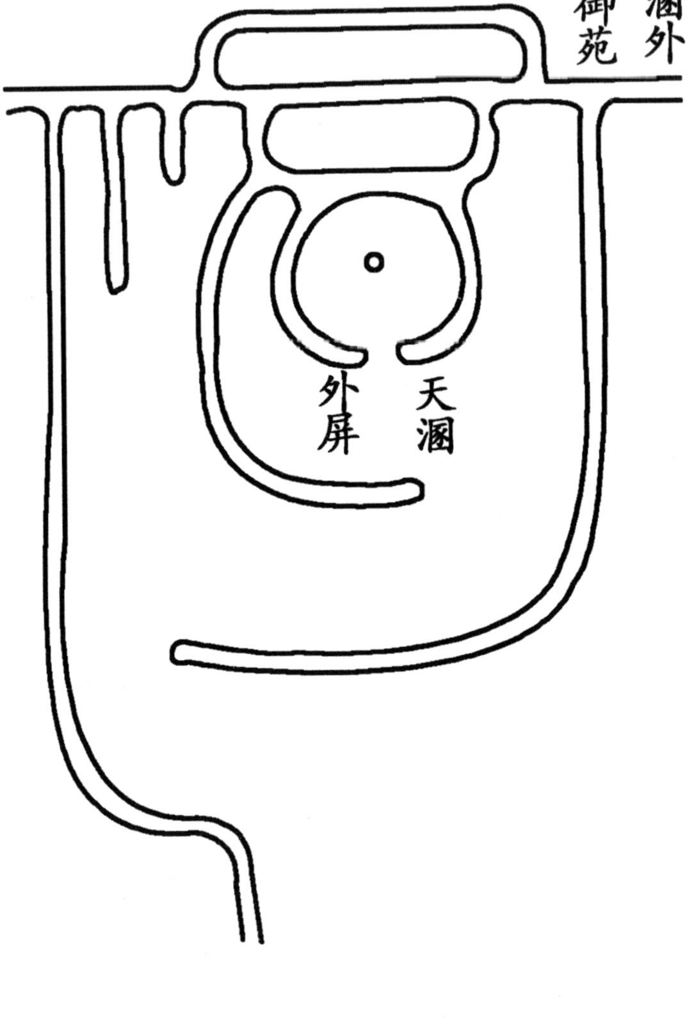

雁落平沙穴粘羽林
垒壁桓桓武柄文衡

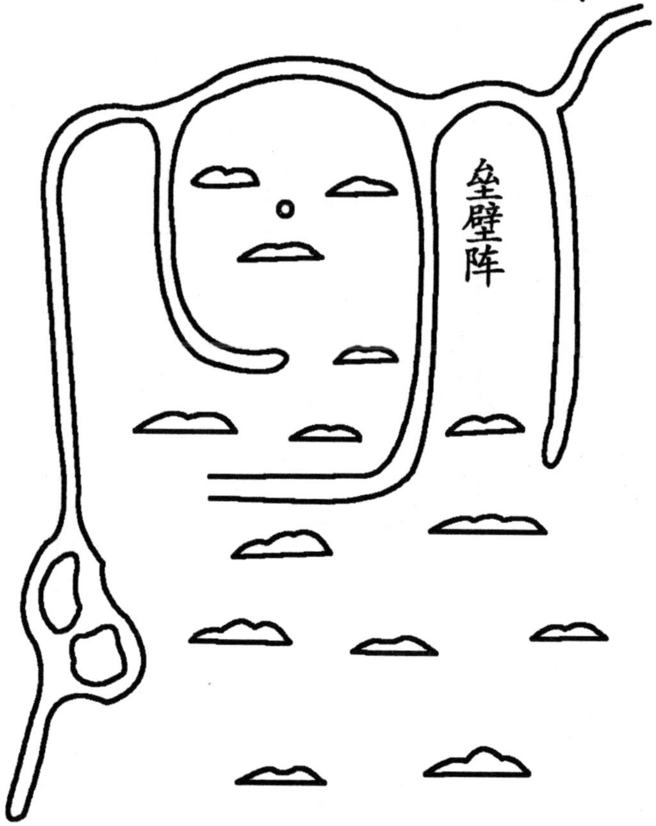

珠胎泻月
天渊映辉
法葬内池
食禄瑗闹

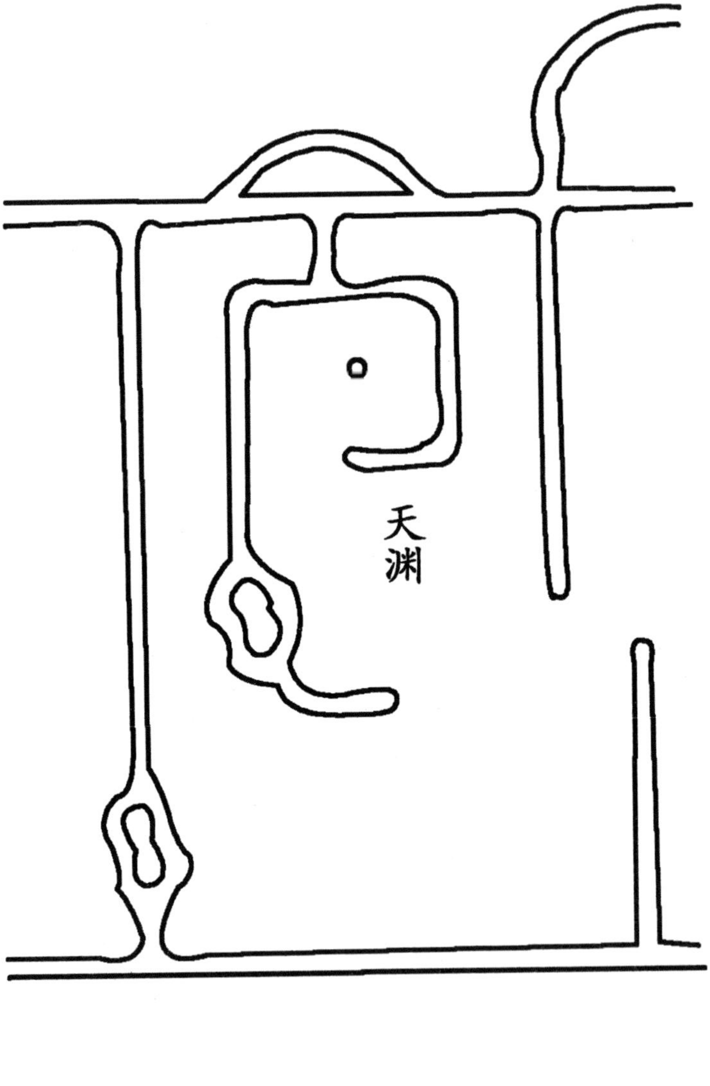

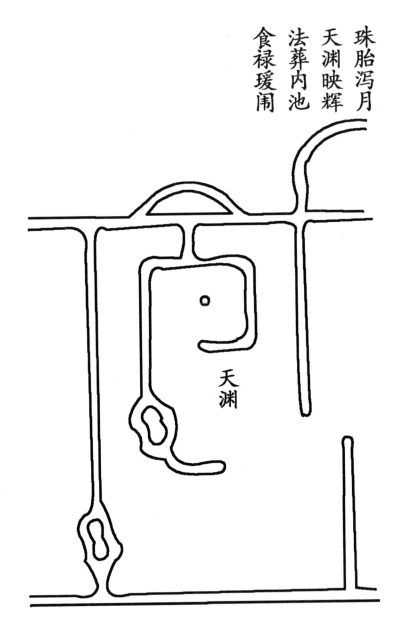

金莲侧露
穴在花心
上临积卒
统驭千军

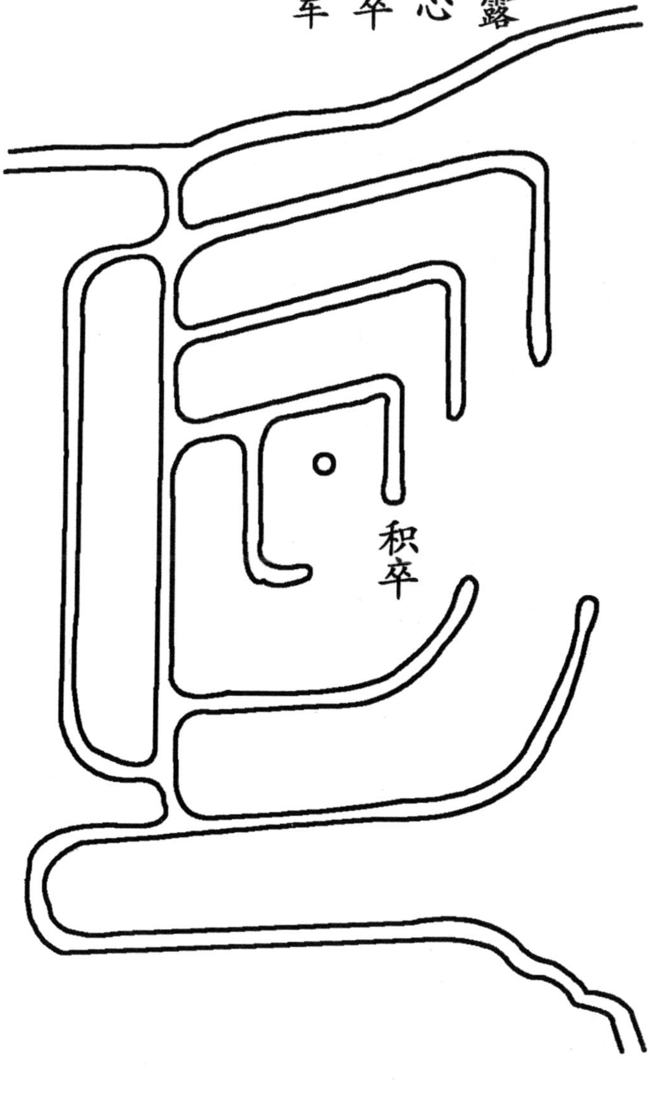

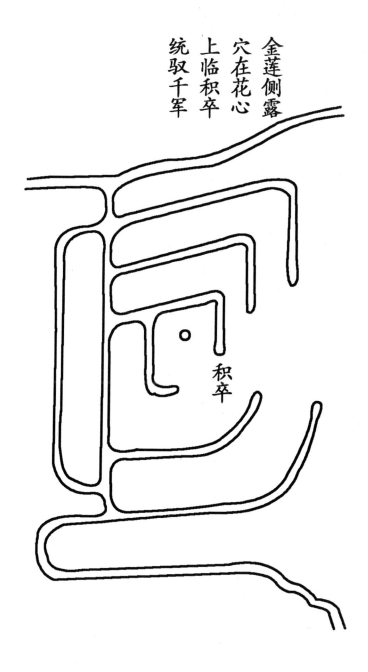

玉衡挂斗天仓显文
柱史储卿葬倚云屏

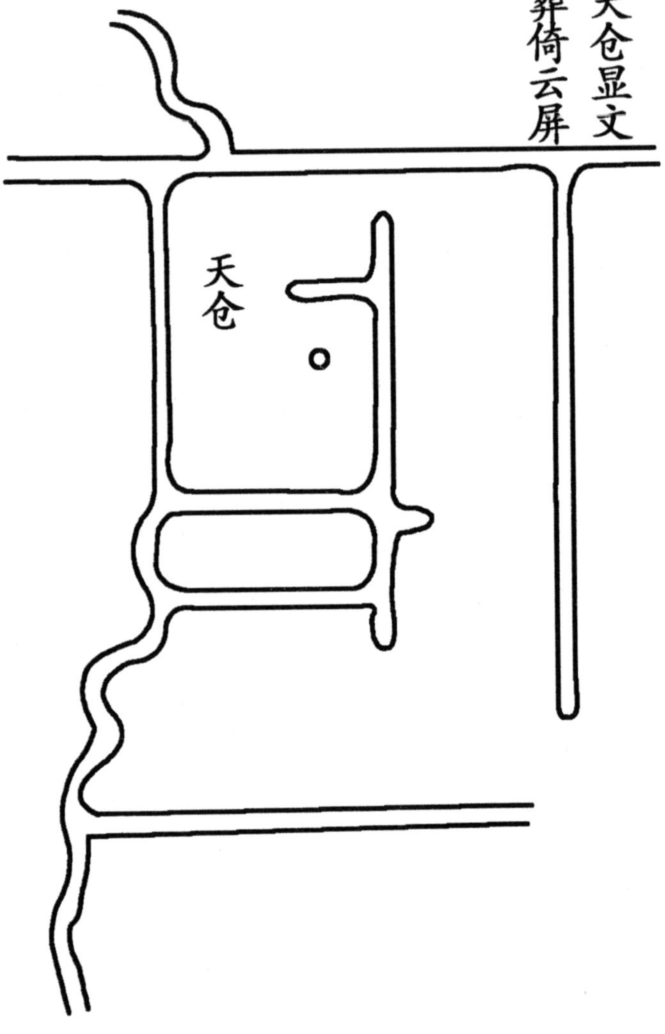

天枢地轴威名
千里穴居中宫
奎宿所履

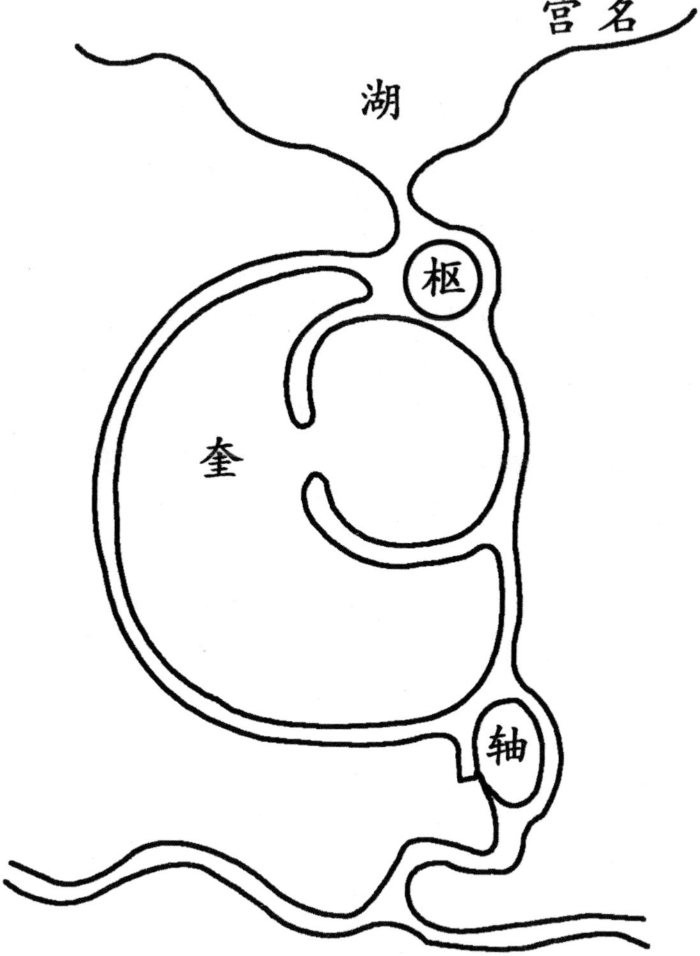

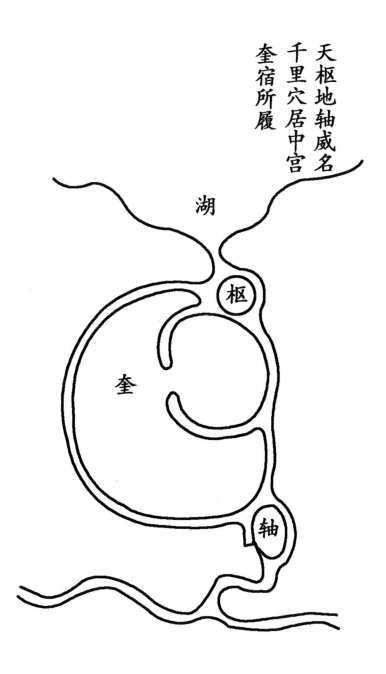

总论四

天有是生，地有是物，水龙肖之，此与玉髓。真经指物，论龙一例。原本云景纯著，朱赵普订明刘基阅其文不古，似后人之傅会。但篇首山群以山为龙，水群以水为龙。二语为千古创论。又水口交锁织结，虽顺亦吉。局内穿割箭射，纵逆何庸，允哉大识，至图局草尾露珠，双龙戏感入怀，诸格深得水龙微妙，而乱中取聚，则又裁穴真机也。夫喝形点穴于山龙，极论其非，岂水龙反取其说。亦缘世人论平洋、指示形局，专取地之形，而不知水之形。故博搜以破世迷，读者因文节取可尔。山群以山为龙，水群以水为龙。三吴江楚，支浜交流，一圩之地，不过里许。前贤相水认势，葬得真穴，富贵悠久。经云：江淮大地无龙脉，渺渺归何处，东西只把水为龙，葬了出三公。万里无山，其贵在水。浙闽多山之地，一离山脉，亦作水龙。至苏松近海，潮来潮去，来口便是去口，去口便是来口。两头交媾万交精，潮退两分为乳阴。妙处在潭，漩聚精神。百倍生活喜之，元观变化无穷。屈曲来潮，不论大河小涧。绕流曲抱，无分江海池塘。经云：地道刚柔神变化，众流聚处引元机。小水聚多而愈妙，直流总大不为奇。内直外勾多巧结，内勾外直枉劳心。横过抱身为抱局，对面来朝是迎神。进局入怀，要两边抱应。流来入股，须四畔包藏。前后特秀为华盖，附身交合是金鱼。两来合局乃朝星，二泒交流名合脚。六建四边，护卫三阳。当面趋迎，金鱼腰带。抱我弯环，弓局矢虹。当面大抱，上下水朝，号雌雄两感。绕身方正，即华盖幞头裹局。支浜奇特。随手荣华，穿珠垂乳源头。即时富贵，献诰水英雄三。世藏秀局，富贵千秋。叉股无缠而骤发，迎神得秀以绵长。四龙戏珠，大富大贵。四围环抱，悠久无疆。交剑合流生武职，催官磐绕出文臣。左右仙官俱富贵，莲花垂仰定阴阳。势若踢毬须得趣，形如飞凤翼宜长。仙掌抚琴甲第，卷帘殿试巍科。一水曲小盘蛇局，两浜正抱是开弓。美女献羞生秀气，排衙形局出官僚。太极二源真秀气，蜈蚣百足产英雄。虾局而雄豪，金城贵而悠久。高朝局久，则出姓幡花形，一发便休。草露珠垂，取尾露薄，则出姓绝嗣。顺风船在居中，船大则荣华富贵。顺水卷帘而入赘，舞旗脚转始堪裁。风吹罗带发福迟而绵长。伏荫金鱼，先富饶而后贵。插花垂带，衣食从容。进局入怀，享福悠久。金钩宜转脚，朝元要水多。裹局阔大而不巧，交牙紧夹而有情。四字局，有吉凶。鞋城格，分真伪。盘龙局势盘中取，虹食采霞聚处寻。擎伞水，扦垂尾，龟纹局，取中寻。双龙戏感合阴阳。一水垂丝钩里取。四水归朝防散乱。聚当旺局乘风。砂水相观真妙局，回龙顾祖巧形模。排衙裹局，生蛇朝聚。蛛丝蘽布，聚处安排。重抱盘旋，水多愈妙。中军垂乳有外抱，财禄荣昌。日土聚堂得秀朝，累科贵显。四势不流元气聚，弯弓一抱福天然。横官龙形生贵，借合穿龙发财。出水莲巧而生秀，流带局活动为荣。莲花局聚，紧小垂节，势欲枝多生蕊，灵芝蕊多为妙。丘原转结，众聚最奇。来长去短福无疆，射胁穿心凶立至。大抵来宜屈曲，去宜之元。急流易与兴败，凝静福寿延长。水口交锁织结，虽顺亦吉。局内穿割箭射，纵逆何为。①

① 凡形体圆者为金城，曲者水城，方者土城，直者木城，俱富贵之格。惟火城尖利，杀重不受穴。

六建

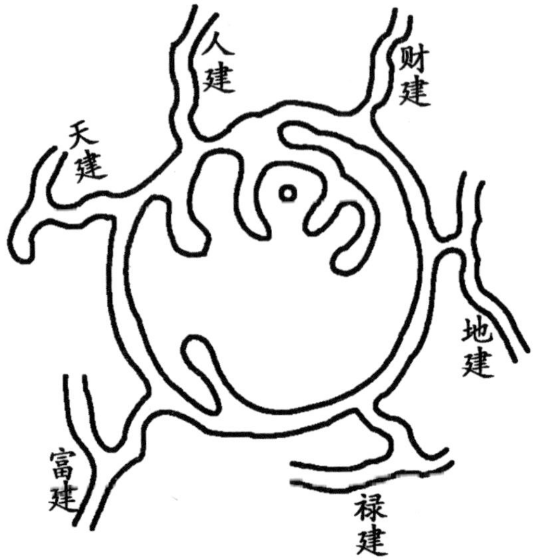

出神童状元宰相

迎神水

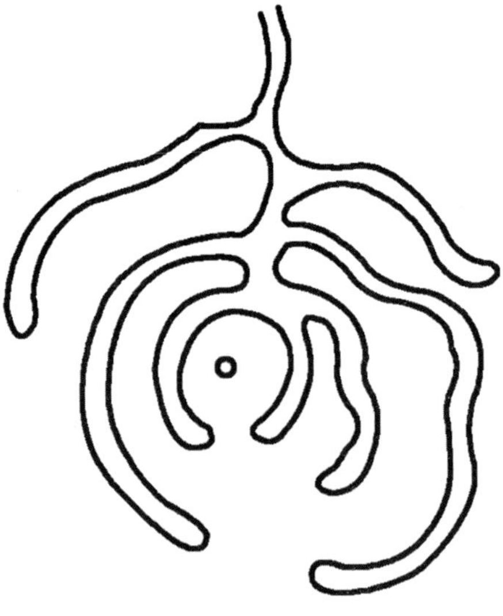

出神童状元

金鱼腰带

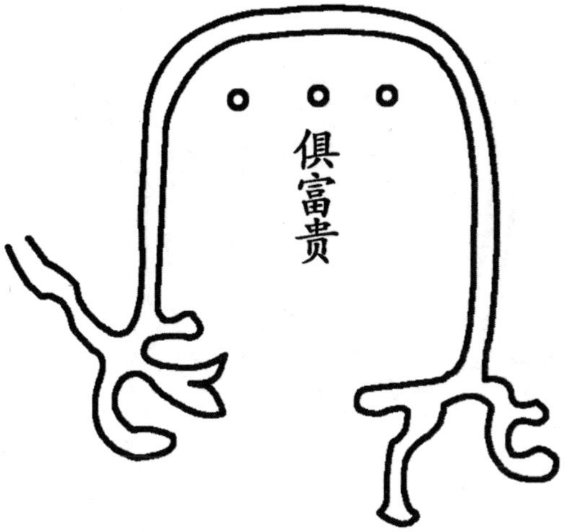
俱富贵

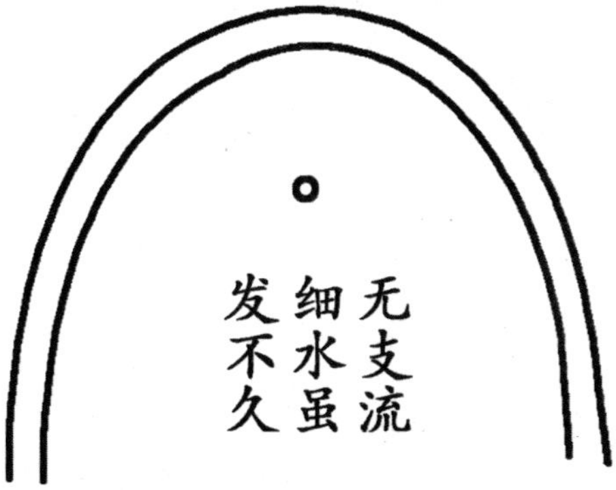
无支流
细水虽
发不久

弓局

入怀

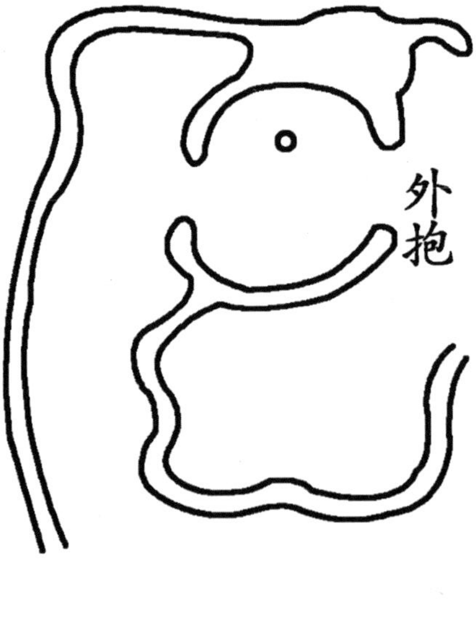

牝牡华盖

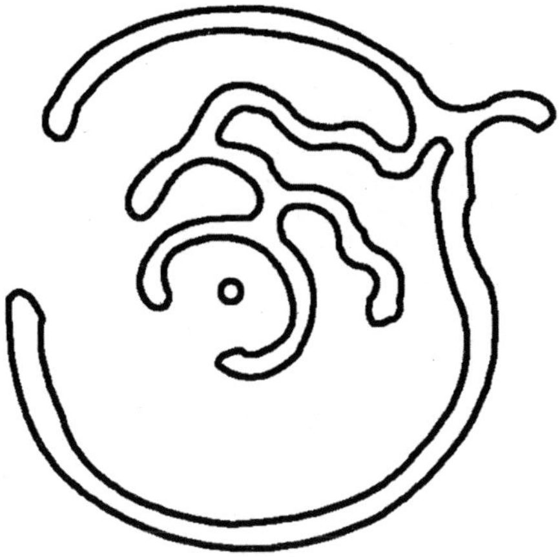

出文武全才

乱中去聚

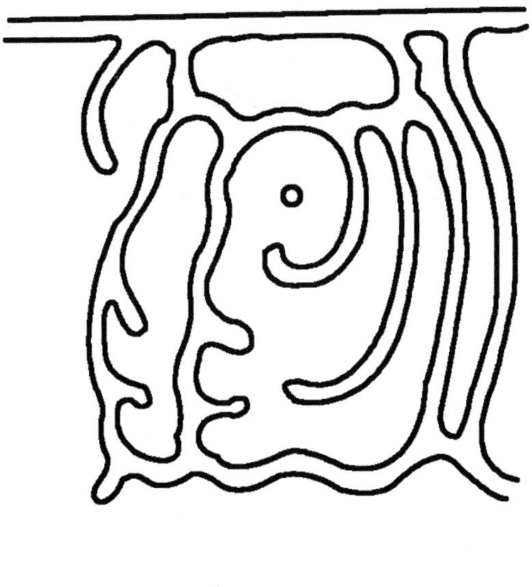

雌雄感秀

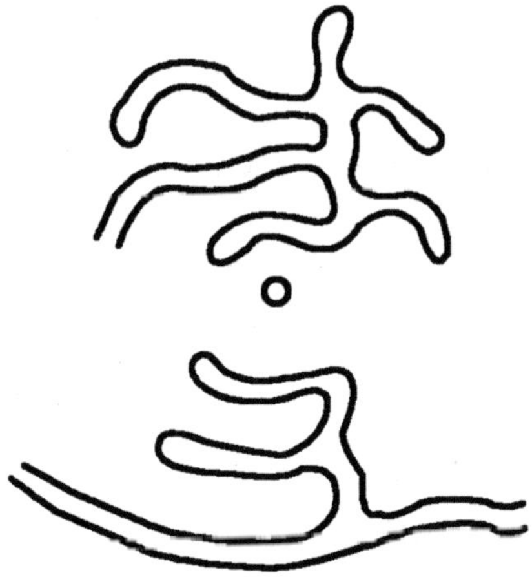

裹局

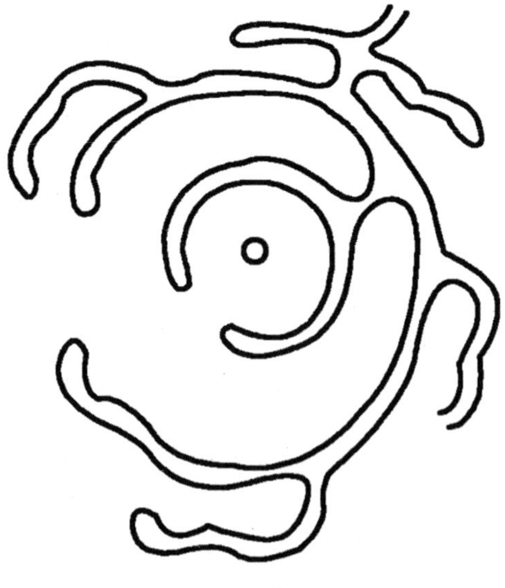

幞头华盖

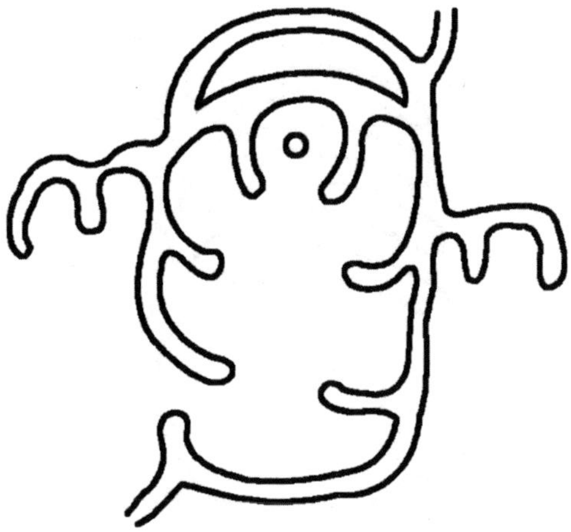

藏秀

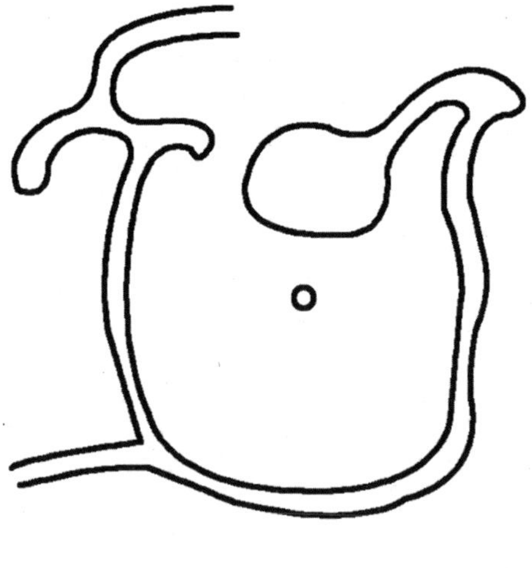

献诰

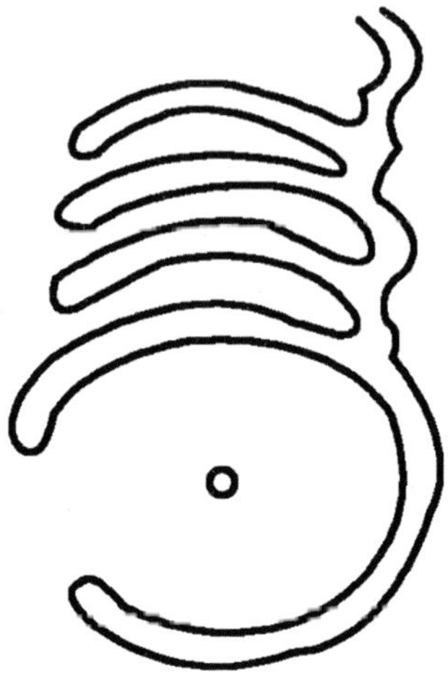

穿孔垂孔

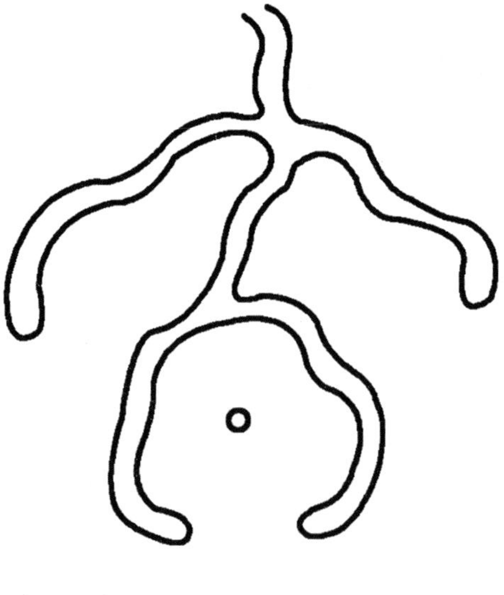

四龙戏珠

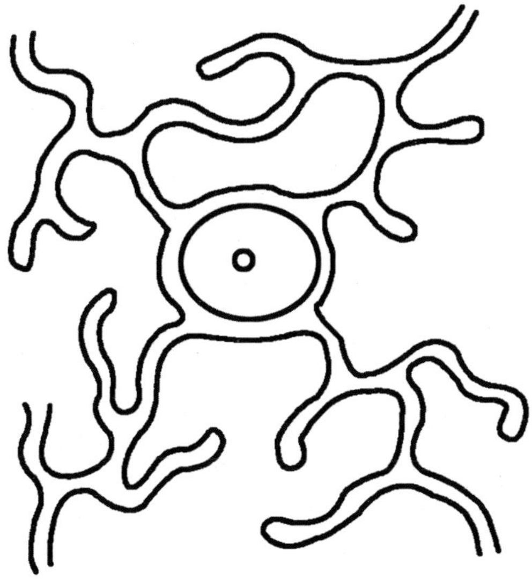

交剑

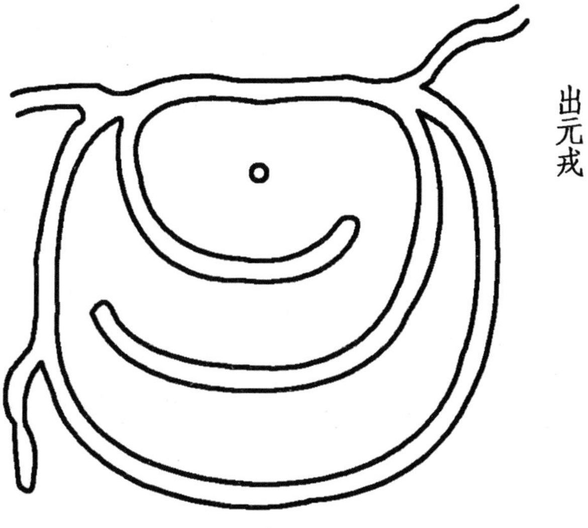

催官水

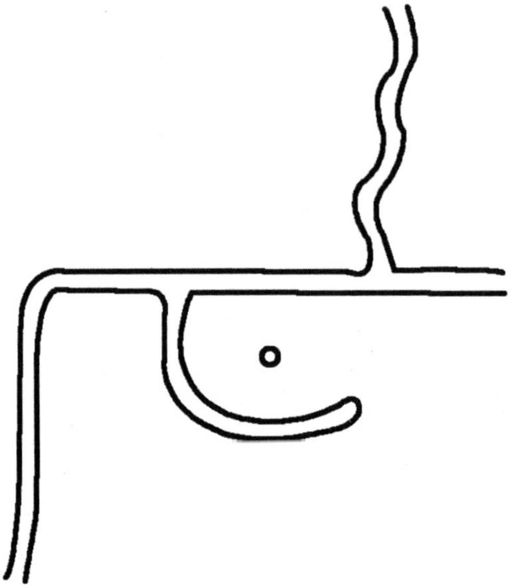

踢毬

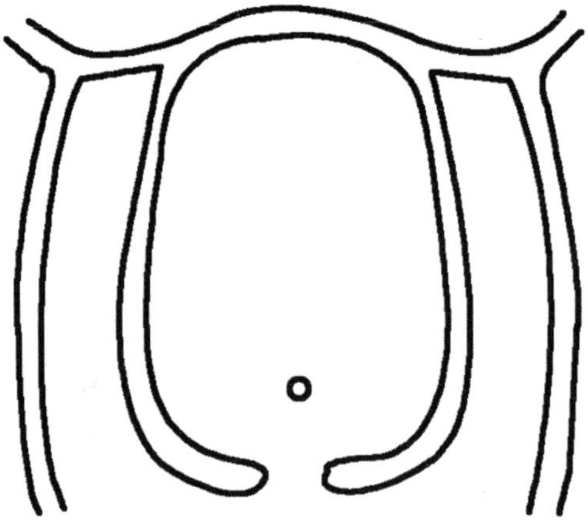

仙掌抚琴

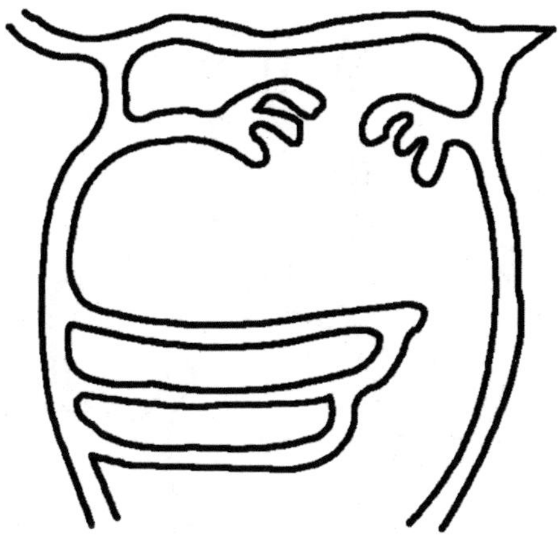

左仙宫　右仙宫

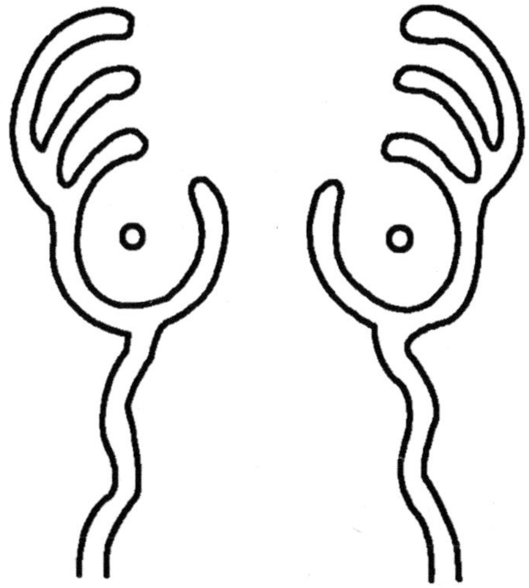

飞凤

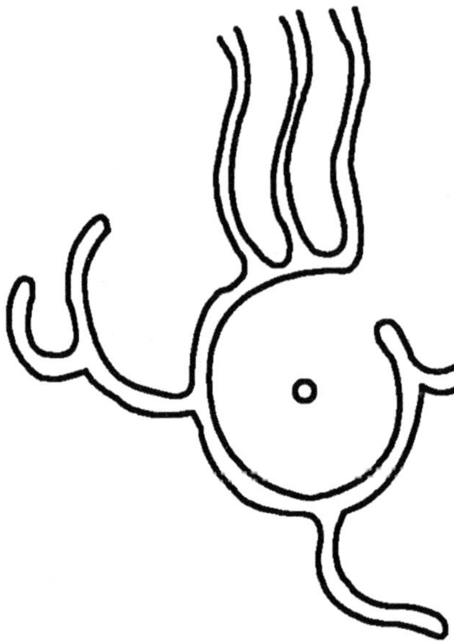

开弓

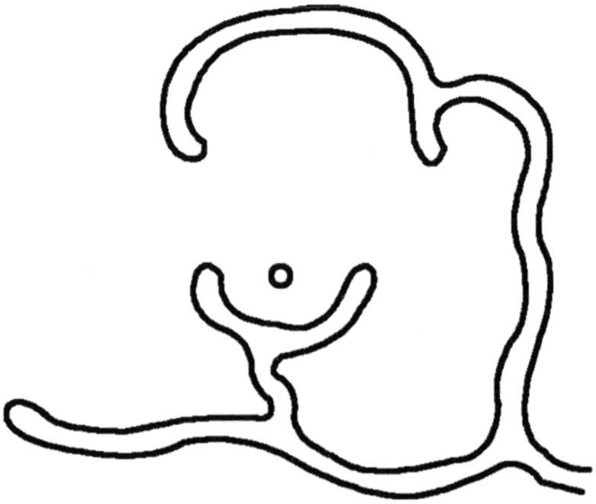

垂莲

仰莲

盘蛇

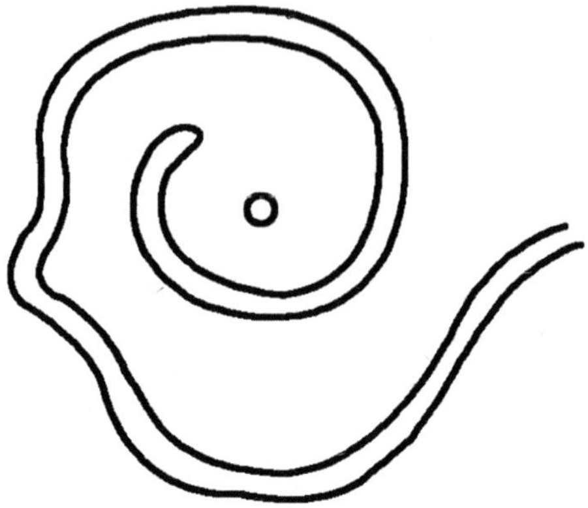

虾局

排衙

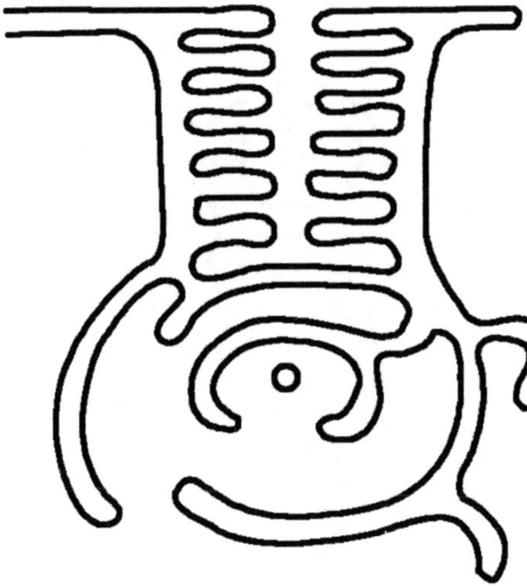

太极

美女献羞

蜈蚣钳

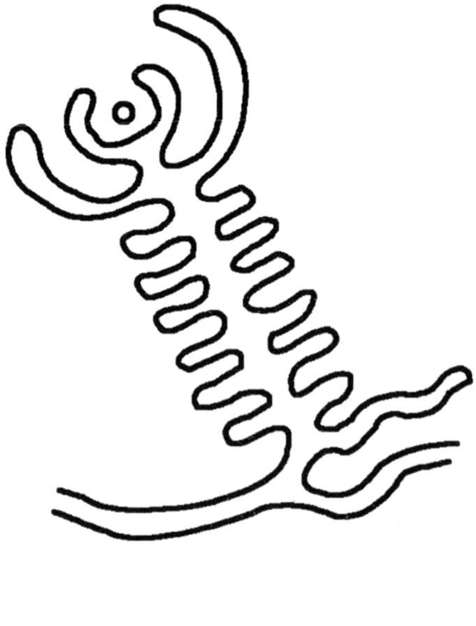

伏荫金鱼

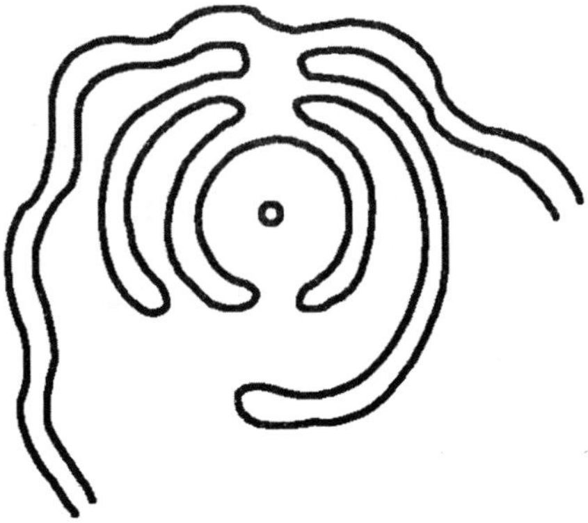

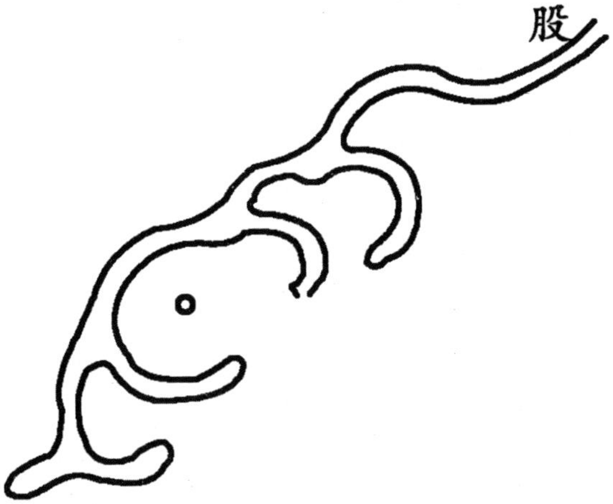

双龙戏感

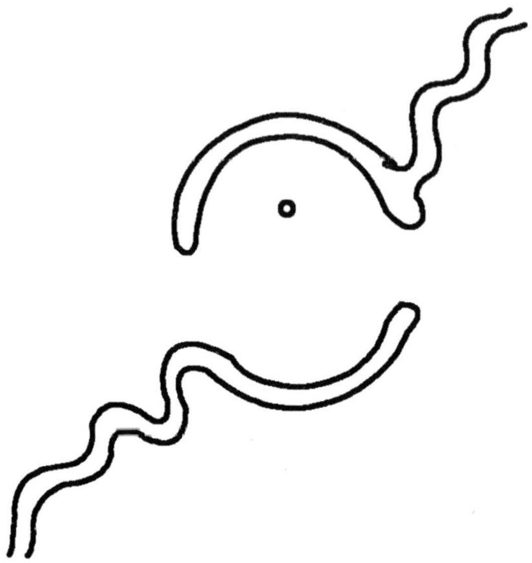

插龙

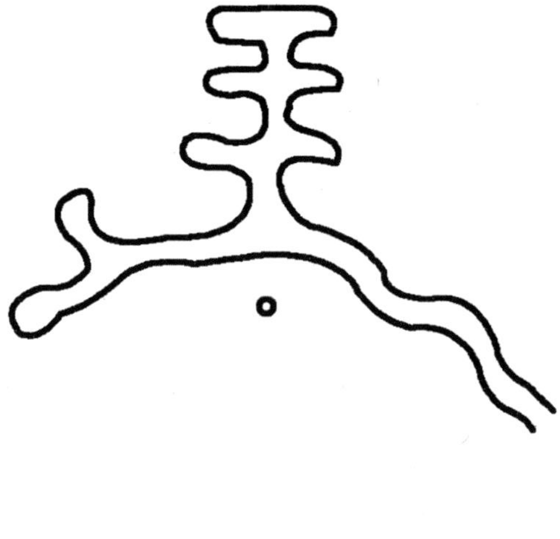

流带

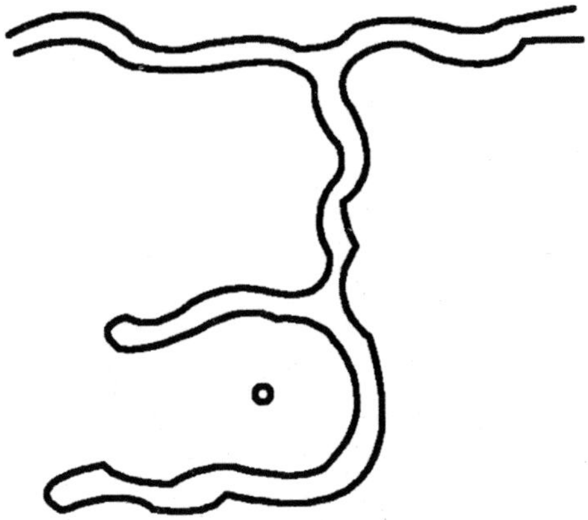

风吹罗带

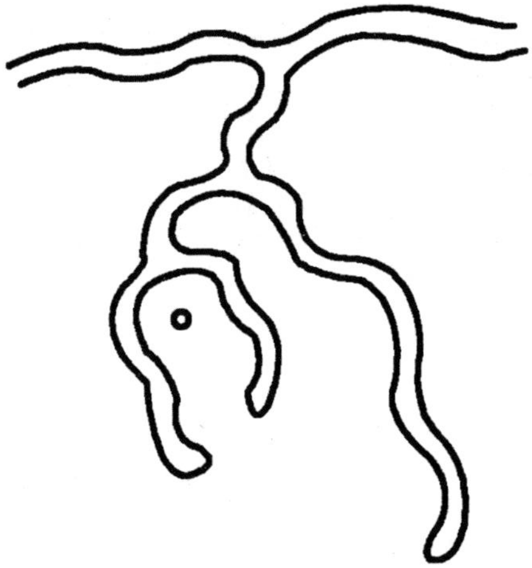

金钩

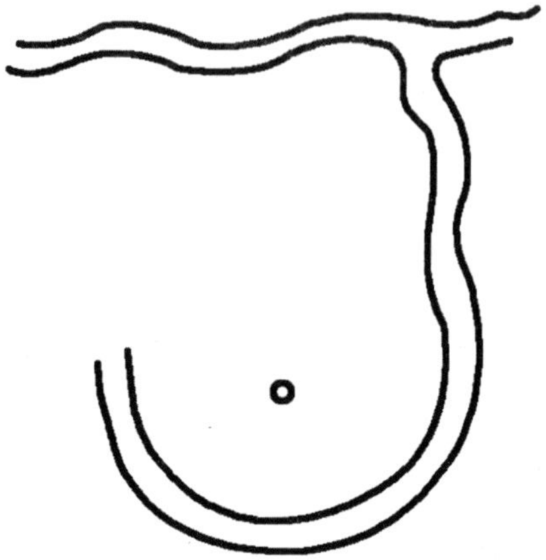

双钩

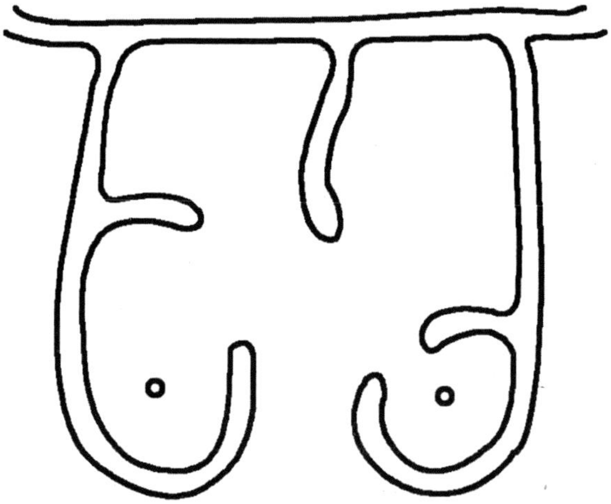

进局抱怀

草尾垂露

飞播舞旂

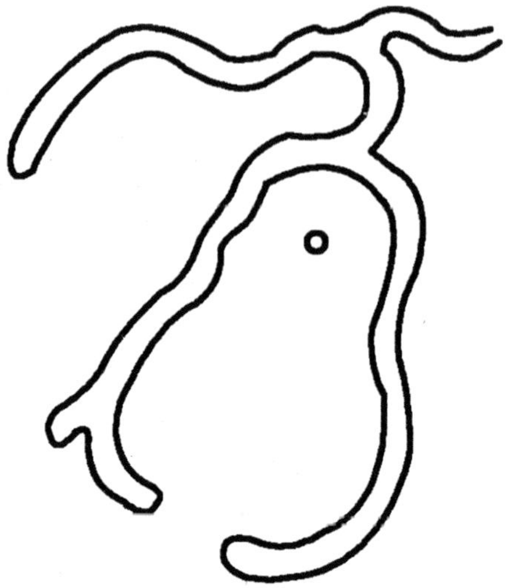

鞋城

日字城

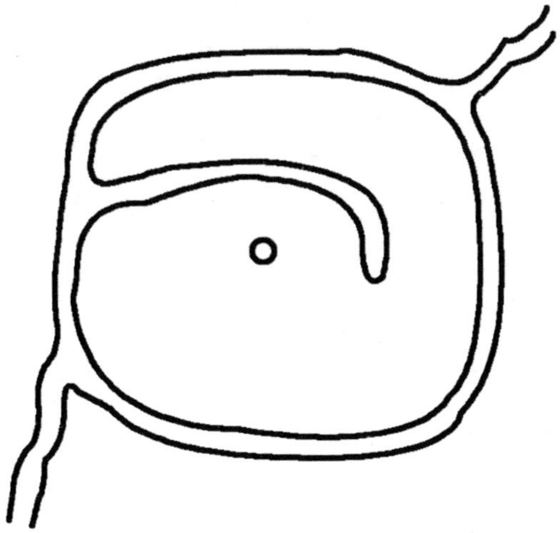

卷帘殿试

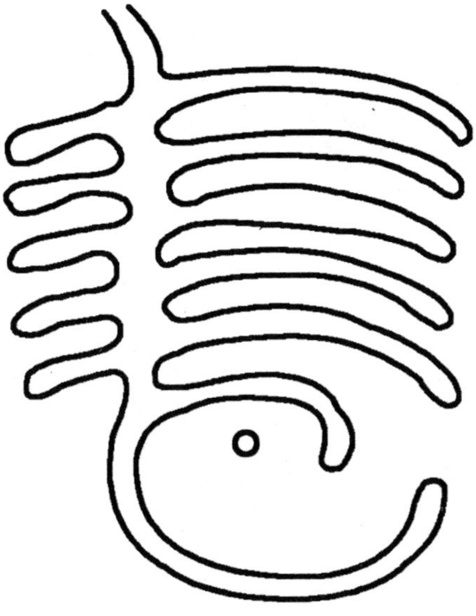

顺风舡

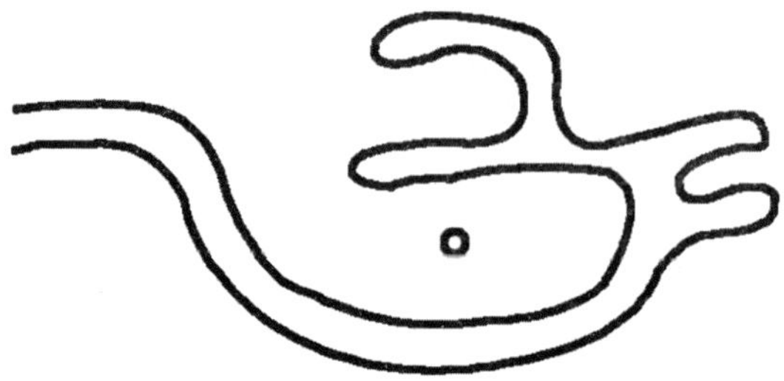

弯弓一报

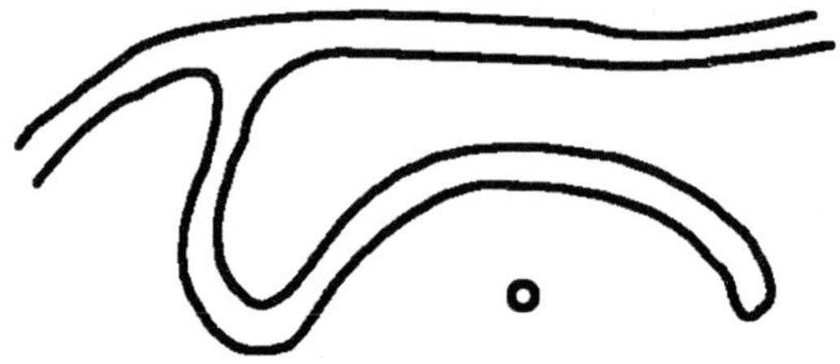

回龙顾祖

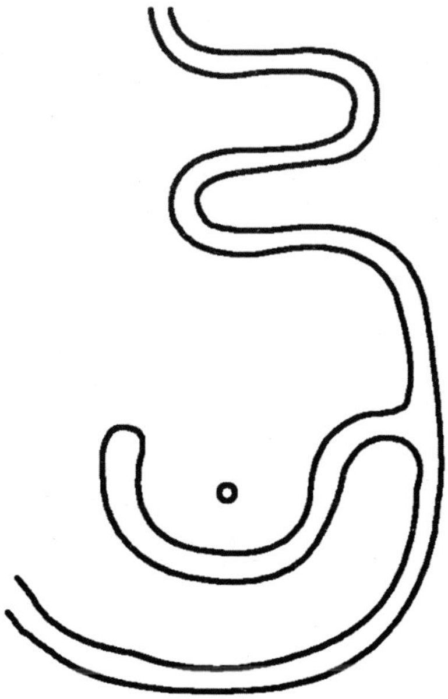

亦曰朝元

聚堂旺局

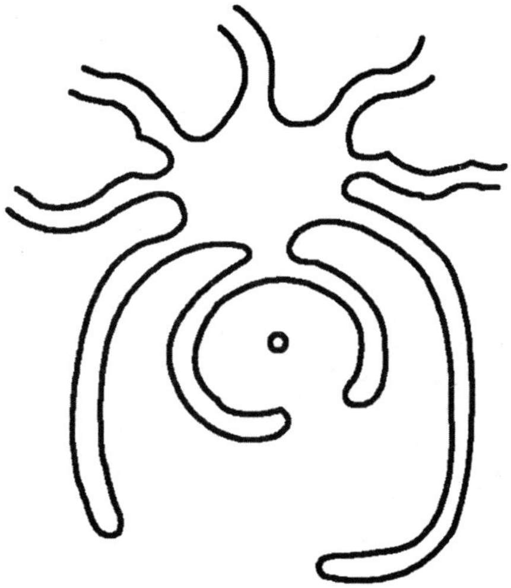

横富龙

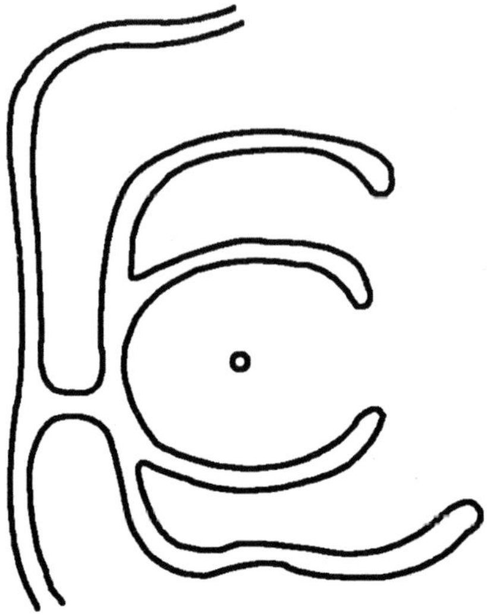

盘龙

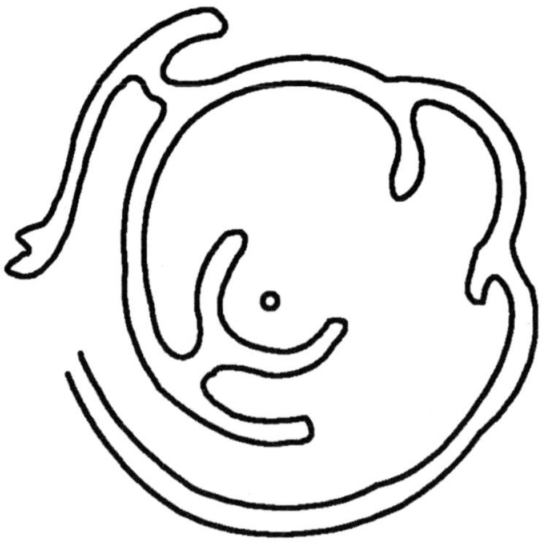

虹食采霞

擎伞

牖花

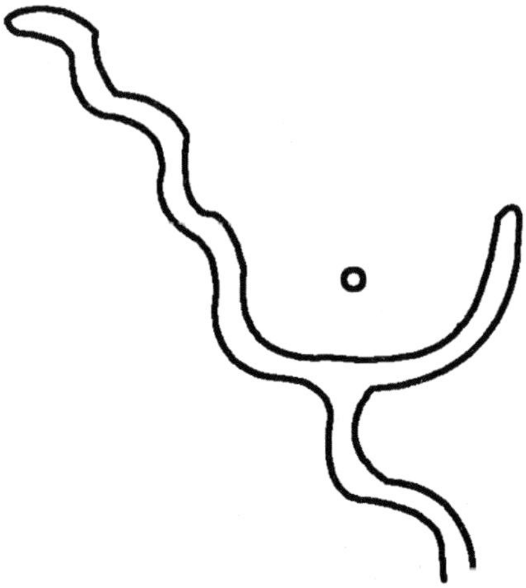

朝元

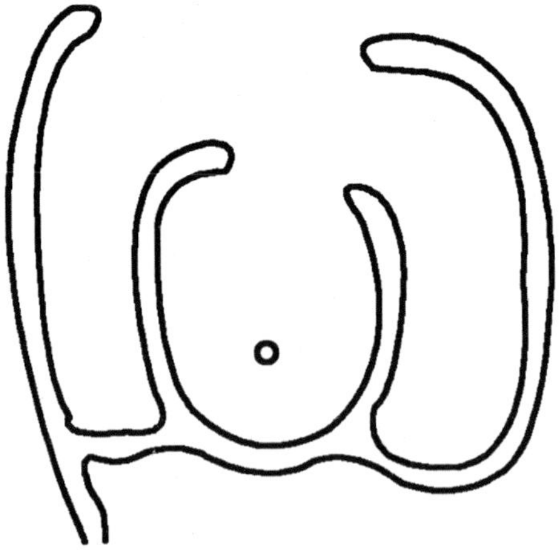

秘传水龙经卷四

总论五

俗以高山龙法，与平地同论。论遂使安坟立宅，尽失其宜。余得无极真传，洞悉高山、平洋阴阳二宅秘旨，藏水龙一书，未敢轻泄。庚子春，偕余子晓宗过同郡邹子。客示以水龙一卷，与余书大同小异，因叹幕讲文，成三百年绝学。于此略存梗概，但未识三元九宫秘要。又所见成迹，皆中元格局，其论列方隅，体势尚多偏曲，稍为删正，与第二卷互相参考云。

金星城

蒋大鸿补图 儿宅同理 墓

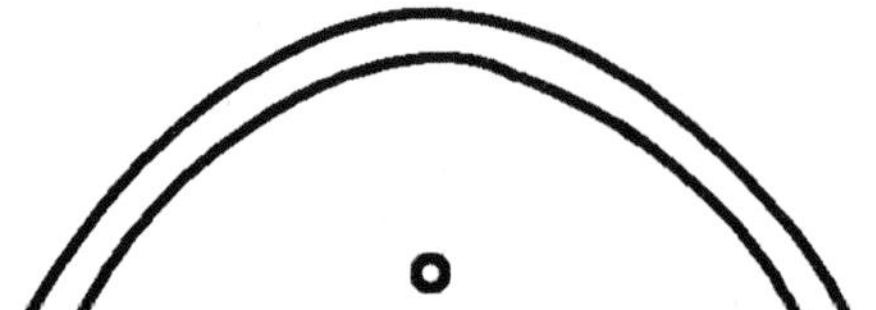

木城化出五星名尤取金城最吉星不论支流并干水无分池沼与沟汀左围右抱皆堪喜后倚前朝并可亲若得此形为穴体管教福至祸无侵

金星凶

金星如仰外家宅田园败

金水相生

金内水外贵多富少金星如出水短水方为贵

金水泛滥

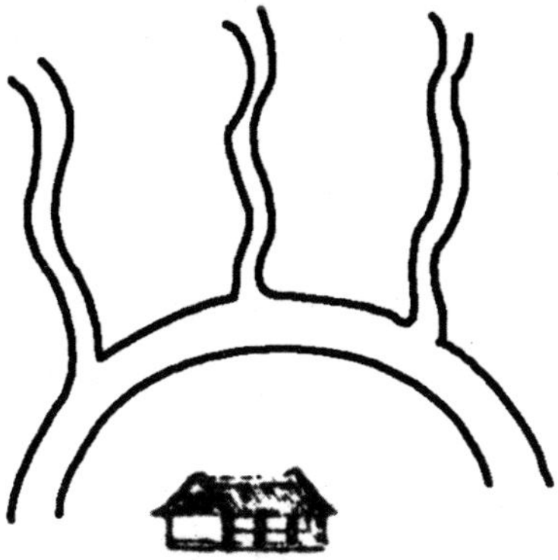

金水太纵横泛滥起风声穴中若漏气屡损少年人纵有官和富其家必主淫不如为寺观香火得般般

蒋曰此为漏气多故少吉

水撞金城

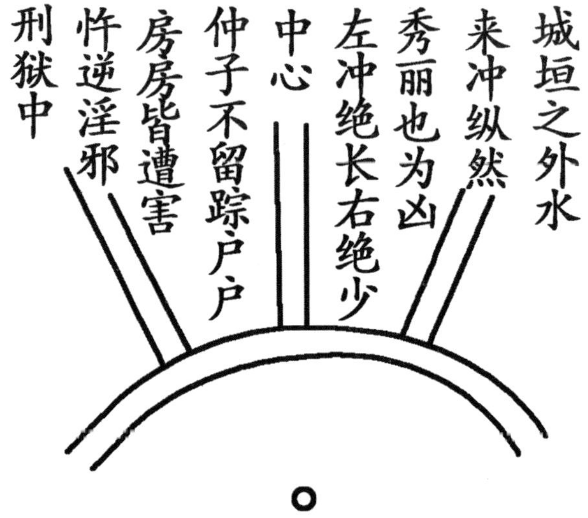
城垣之外水
来冲纵然
秀丽也为凶
左冲绝长右绝少
中心
仲子不留踪户户
房房皆遭害
忤逆淫邪
刑狱中

火可金城

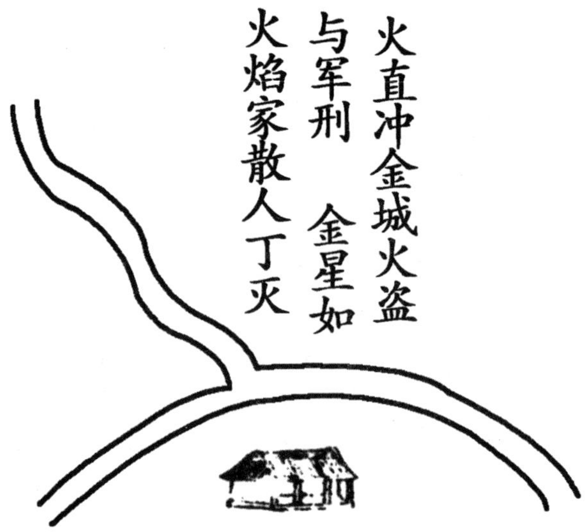
火直冲金城火盗
与军刑
金星如
火焰家散人丁灭

重金

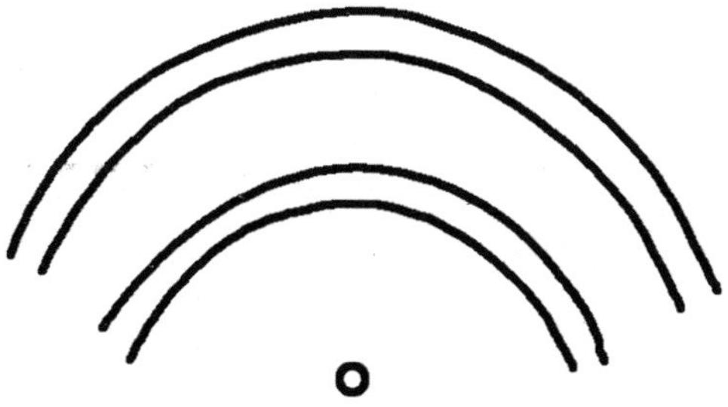

金星一抱已堪夸若更重
重福禄奢近身贴体方为
贵运照之
时气脉赊

又
三金如品列家计
常添入外水似反
弓吉中未免凶

水星城

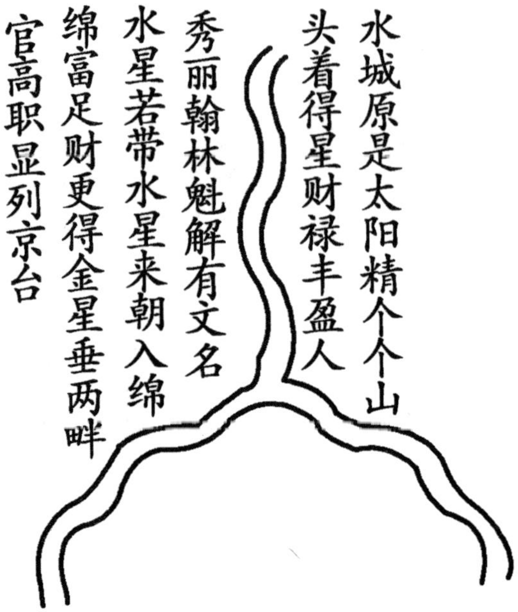
水城原是太阳精个个山
头着得星财禄丰盈人
秀丽翰林魁解有文名
水星若带水星来朝入绵
绵富足财更得金星垂两畔
官高职显列京台

文星

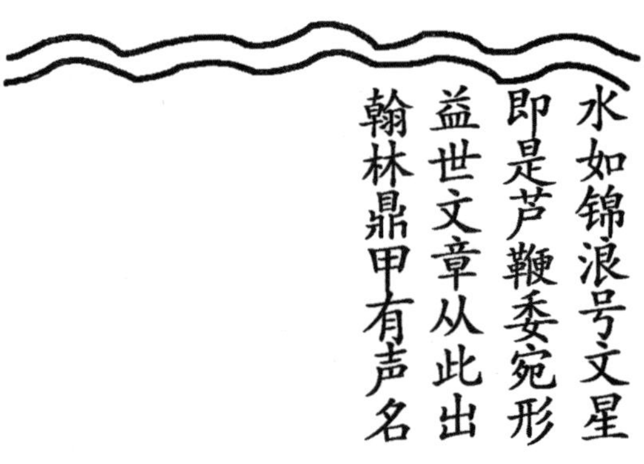
水如锦浪号文星
即是芦鞭委宛形
益世文章从此出
翰林鼎甲有声名

水内木外

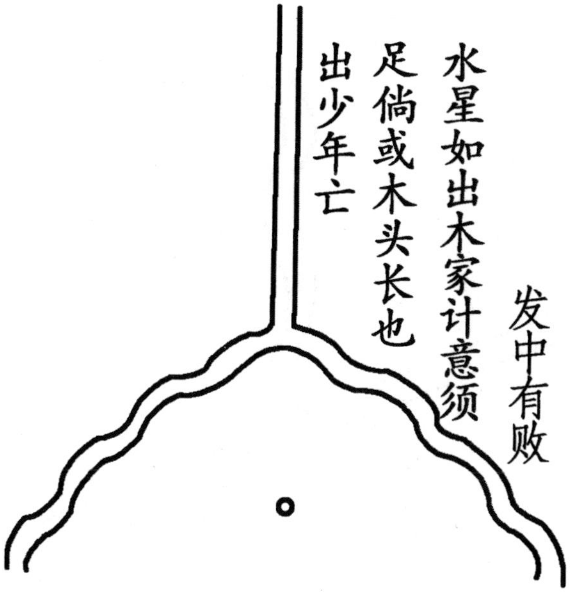
发中有败
水星如出木家计意须
足倘或木头长也
出少年亡

水木交流

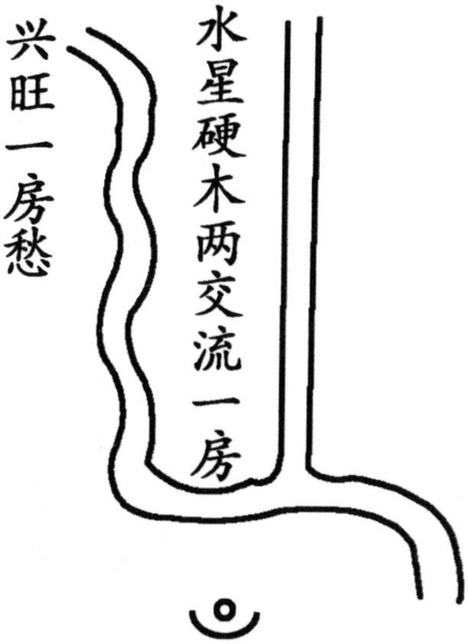
水星硬木两交流一房
兴旺一房愁

水火相射

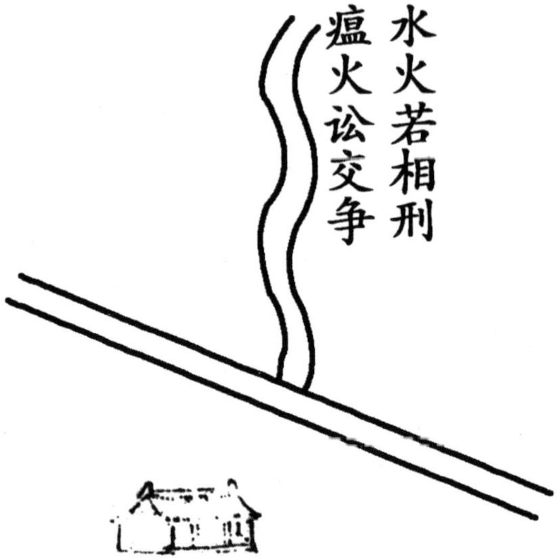
水火若相刑
瘟火讼交争

土星城

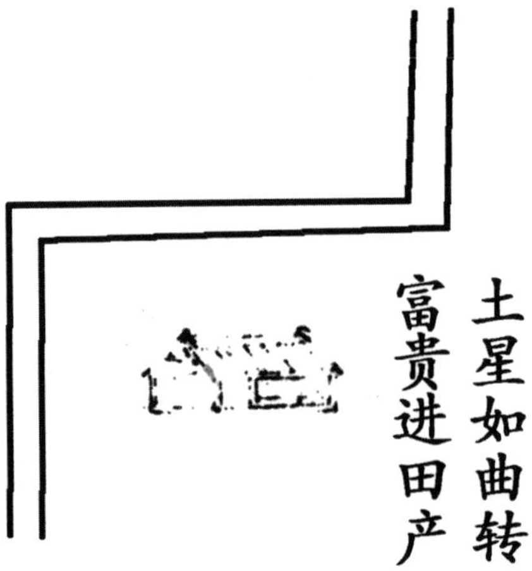
土星如曲转
富贵进田产

土星内抱

富贵财宝

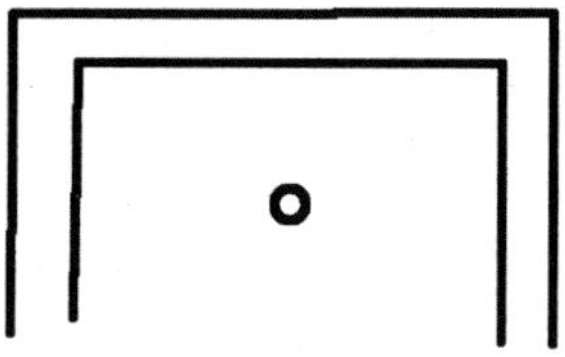

重土

二土面前横
家豪颇有名

反土

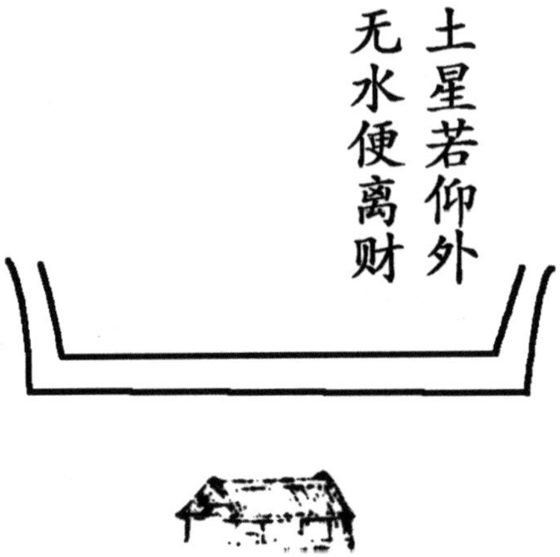
土星若仰外
无水便离财

又

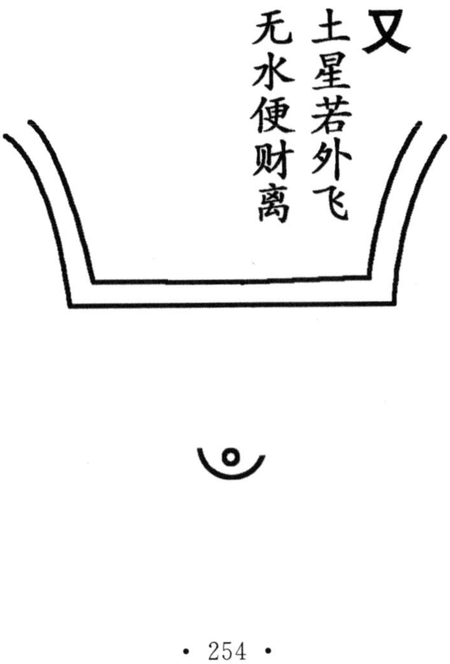
土星若外飞
无水便财离

横直木

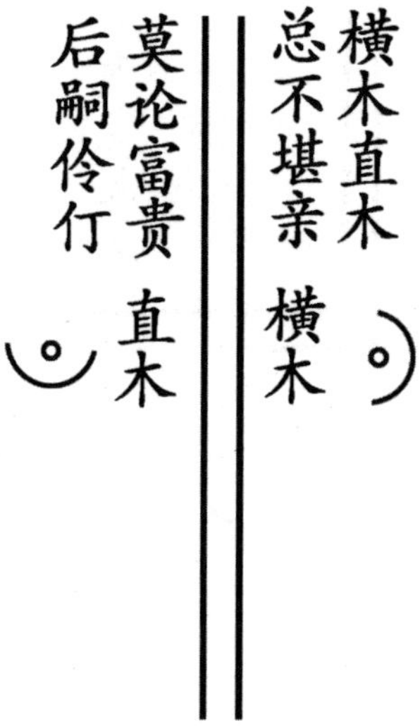
横木直木
总不堪亲
横木
直木
莫论富贵
后嗣伶仃

顺逆木

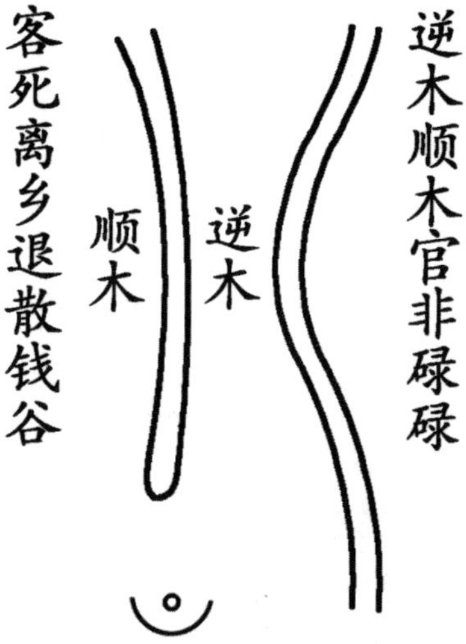
逆木顺木官非碌碌
逆木
顺木
客死离乡退散钱谷

木带土

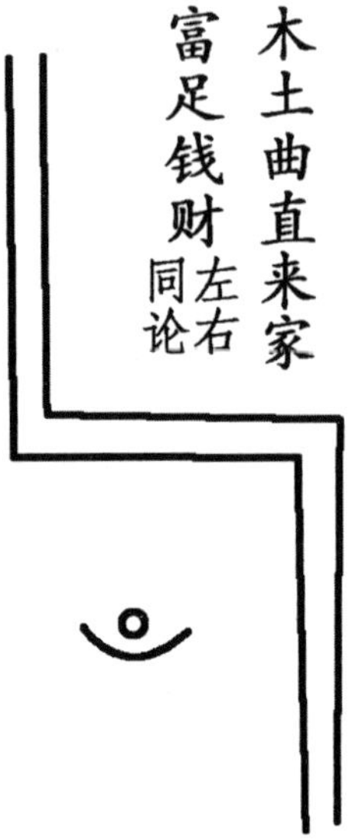
木土曲直来家
富足钱财
左右同论

木土城

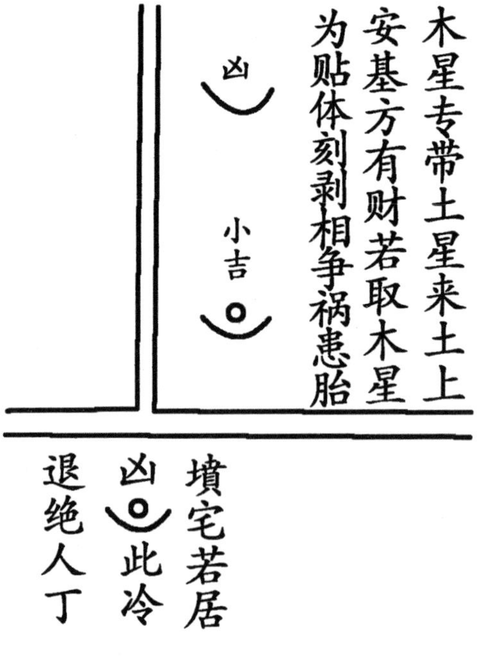
木星专带土星来土上
安基方有财若取木星
为贴体刻剥相争祸患胎
凶
小吉
墳宅若居
凶
此冷
退绝人丁

木克土城

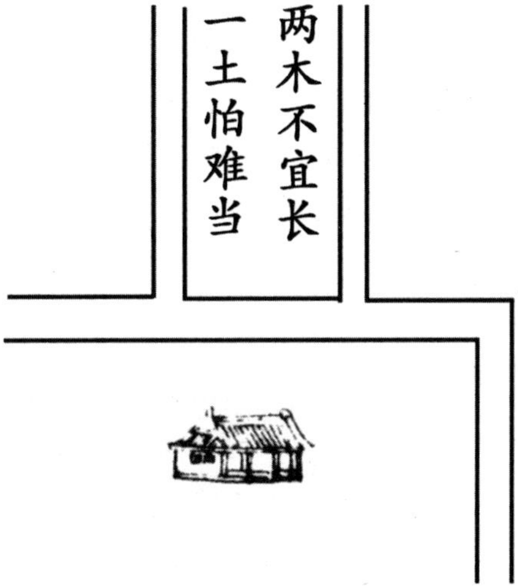
两木不宜长
一土怕难当

又

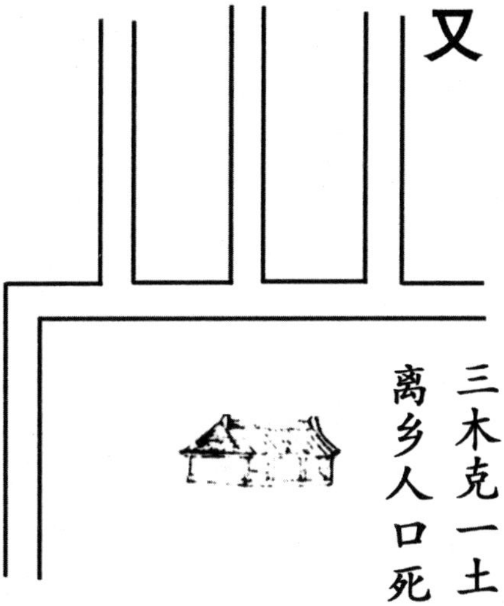
三木克一土
离乡人口死

斜火

五星皆好穴前朝立宅逢之怕火烧直
走斜飞招讼事田园退散尚哓哓 火
星斜走更嫌长坟宅之前更不长如有
木朝来救助自然人口免瘟癀 火星
曲动最难为公讼连绵更损亏劫盗
瘟癀常自有人离财散各东西

人家最怕火
斜飞若儿金
来自外归方
主进财并进
禄更逢重火
必衰微

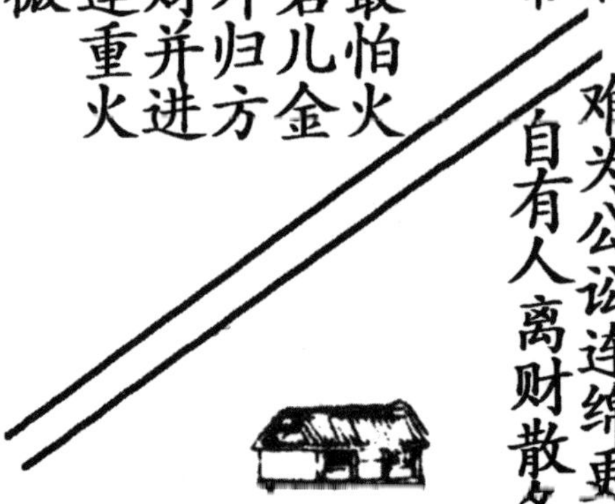

重火

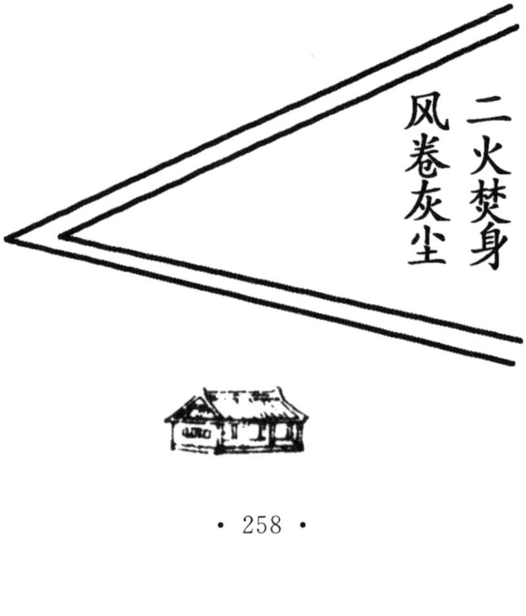

二火焚身
风卷灰尘

二火克城

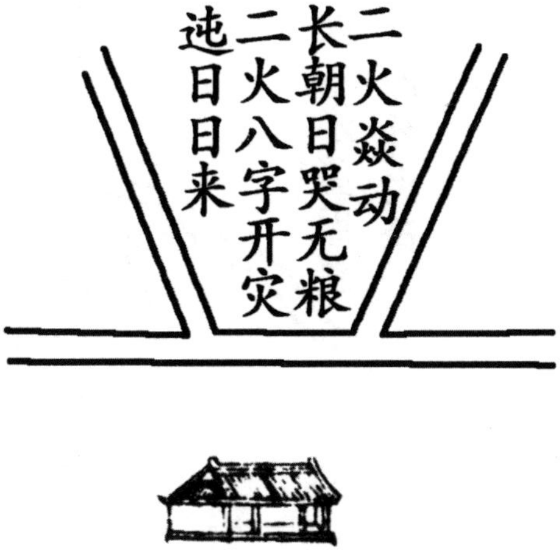
二火焱动
长朝日哭无粮
二火八字开灾
迍日日来

炎火可城

因见斜飞炎利之形
虽曲非吉宜辨之
杀人垣城狱讼遭
刑劫贼常闹子孙
伶仃

火城

焱动之城不可轻
水流虽小讼还兴
若然城邑通流水
六十年中起甲兵

此本水星因斜飞即作火论

抱水城

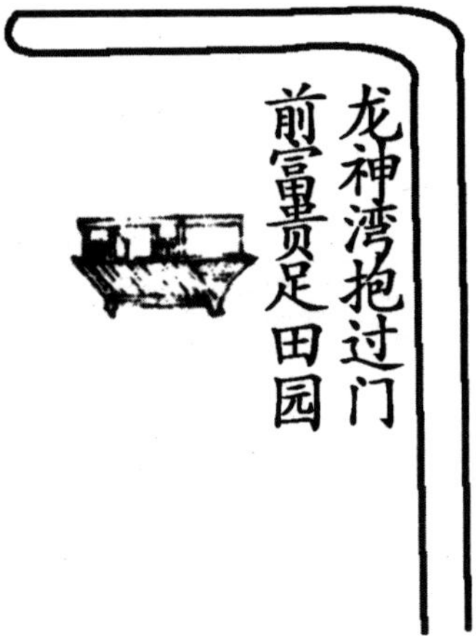

又

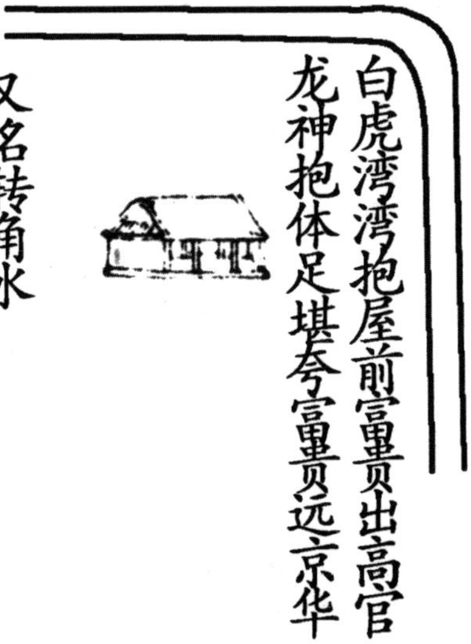

又名转角水

前抱水

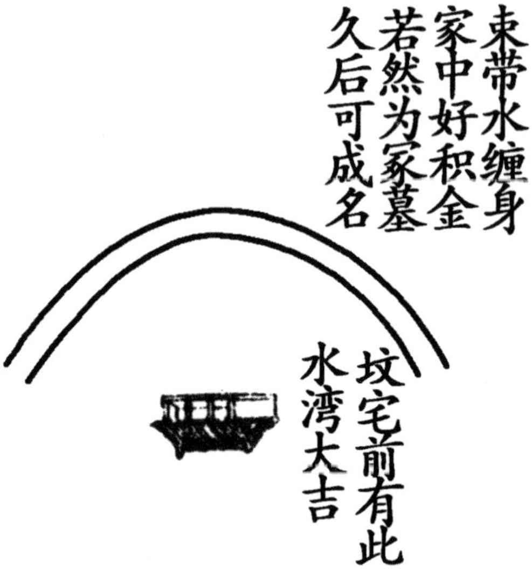
束带水缠身
家中好积金
若然为冢墓
久后可成名
坟宅前有此
水湾大吉

兜抱水

屋前屋后有池
兜富贵永无忧
旺财谷

后抱水

水法几千章
无如后抱良
回头看偃月
富贵定悠长
发福悠长
定是水缠元武

重抱水

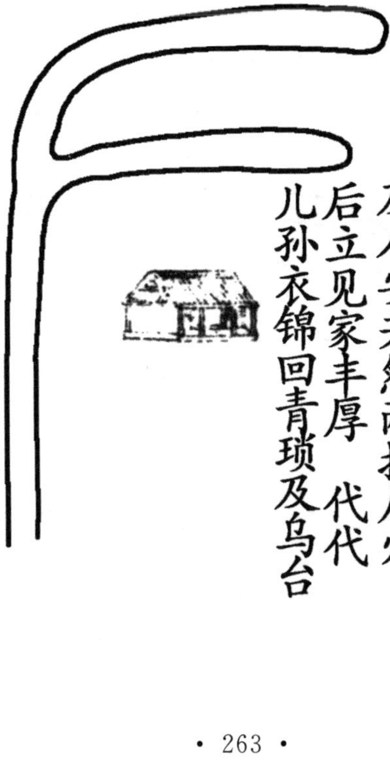

两重龙来抱屋前家富
及人安若然两抱居穴
后立见家丰厚 代代
儿孙衣锦回青琐及乌台

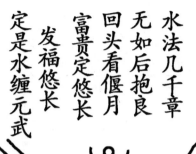

抱气水

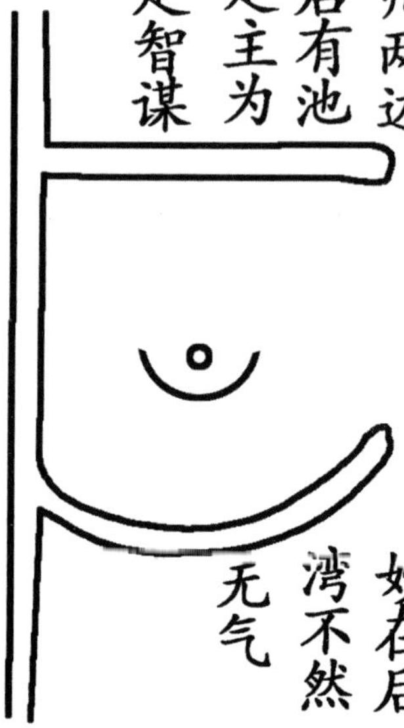

支水交抱气脉钟墓宅定丰隆

主富贵

左右同

两边前后似金勾后嗣为官掌

府州两边前后有池兜定主为官足智谋

妙在后湾不然无气

重抱水

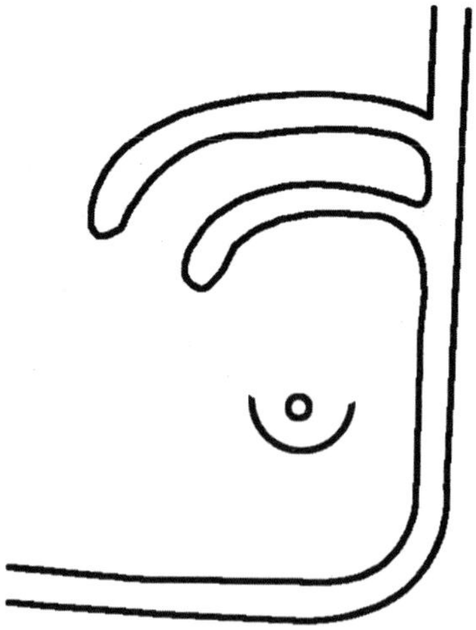

虎水两重抱宅坟家富足金银

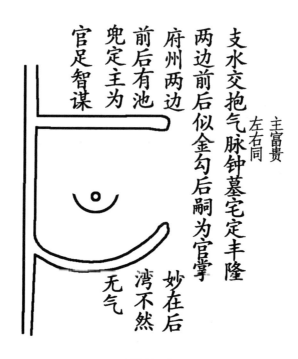

曲水抱城

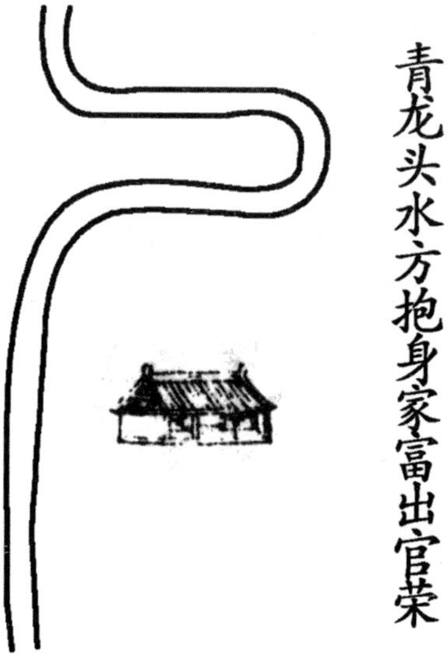
青龙头水方抱身家富出官荣

金水大抱

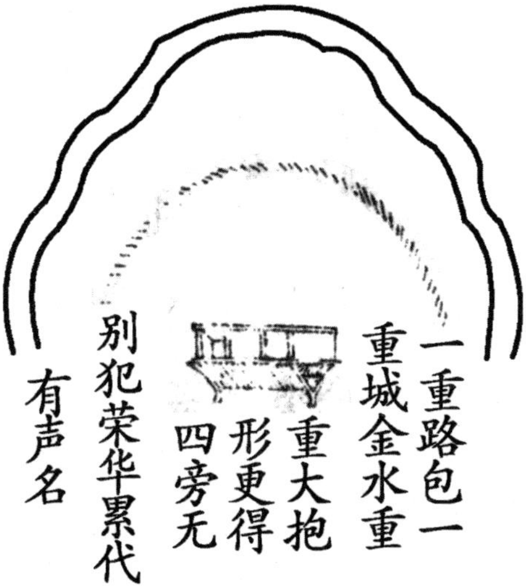
一重路包一
重城金水重
重大抱
形更得
四旁无
别犯荣华累代
有声名

远抱水

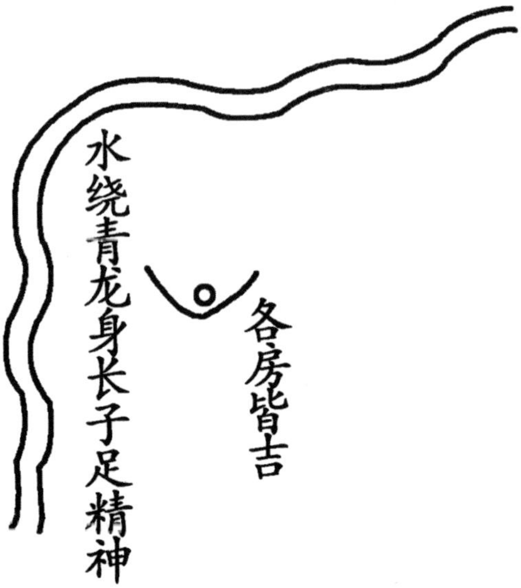
水绕青龙身长子足精神
各房皆吉

抱身水

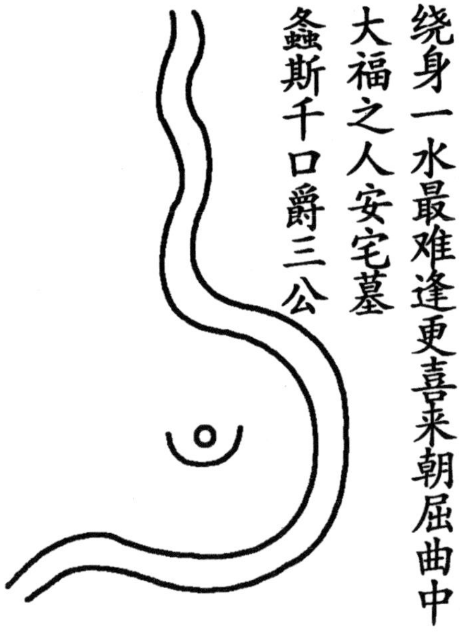
绕身一水最难逢更喜来朝屈曲中
大福之人安宅墓
螽斯千口爵三公

偏旁微抱

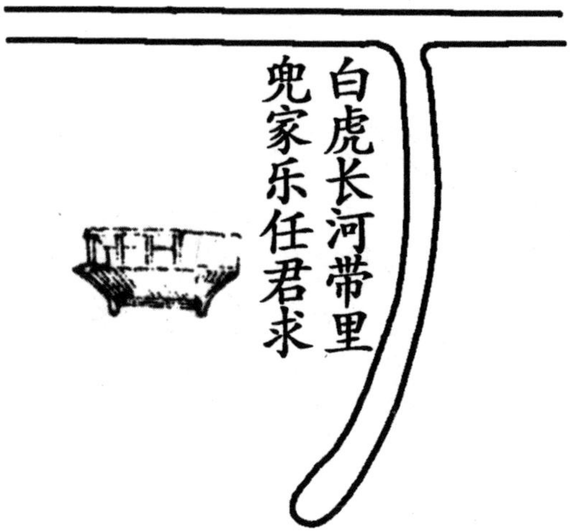
白虎长河带里
兜家乐任君求

八国城门

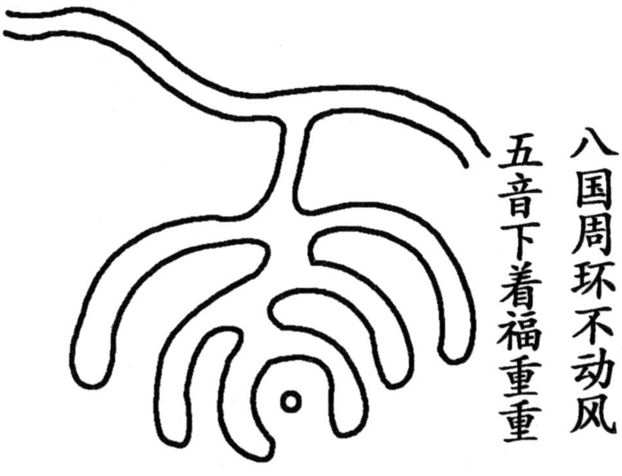
八国周环不动风
五音下着福重重

裹头城

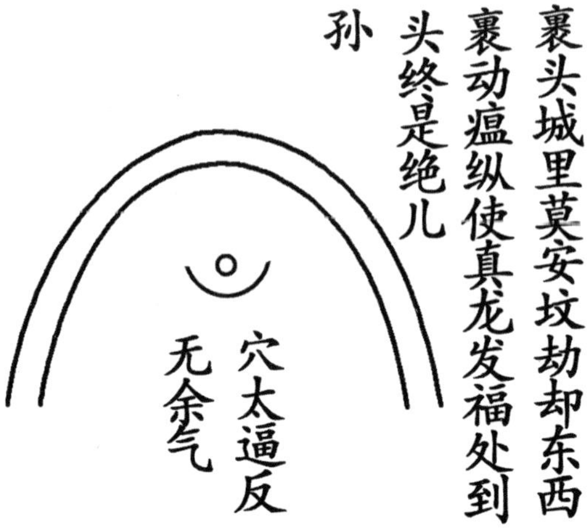
裹头城里莫安坟劫却东西
裹动瘟纵使真龙发福处到
头终是绝儿
孙
穴太逼反
无余气

钳水

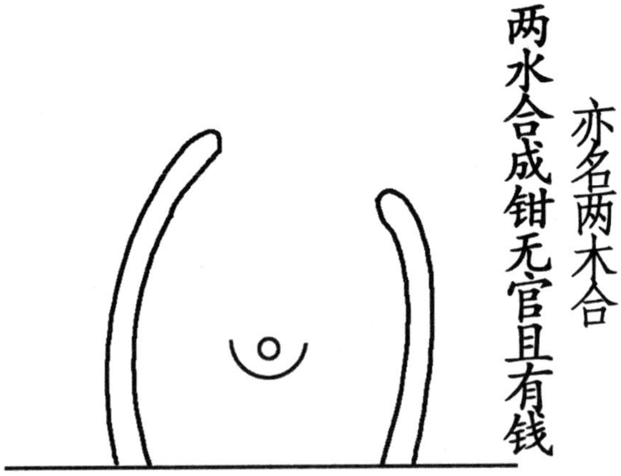
两水合成钳无官且有钱
亦名两木合

钳水地

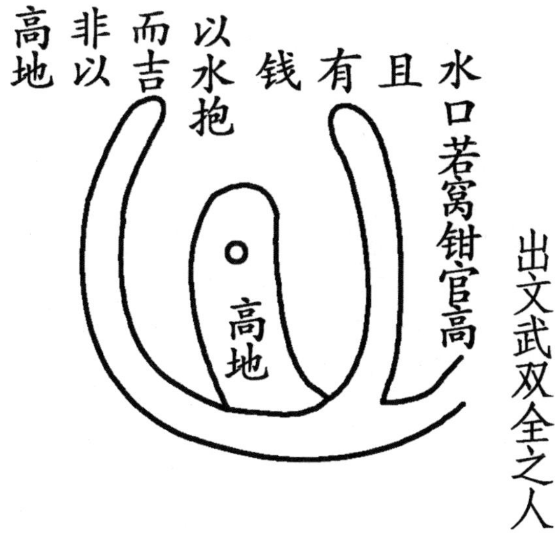
出文武双全之人
水口若窝钳官高
且
有
钱
以水抱
而吉
非以
高地
高地

荫腮水

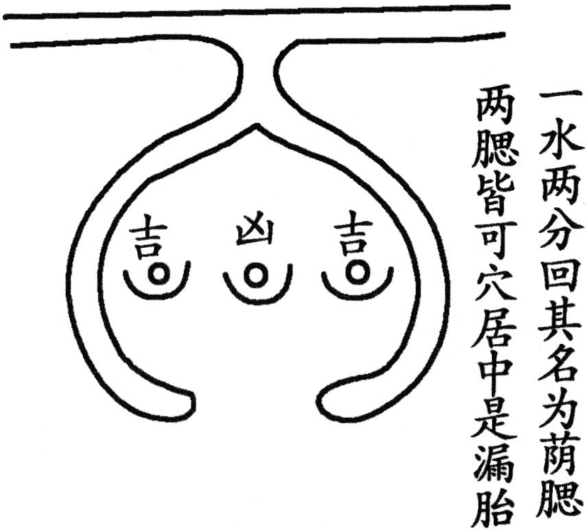
一水两分回其名为荫腮
两腮皆可穴居中是漏胎
吉
凶
吉

金钩

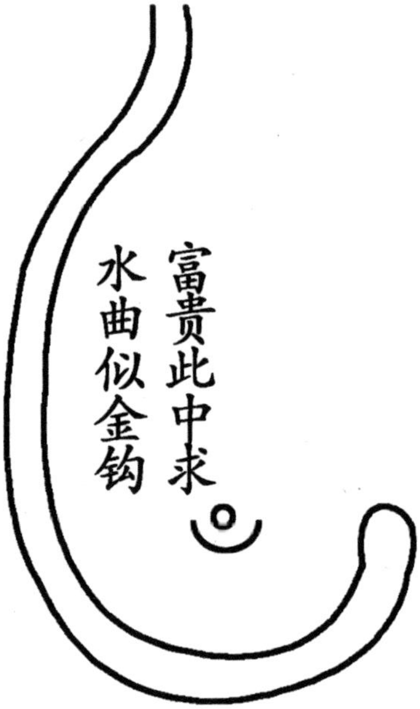
富贵此中求
水曲似金钩

又

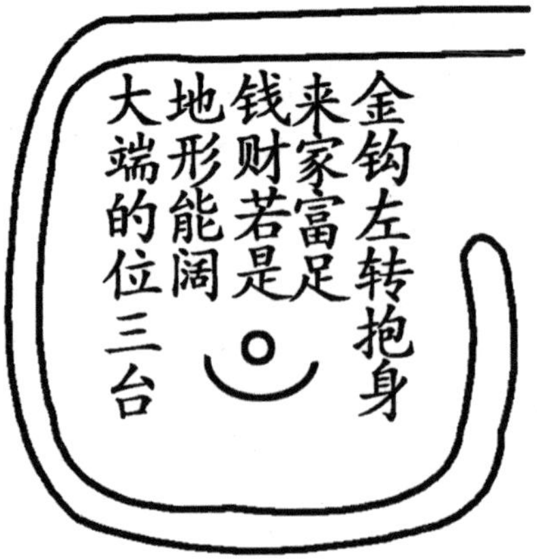
金钩左转抱身
来家富足
钱财若是
地形能阔
大端的位三台

又

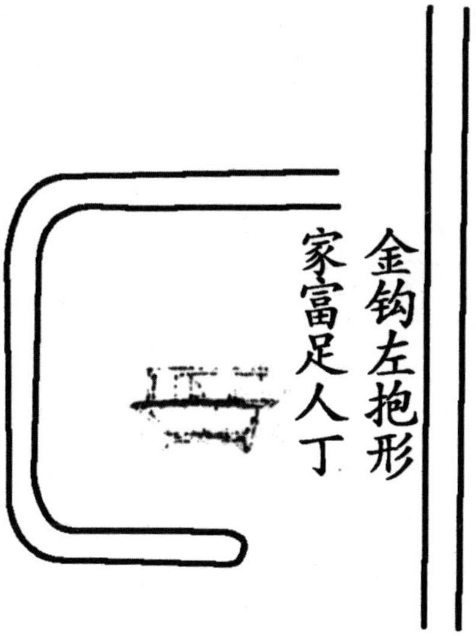
金钩左抱形
家富足人丁

又

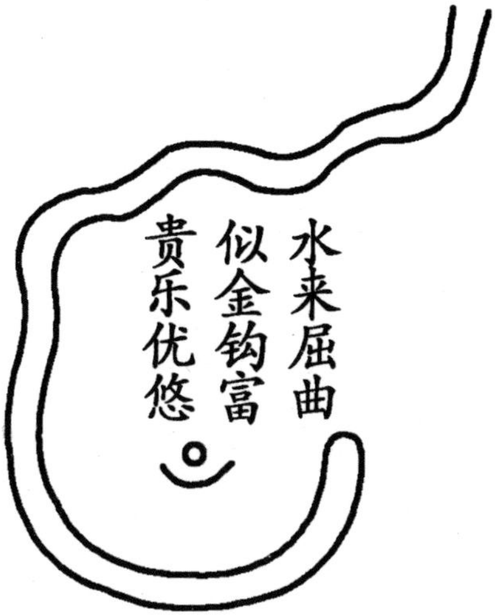
水来屈曲
似金钩富
贵乐优悠

勾心水

此勾冲在明堂中
心便为射破若兜
过堂前勾在左手
反为大吉

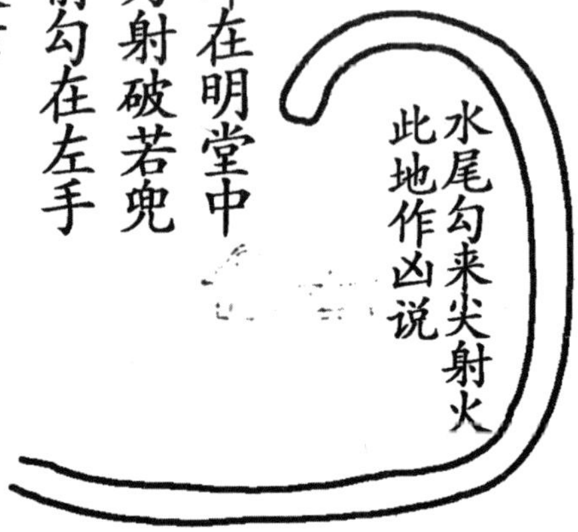
水尾勾来尖射火
此地作凶说

反勾水

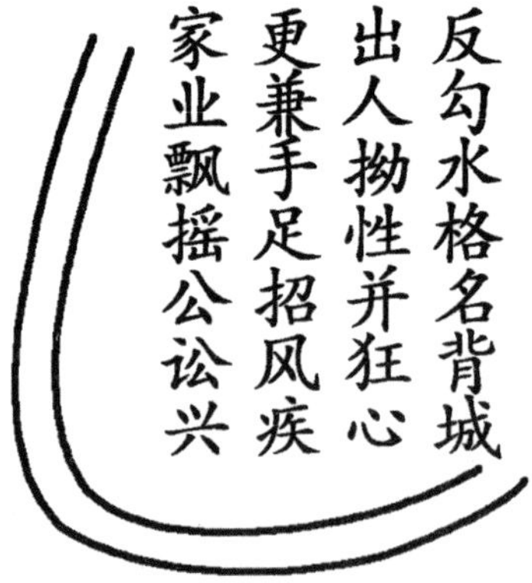
反勾水格名背城
出人拗性并狂心
更兼手足招风疾
家业飘摇公讼兴

乙字水

乙字之水入怀流
也是回头龙脉收
穴若有情真得气
其家富贵不须忧

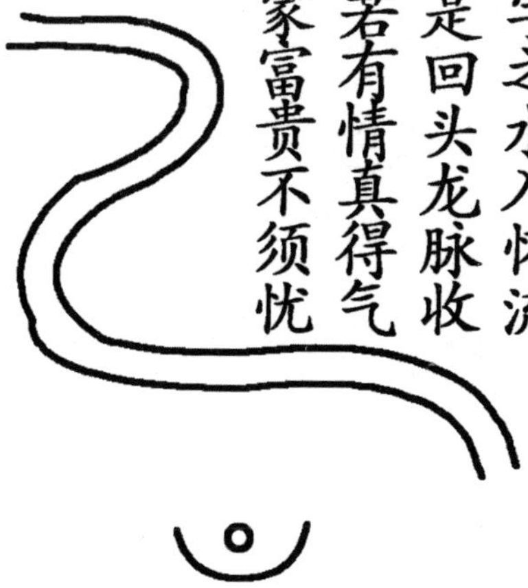

之元水

之元抱身出大贵

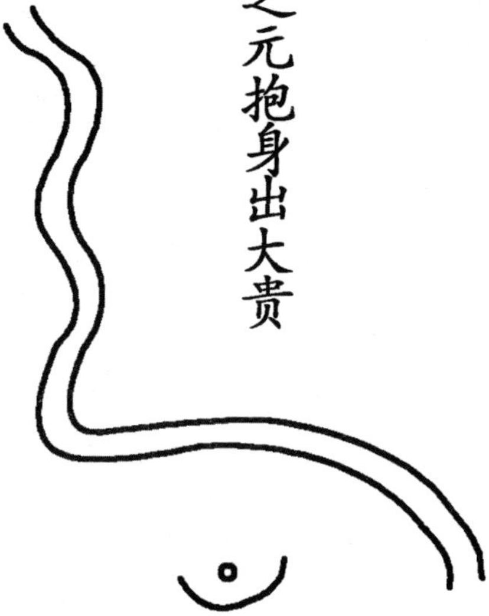

又

之元之水是真龙来
去皆能产巨
公水若抱身
钟大贵倘然
不抱也兴隆

曲水城

即飞电城

龙神湾湾屈曲来日日进钱财
若是曲多深且阔门前车马咽
金明水秀盛文章翰苑姓名扬

曲水转报

一名缠龙

金水之格如瓜藤
文秀实夸能更若
回还成大局家世
多横玉水星环抱
定主秀丽文章

折水

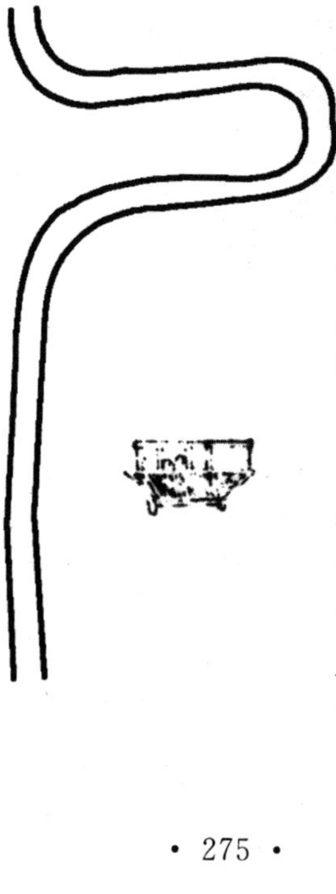

水行一折一龙居二折两龙栖
更加三折龙神旺身在青云上

三折水

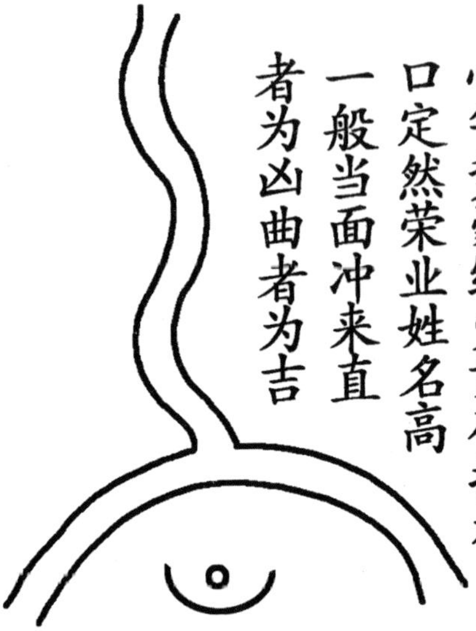

惊翔凤舞曲来朝九曲当
心气势豪纵少案砂搁水
口定然荣业姓名高
一般当面冲来直
者为凶曲者为吉

曲水反去

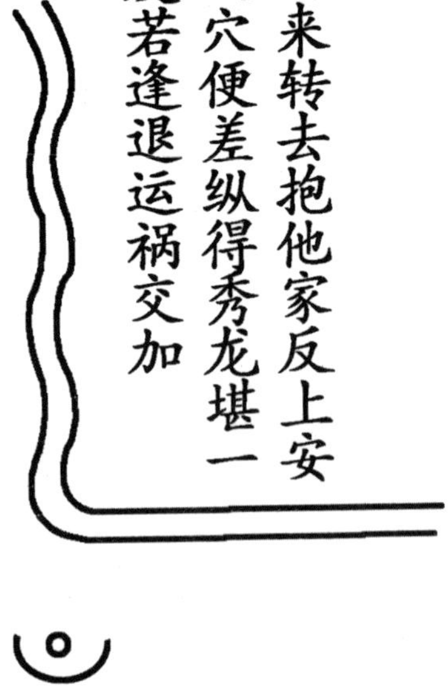

曲来转去抱他家反上安
坟穴便差纵得秀龙堪一
发若逢退运祸交加

曲直水

曲从直来此地当裁避直就曲
金玉成堆避曲就直一败成灰

坟前有水直冲穴
下后儿孙绝

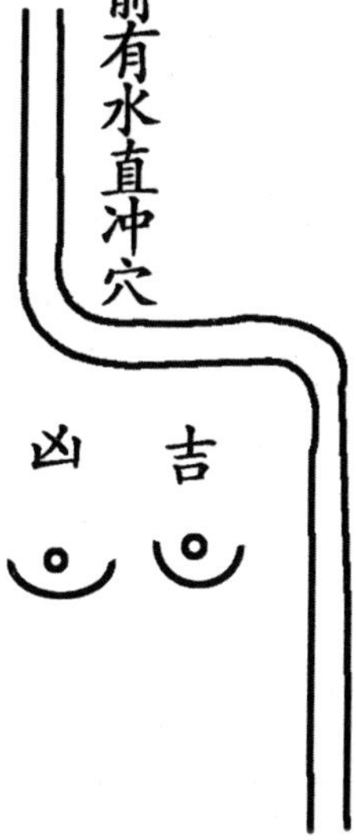

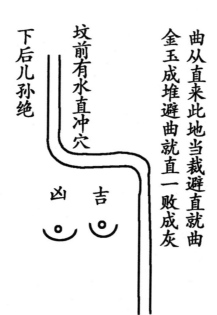

龙腹

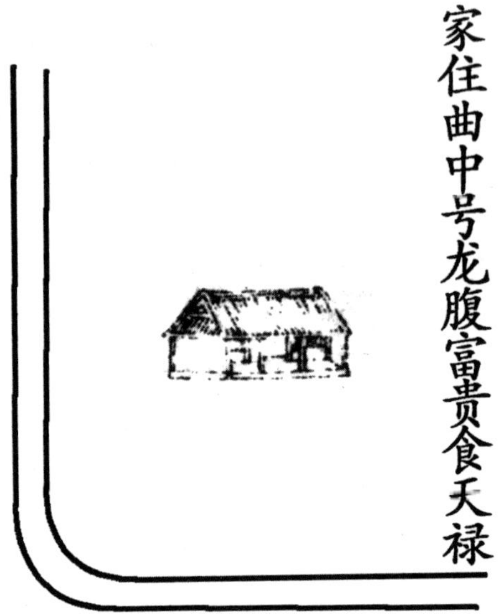
家住曲中号龙腹富贵食天禄

龙背

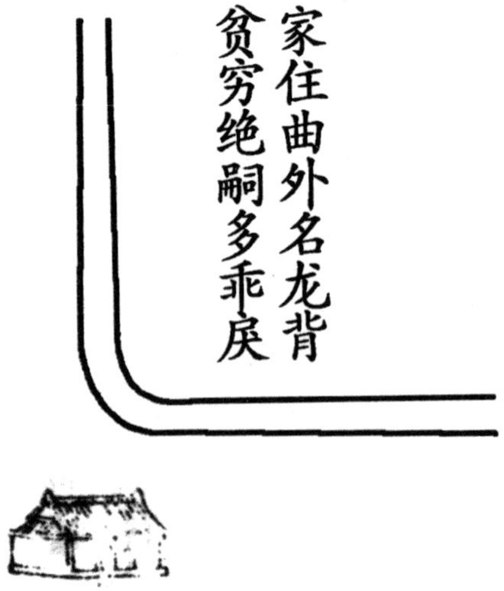
家住曲外名龙背
贫穷绝嗣多乖戾

迴龙

水神来处复回头
回龙气脉收
腹里包藏无渗漏
发福一水无休

凡水从东南来过西抱家宅还向东北而去累代富贵卿相不绝

又

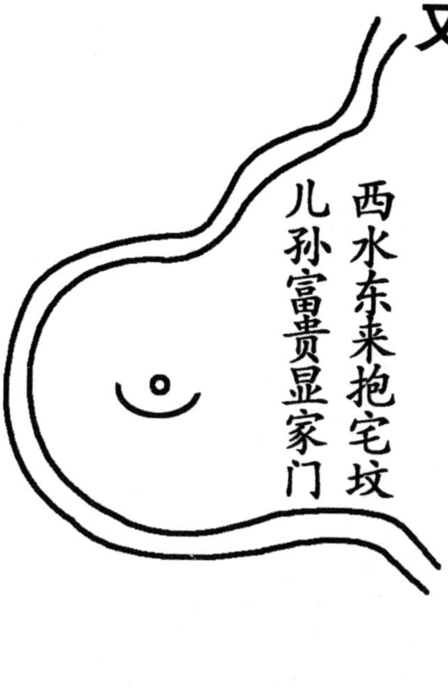
西水东来抱宅坟
儿孙富贵显家门

缠龙

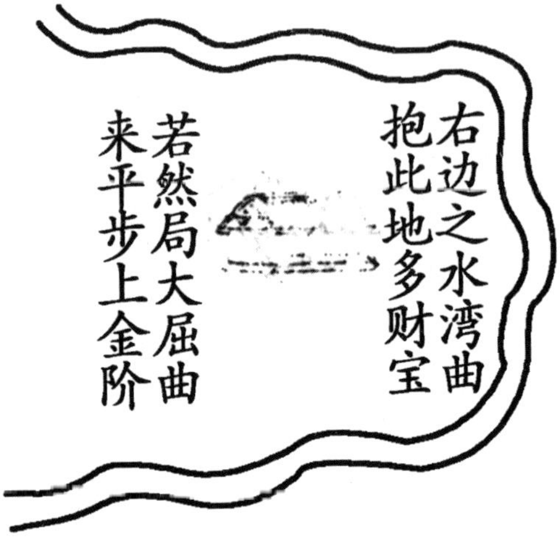
右边之水湾曲
抱此地多财宝
若然局大屈曲
来平步上金阶

盘龙

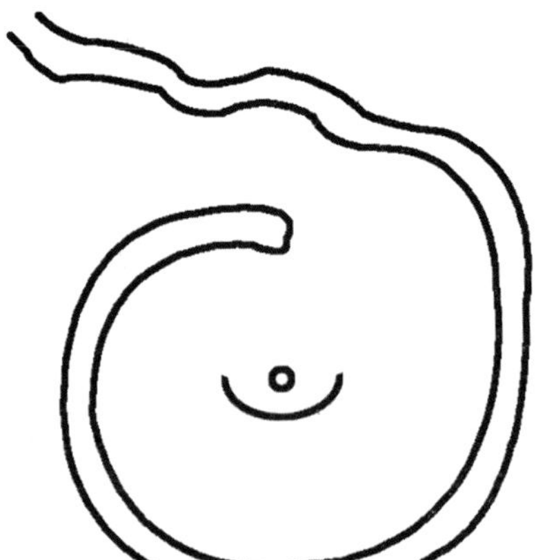

螺旋之水是盘龙穴坐天心元
炁钟荣华名世代伊吕亮天工

双龙交首

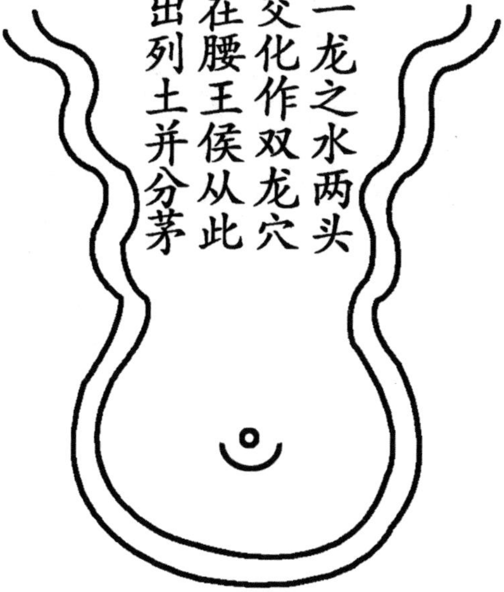
一龙之水两头
交化作双龙穴
在腰王侯从此
出列土并分茅

瓜滕水

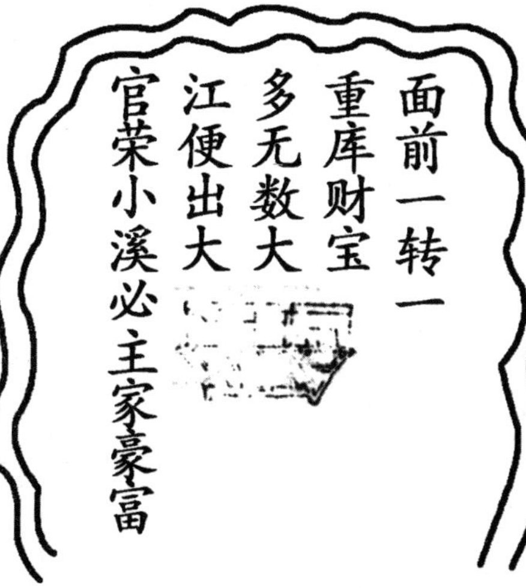
面前一转一
重库财宝
多无数大
江便出大
官荣小溪必主家豪富

左飞龙

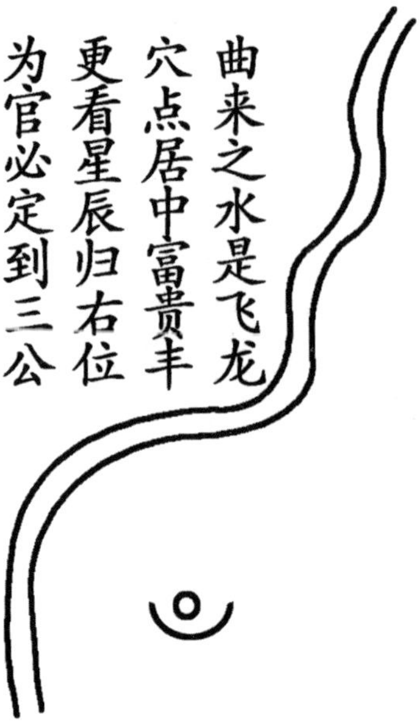

曲来之水是飞龙，穴点居中富贵丰。
更看星辰归右位，为官必定到三公。

飞电城

飞电之城最先发，惟怕崩冲并水割。若然到此向门前，富贵之家还激括。斜水向门流，子孙会作偷。虽然曲水也怕斜流，更兼穴假万事全休。

双飞龙朝天

水似双龙两道交
弟兄同榜并同朝

雌雄龙

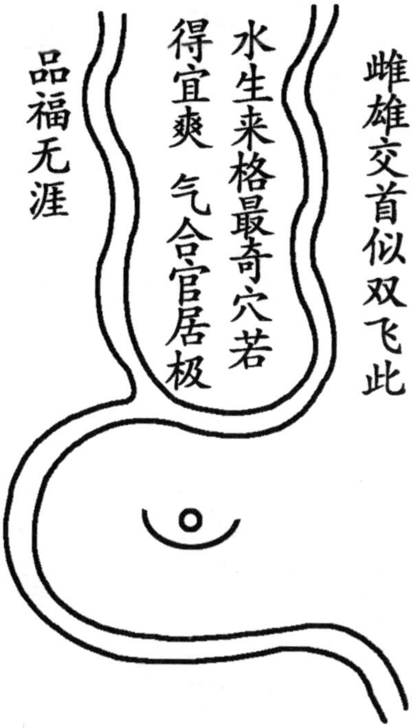
雌雄交首似双飞此
水生来格最奇穴若
得宜爽 气合官居极
品福无涯

子母龙

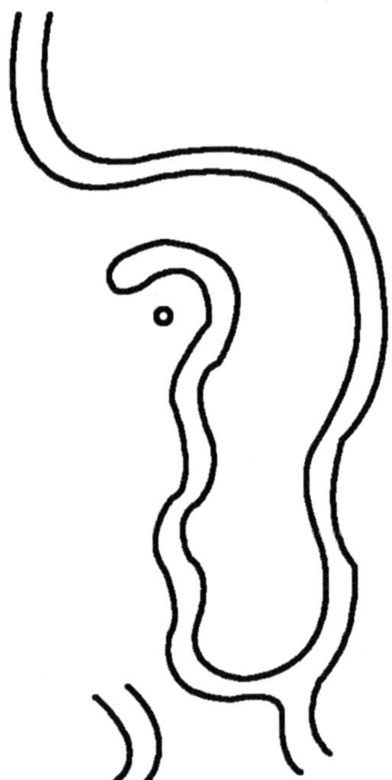

母龙蜒蜿作金汤有子成胎腹内藏
若此胎元多孕育祖孙父子坐朝堂

又

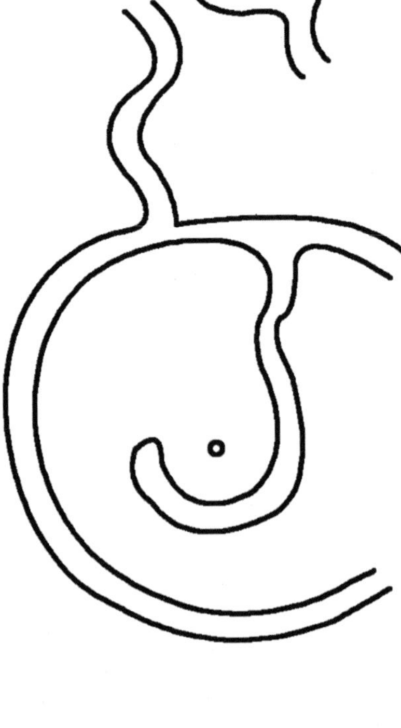

母龙抱子二水相交
祖孙继业父子同朝

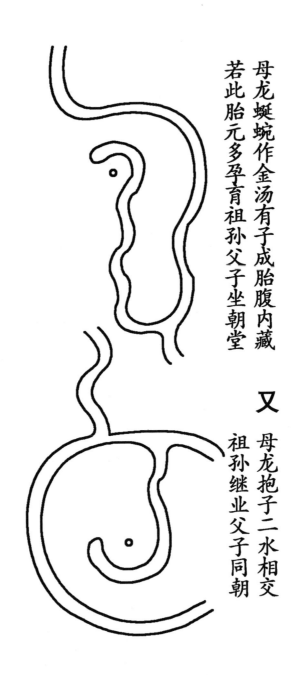

舞凤

群流飞舞入垣城凤舞惊翔羽翮轻
更得穴中真气结不为仙客也公卿

又

朱雀势萦回蟠
龙屈曲来儿孙
登甲
第清
显列三台

御街水

御街之城实至贵宰相三公在高位
若然龙后带奇星定主圣朝天子气
又
二水二重龙
如带复如弓
为官家富足
清职显门风

覆钟

来水湾湾若覆钟堆金
积玉富弥丰
子孙金榜贵
声名达九重

幞头

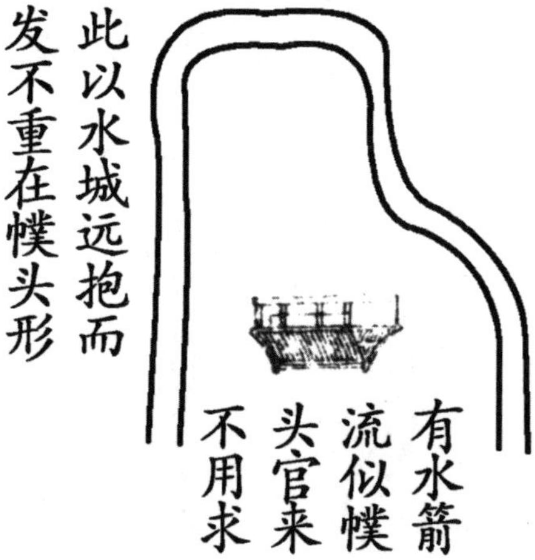
有水箭
流似幞
头官来
不用求
此以水城远抱而
发不重在幞头形

玉几

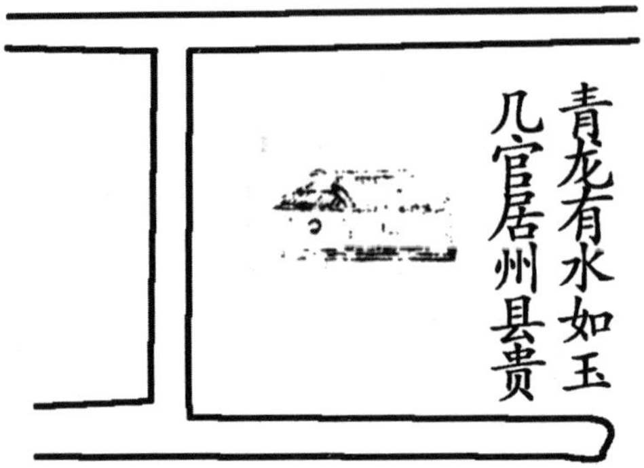
青龙有水如玉
几官居州县贵

聚水龙

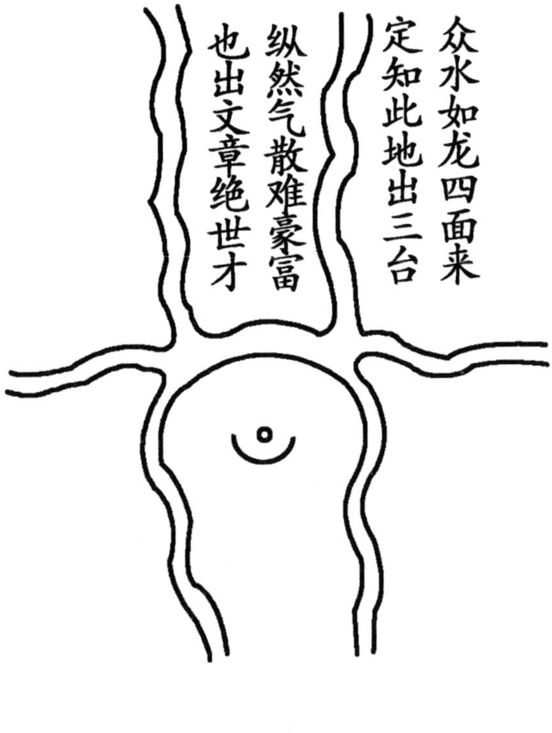
众水如龙四面来
定知此地出三台
纵然气散难豪富
也出文章绝世才

砂水合秀

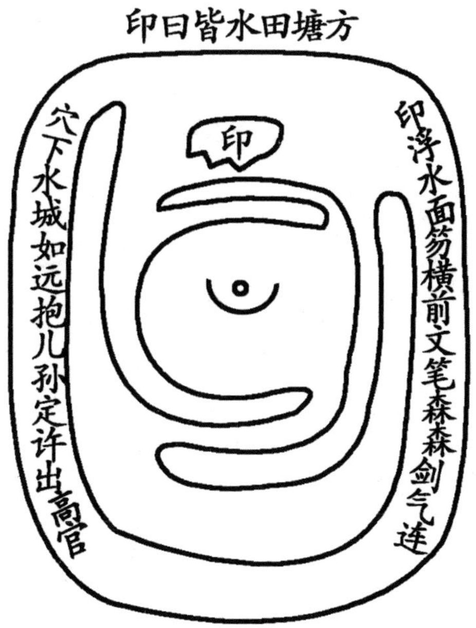
印曰皆水田塘方
穴下水城如远抱儿孙定许出高官
印
印浮水面笏横前文笔森森剑气连

山水远秀

秀峰罗
列在云端
若是无
龙空有山
必得真胎
来荫养群
峰齐应
出高官

斜水侵山

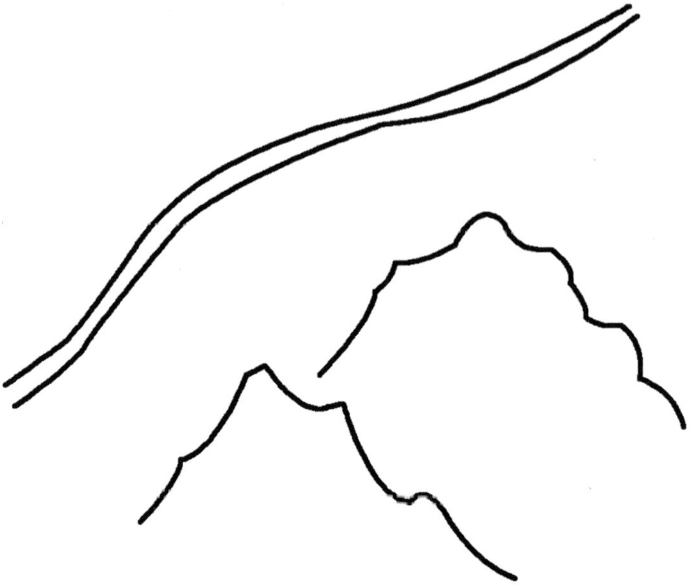

斜水冲山

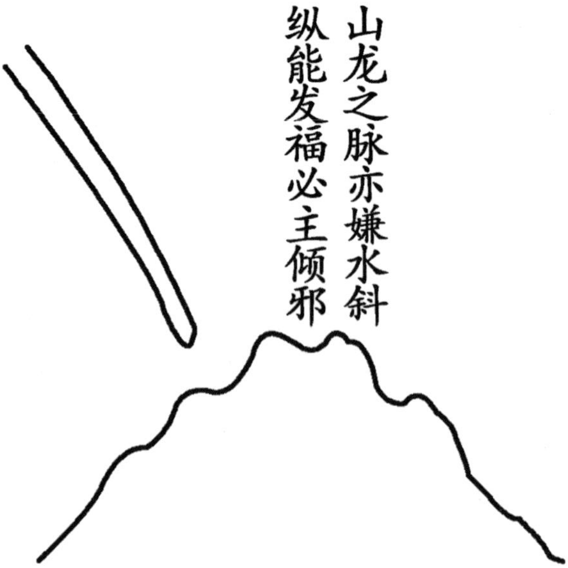
山龙之脉亦嫌水斜
纵能发福必主倾邪

池湖脉

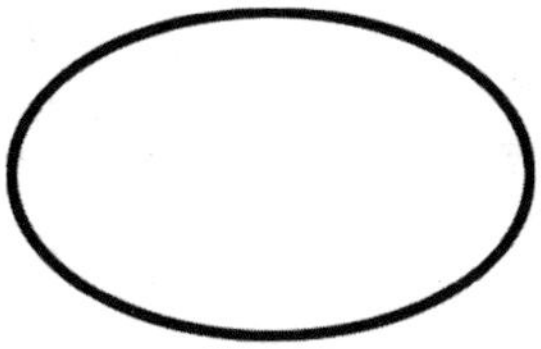

前有池湖汪洋巨浸者立穴稍远大吉若坟宅太近前难为子嗣虽富贵亦须代代换妻以无余气故也

又

前后有湖池
宅墓两相宜
池前须贴近
池后要防欺
下法看平正
倾斜脉便离
更相方圆扁
扦之各有宜

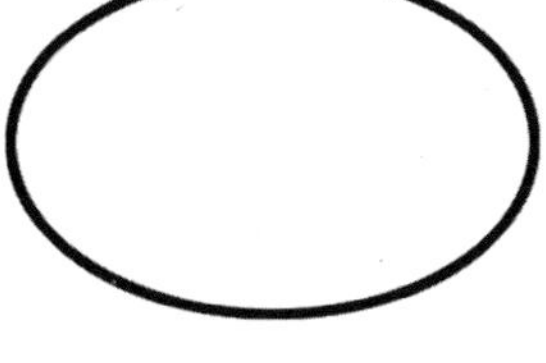

又

明堂积水圆鉴夸论

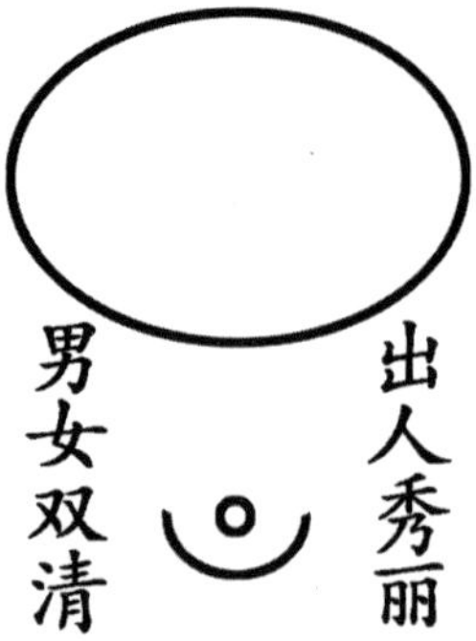
出人秀丽
男女双清

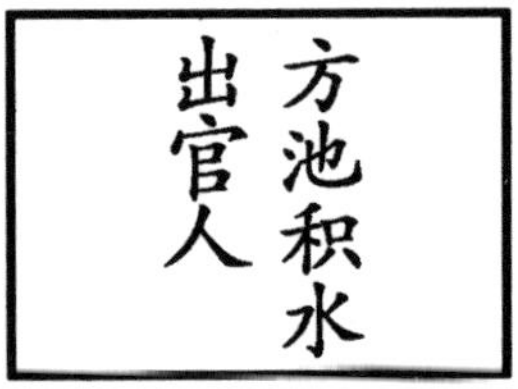
方池积水
出官人

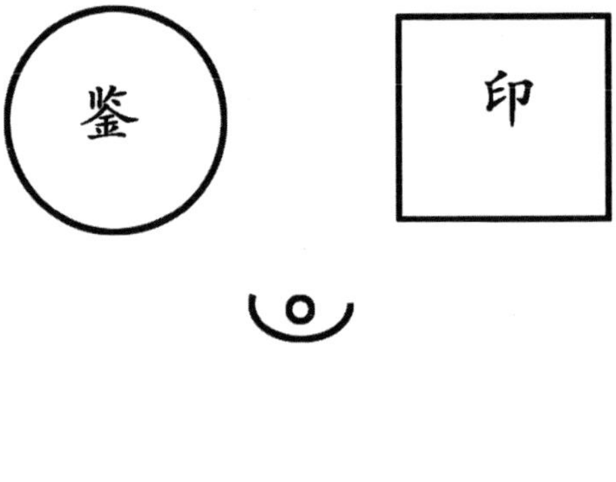
鉴
印

凡坟宅在池水之偏旁者主有兵死客死四隅方位同论　污池若坐偏气脉不周全子孙多不孝刑中更相牵　凡池水在家后偏斜主子孙不孝及狱死　坑坎龙不十分吉

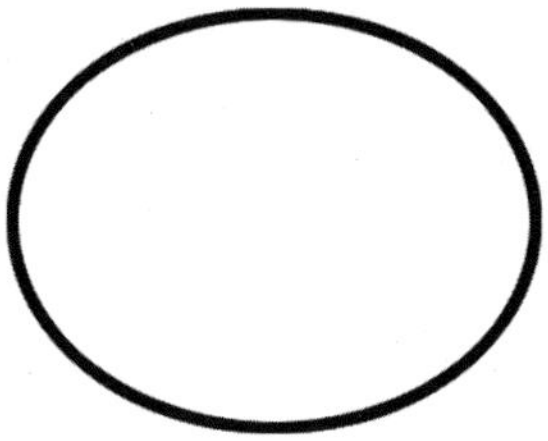

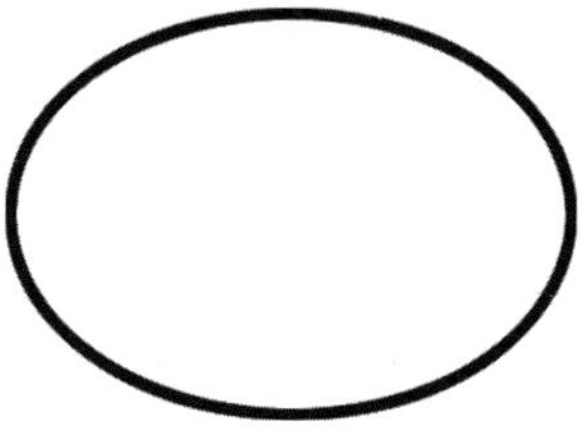

桥梁

当门桥来直冲着此为大凶恶　不宜坟宅主瘟病孤寡人口死亡　桥在衰败之方则然若在旺方反能招福不嫌朱雀

又

青龙之上有桥横锁水任君安　然应论方位合元不可但拘青龙

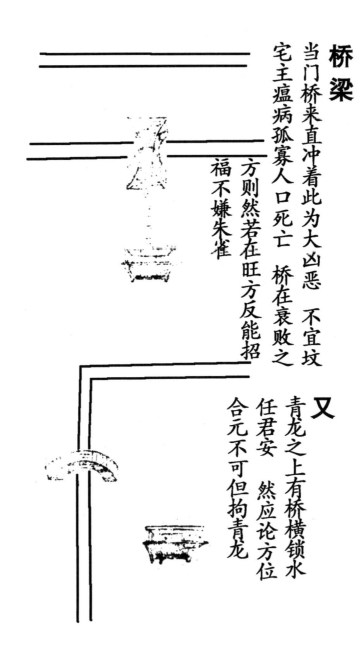

又

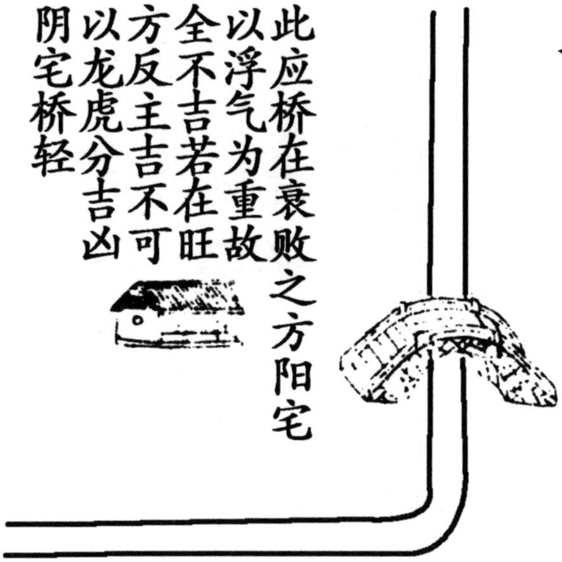

此应桥在衰败之方阳宅以浮气为重故全不吉若在旺方反主吉不可以龙虎分吉凶阴宅桥轻

井泉

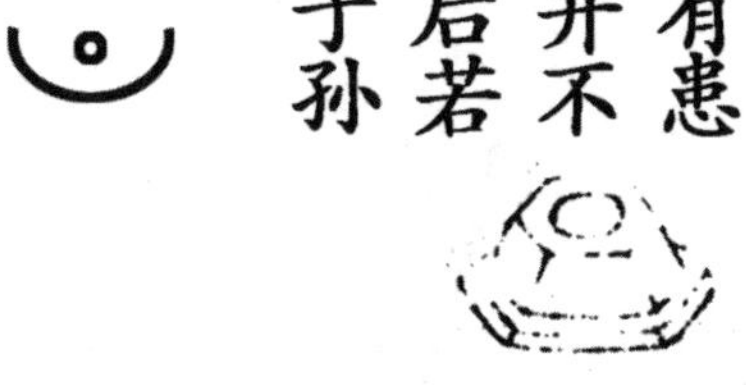

凡近冢有井主有患心腹及病目人并不分偏左偏右前后若太近冢侧难为子孙

直流水

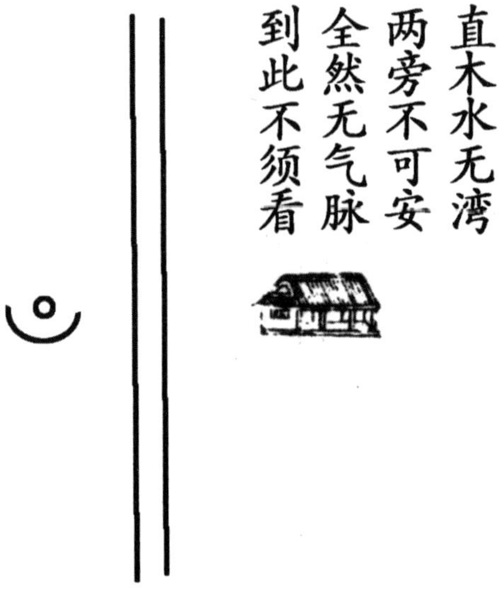
直木水无湾
两旁不可安
全然无气脉
到此不须看

直中取湾

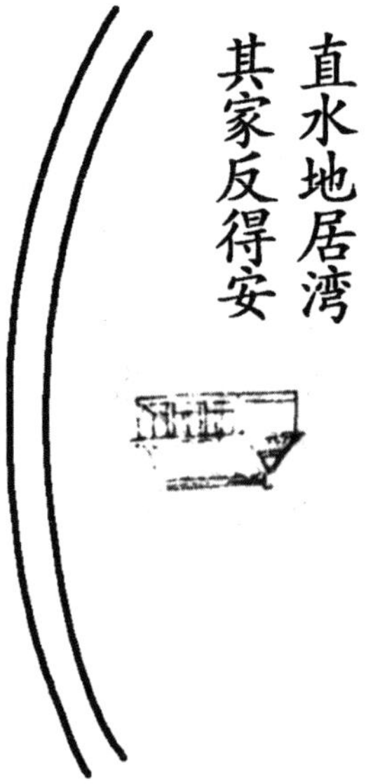
直水地居湾
其家反得安

横水

屋后横水直流通
暂时未败即贫穷

微抱

横身直过本为凶
略见湾环气脉钟
纵少星辰占富贵
喜无倾败损家风

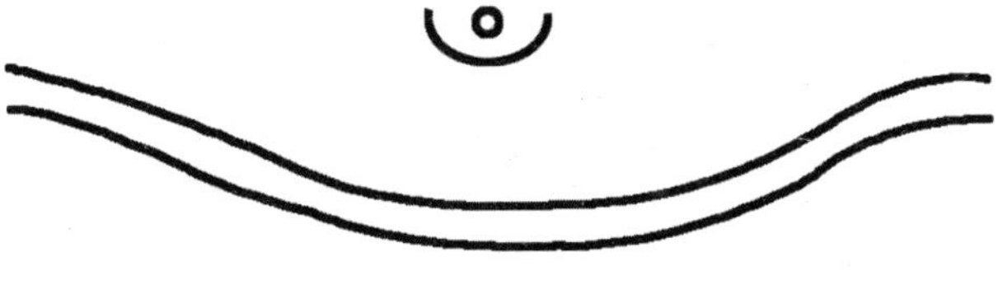

明堂横过水

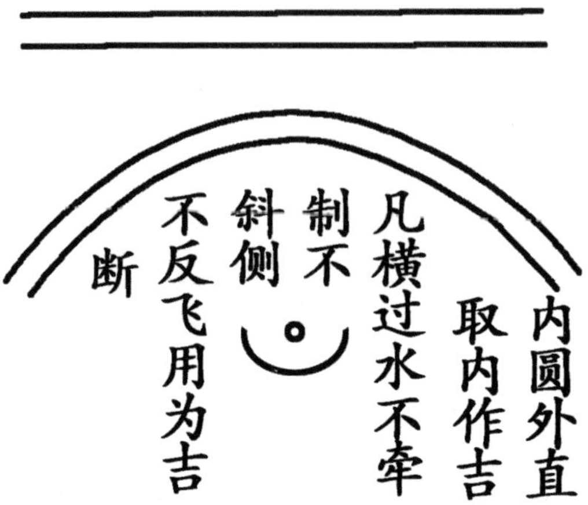
内圆外直
取内作吉
凡横过水不牵
制不
斜侧
不反飞用为吉
断

又

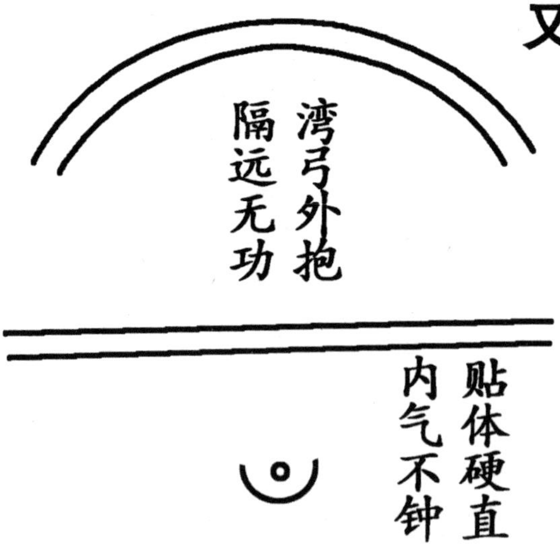
湾弓外抱
隔远无功
贴体硬直
内气不钟

反跳水

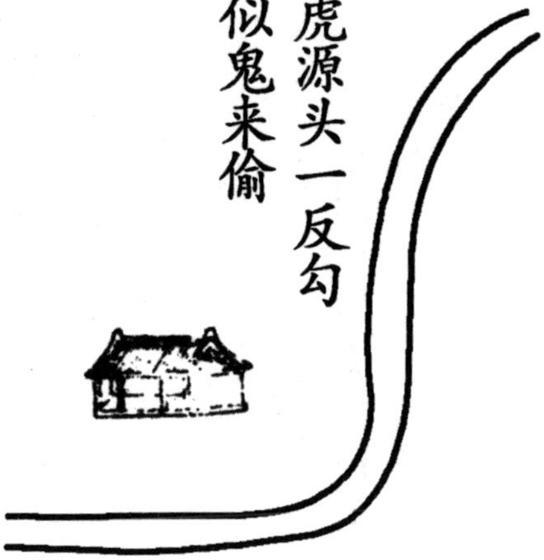

白虎源头一反勾
财似鬼来偷

反水

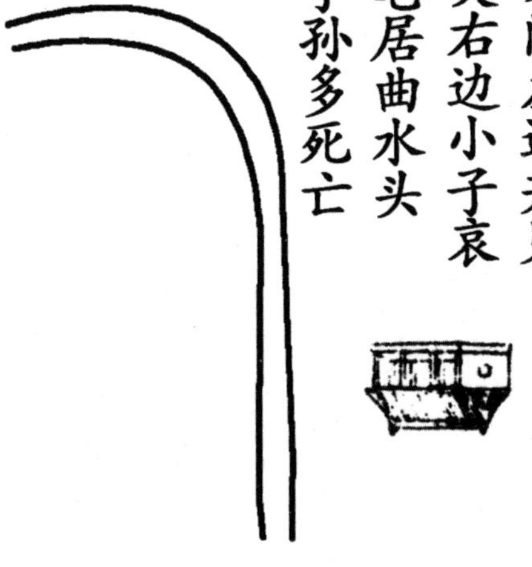

龙神反去不朝身扦
着退家门左边若见
长房灾右边小子哀
冢宅居曲水头
主子孙多死亡

反飞水

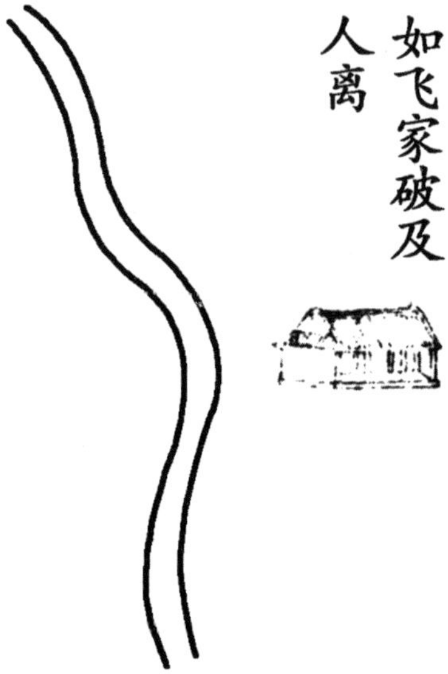

青龙头去反
如飞家破及
人离

拖脚反水

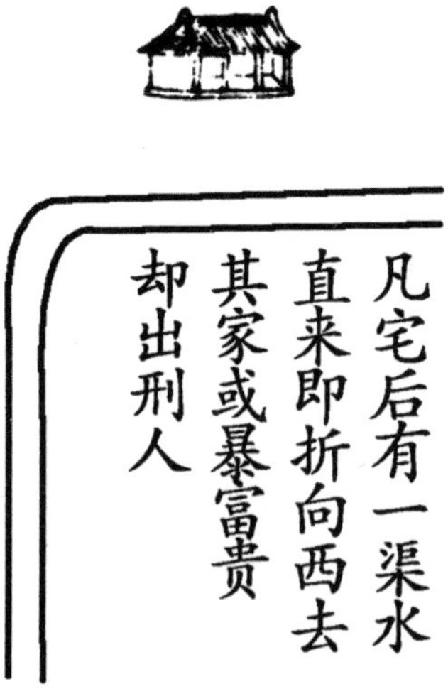

坐后转身作土星其名拖脚更须论
去无曲势何能发穴若偏旁愈失神
凡宅后有一渠水
直来即折向西去
其家或暴富贵
却出刑人

先抱后反水

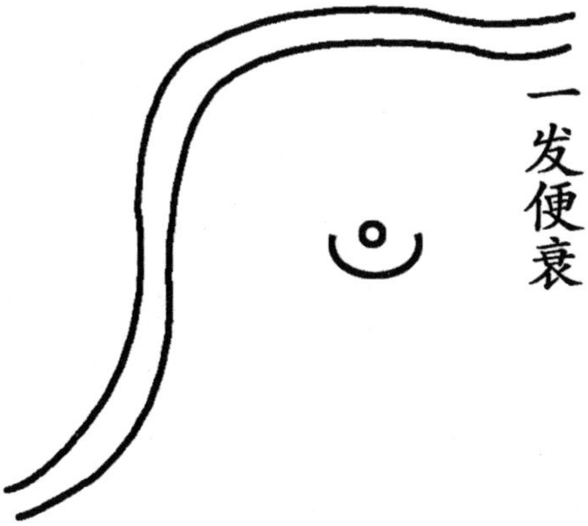
一发便衰

反跳水

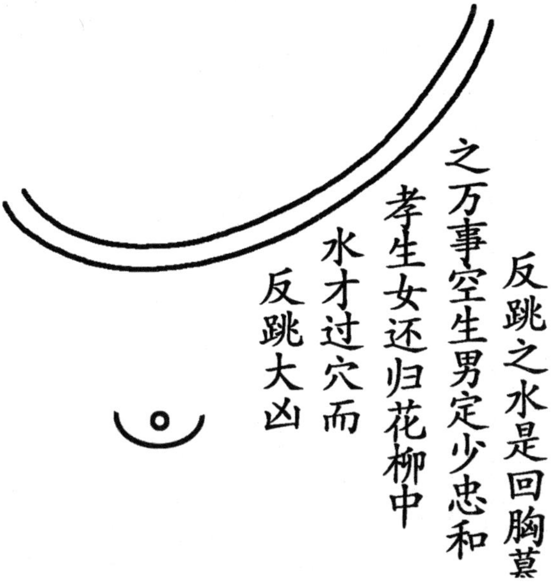
反跳之水是回胸莫
之万事空生男定少忠和
孝生女还归花柳中
水才过穴而
反跳大凶

斜飞水

水城斜走去如飞儿
孙主窜移家业漂零
难保守人丁渐渐稀

又

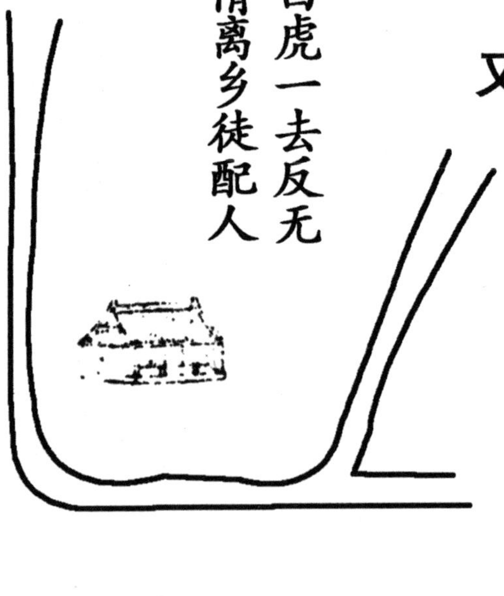

白虎一去反无
情离乡徒配人

分飞

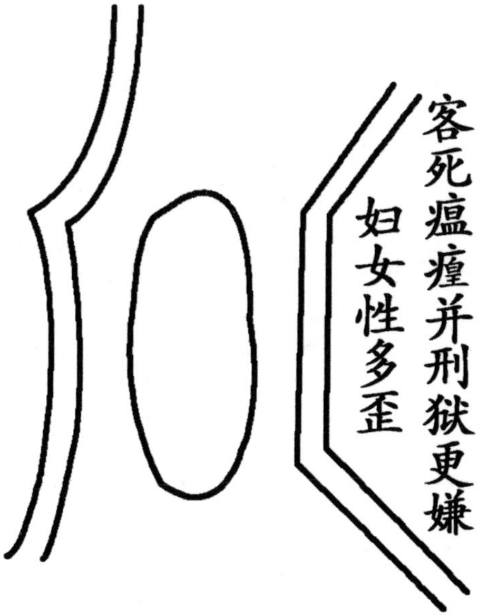

头斜脚反两边来，此号扛尸实可哀。
客死瘟瘴并刑狱，更嫌妇女性多歪。

又

青龙白虎两分张，徒流退败绝离乡。

翻弓水

水法似翻弓
扦之必有凶
出人多拗性
悖逆乱家风

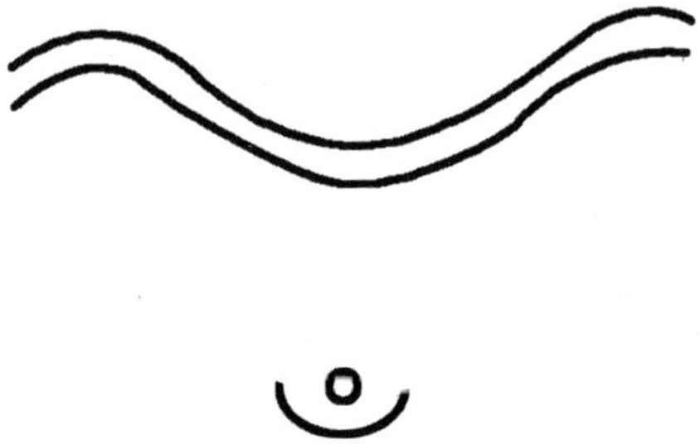

卷舌水

水如卷舌最堪悲退败人丁最不宜
瘖哑之人端的时常搬喋是和非

后虽远抱
而左手反
去所以吉
中有凶

重反水

水反两三重
其家必定凶

前有两水流
向家边出者
主子孙不孝
及残疾

水穿龙臂

水穿龙臂少年亡虎眼才流主祸
殃更有两边堪忌处城门斫割女男伤

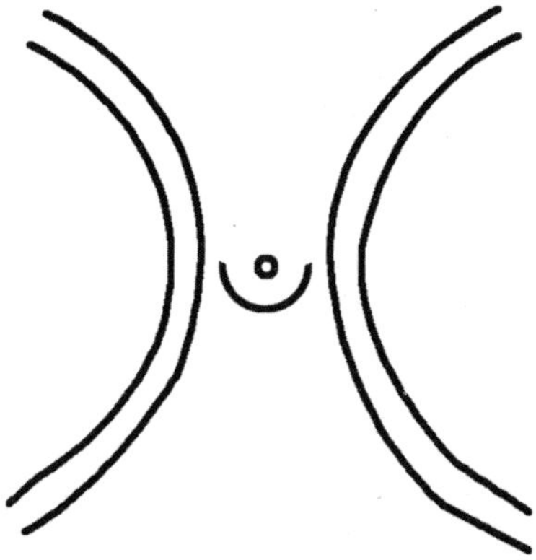

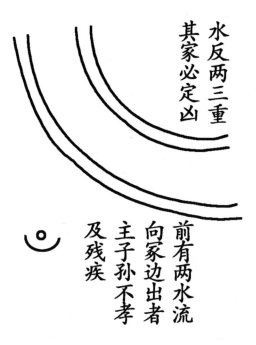

直冲漏气

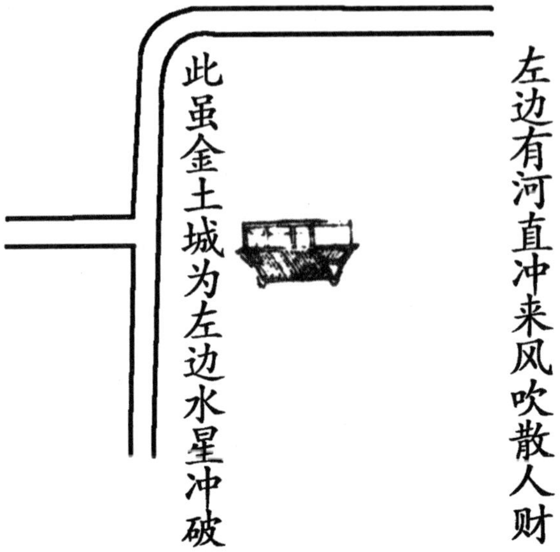
此虽金土城为左边水星冲破
左边有河直冲来风吹散人财

又

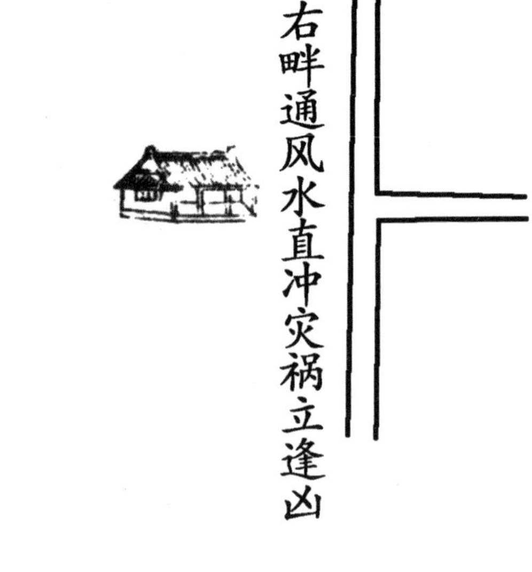
右畔通风水直冲灾祸立逢凶

支水漏气

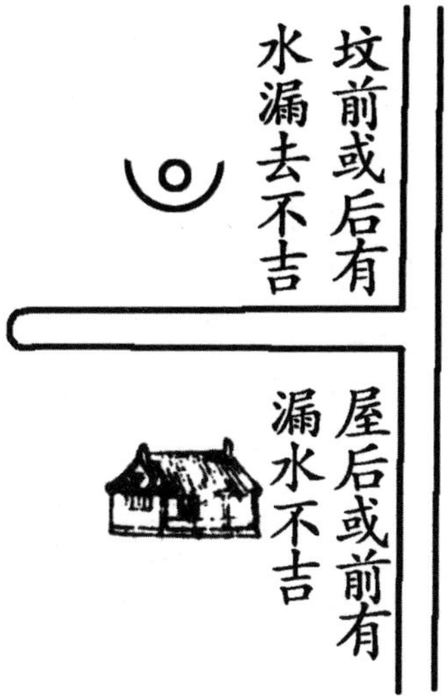

坟前或后有水漏去不吉

屋后或前有漏水不吉

直水有支兜旺时不用忧若然加一抱福禄自悠悠　合元则发运过便衰

又

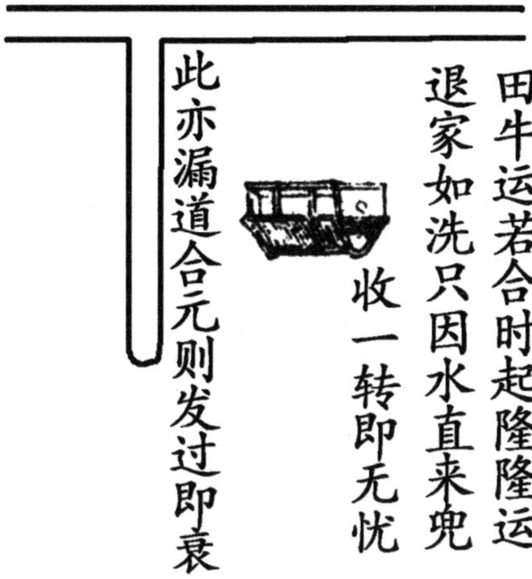

左右小水如笔头此宅进田牛运若合时起隆隆运退家如洗只因水直来兜收一转即无忧

此亦漏道合元则发过即衰

漏风水

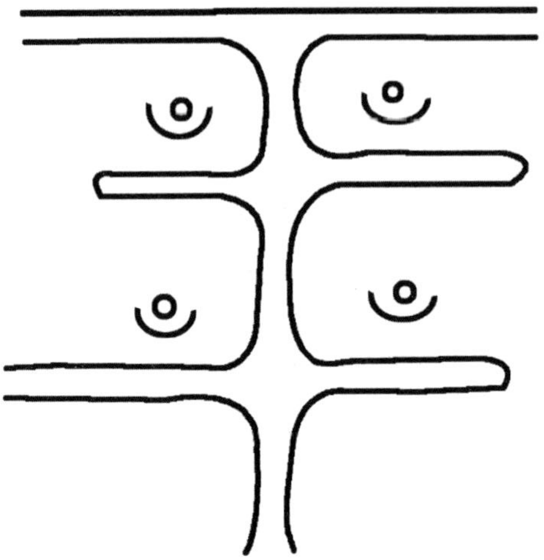

十字交流处处通纵然织锦也成空
莫将支水为收束浪打风吹无定形

又

漏风吹冢不堪观子嗣应知夭寿看
后出穿窬夜行子桥阑虽阻岂能安

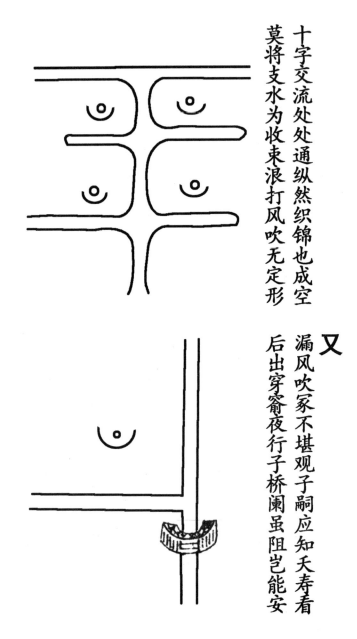

交流水

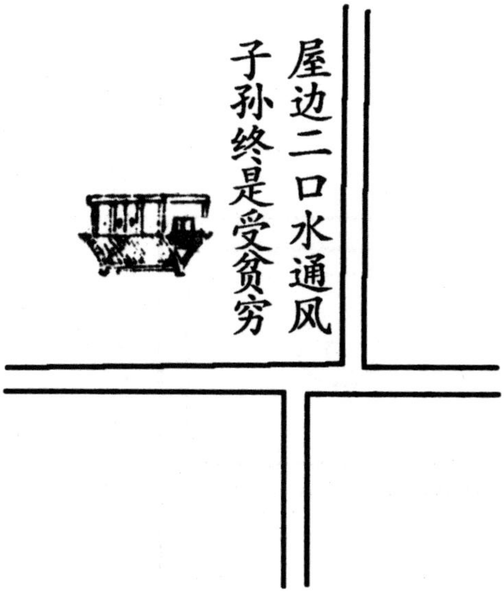
屋边二口水通风
子孙终是受贫穷

漏风

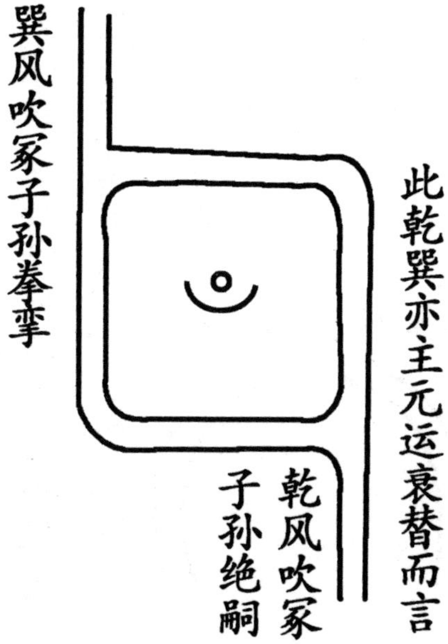
巽风吹冢子孙拳挛
此乾巽亦主元运衰替而言
乾风吹冢
子孙绝嗣

交流水

又

乾坤二风吹子孙主摔离

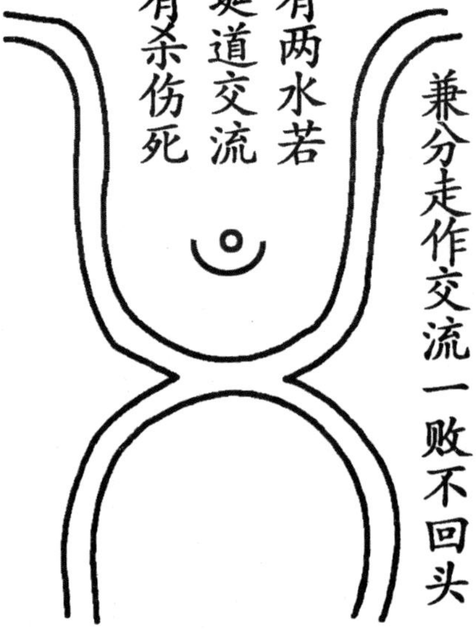

水形似抱实系交流全然无气不用深求
两水夹流还抱穴漏去还消歇更兼分走作交流一败不回头

前有两水若夹埏道交流主有杀伤死

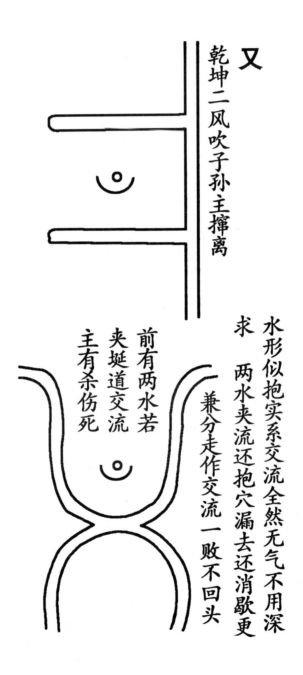

漏风

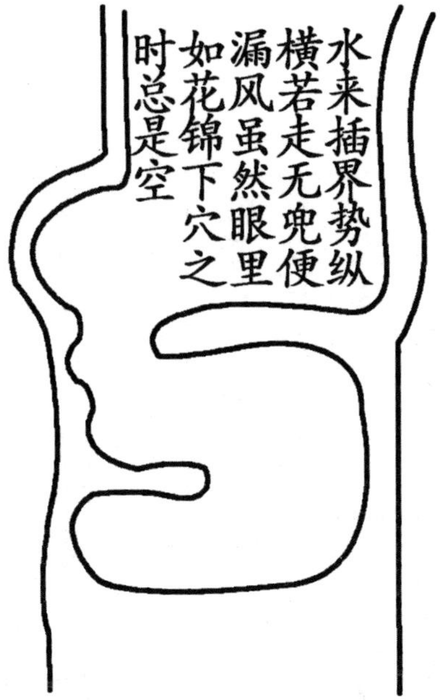
水来插界势纵
横若走无兜便
漏风虽然眼里
如花锦下穴之
时总是空

又

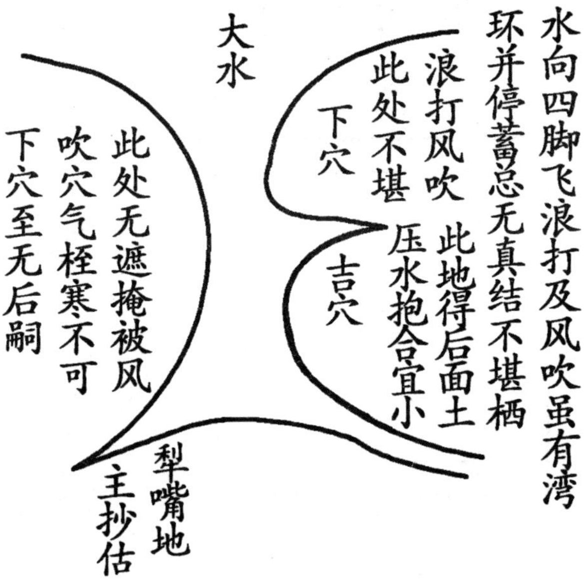
水向四脚飞浪打及风吹虽有湾
环并停蓄总无真结不堪栖
浪打风吹
此处不堪
下穴
此地得后面土
压水抱合宜小
吉穴
大水
此处无遮掩被风
吹穴气桎寒不可
下穴至无后嗣
犁嘴地
主抄估

囚水

四面水周流其名唤作囚运旺之时才一发运衰之日万般休吊角挨边犹自可居中作穴更堪愁时师莫说棋盘上下着将军祸到头

同上

阴阳二宅一发便衰一代发福二代穷若不急移三代耗绝无收

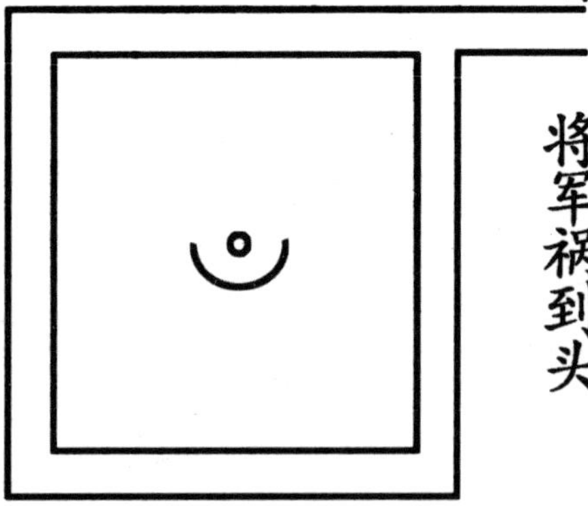

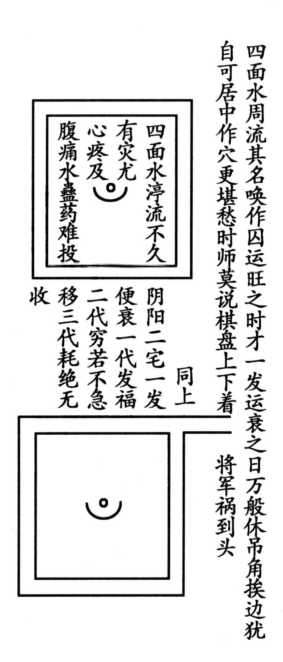

十字水

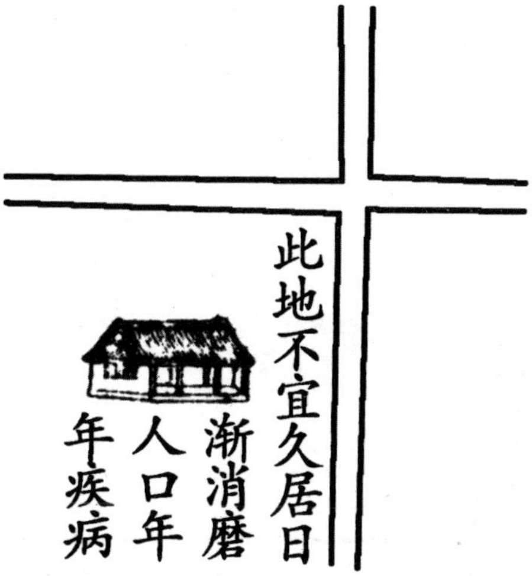
此地不宜久居日
渐消磨
人口年
年疾病

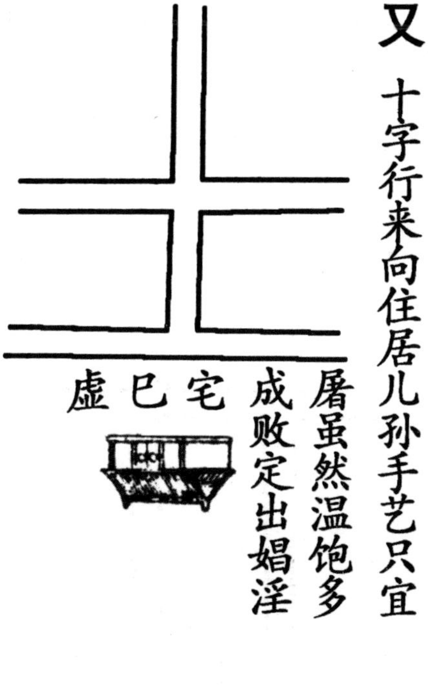
又
十字行来向住居儿孙手艺只宜
屠虽然温饱多
成败定出娼淫
宅
巳
虚

廿字水

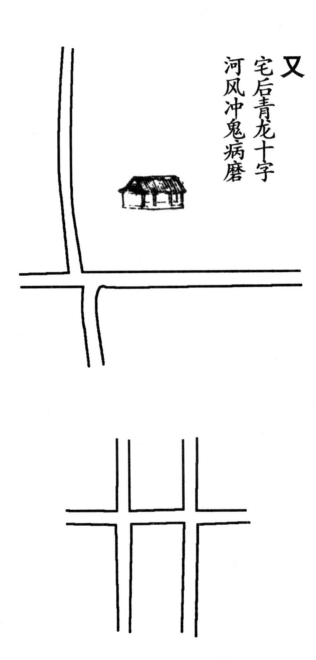

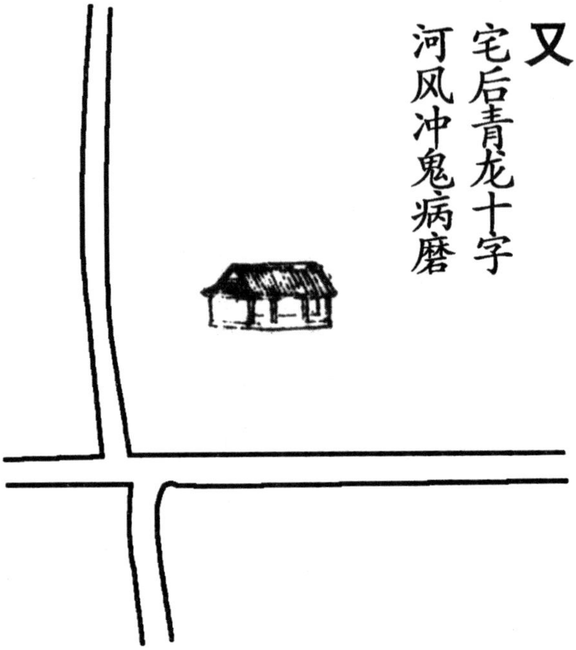

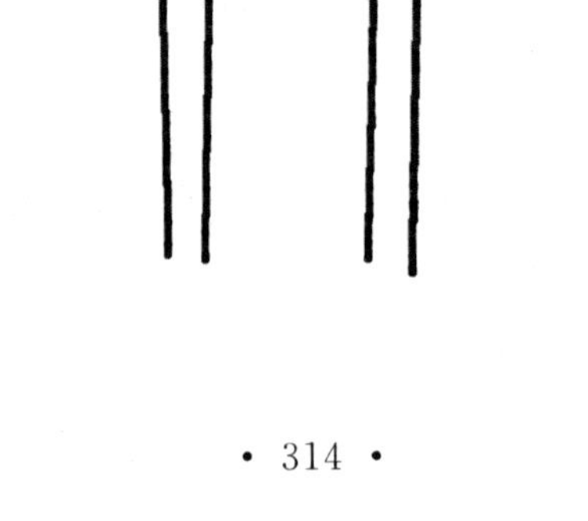

井字水

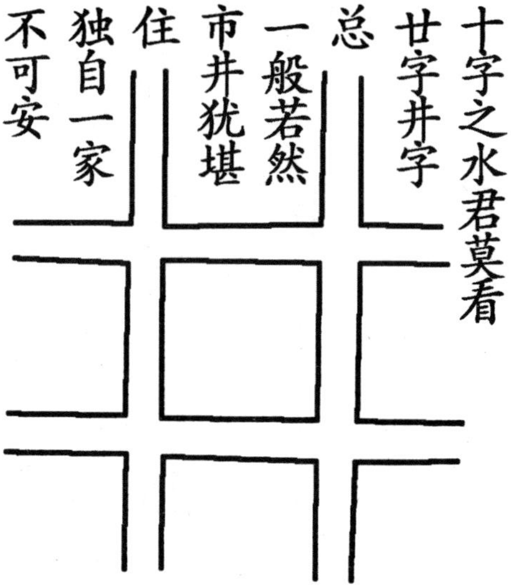
十字之水君莫看
廿字井字
总
一般若然
市井犹堪
住
独自一家
不可安

四水相朝

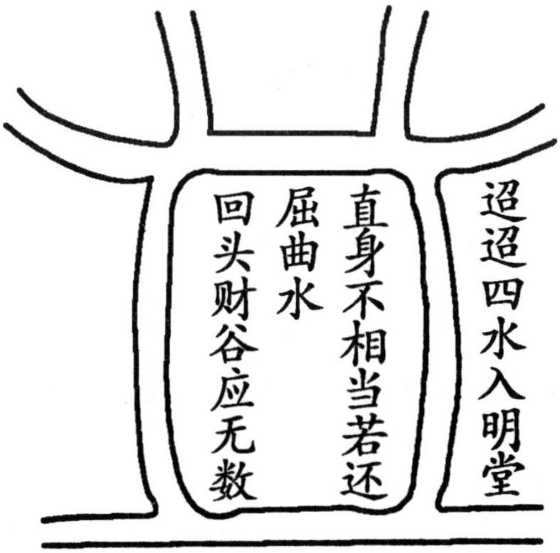
迢迢四水入明堂
直身不相当若还
屈曲水
回头财谷应无数

箭射

箭水射当心飞来大祸侵

枉矢水

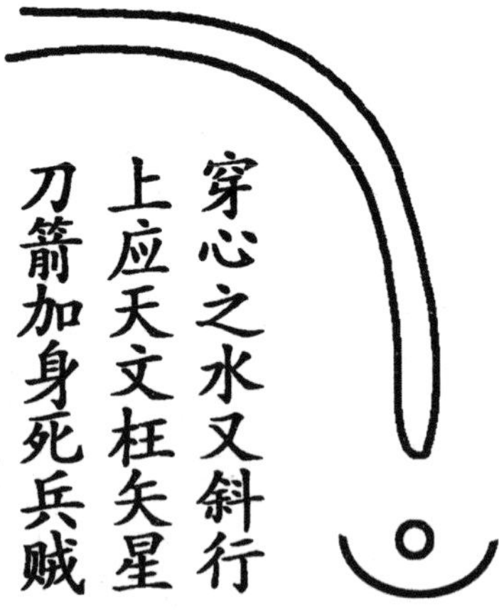

穿心之水又斜行
上应天文枉矢星
刀箭加身死兵贼
更兼自缢及官刑

尖射

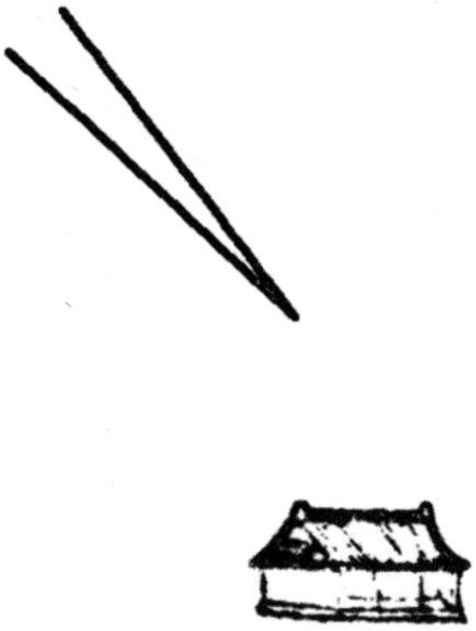

青龙如枪来射身儿孙遭官刑

刀枪水

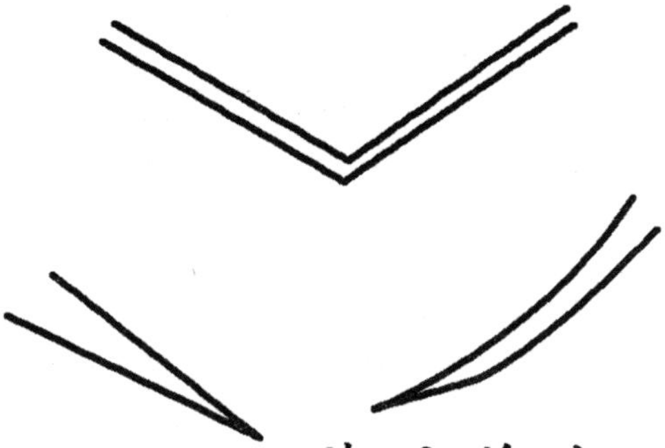

水势似刀枪
杀人不可当
子孙多劫盗
骑驴到法场

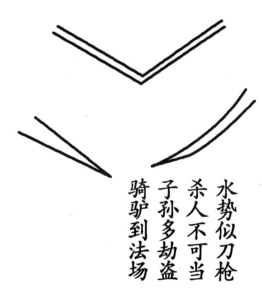

枪形

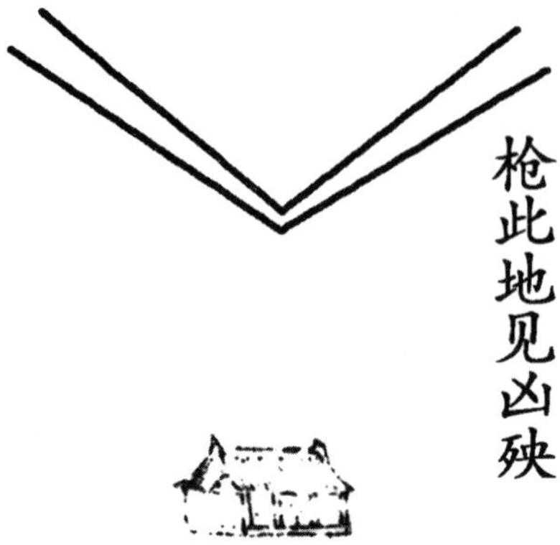

面前之水若尖
枪此地见凶殃

尖射

大凡坐穴看后元
形吉任君安四畔
如刀来射
穴此为凶
杀退田园

扫割水

两畔扫割瘟火形杀
家业如汤人口死绝

斫割水

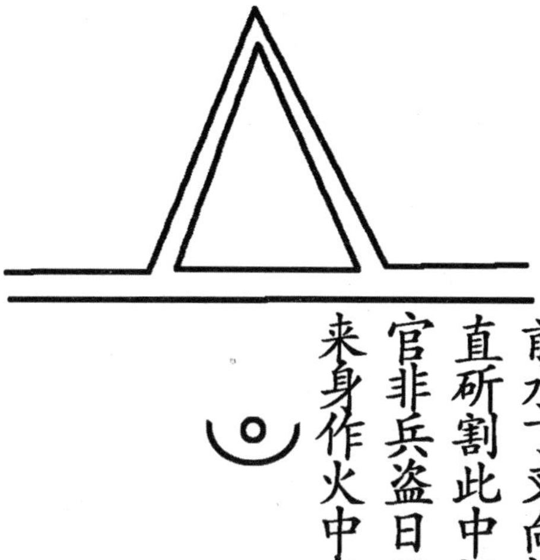

前水丁叉向横
直斫割此中识
官非兵盗日日
来身作火中灰

撞射割斫

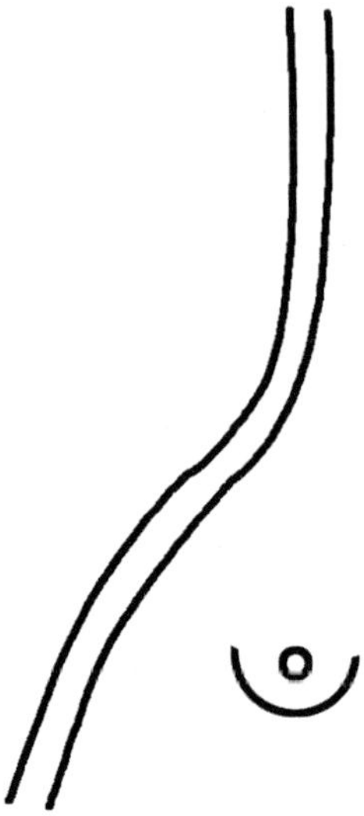

滔滔流水直冲来认取湾湾
到处裁不怕吉星并合卦相
逢立便见凶灾

斫割水

刀剑攒坟斫
割形此坟一
葬主伶仃男
女死亡
无求助
投河自缢贼
军刑

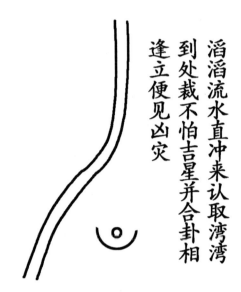

交創

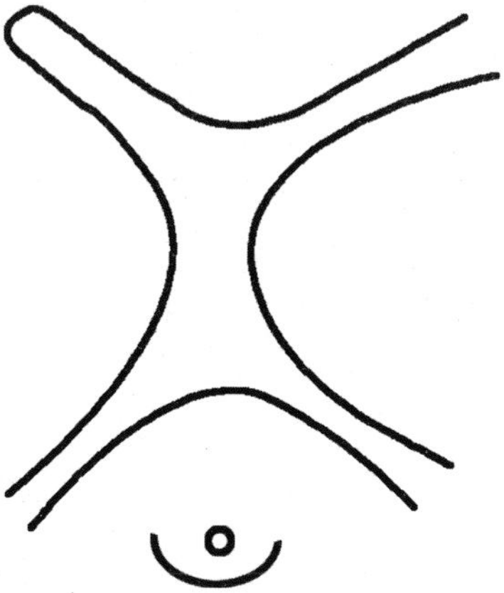

四剑水流名割斫此地如刀斩
两边撞射入明堂枉死少年郎

众射水

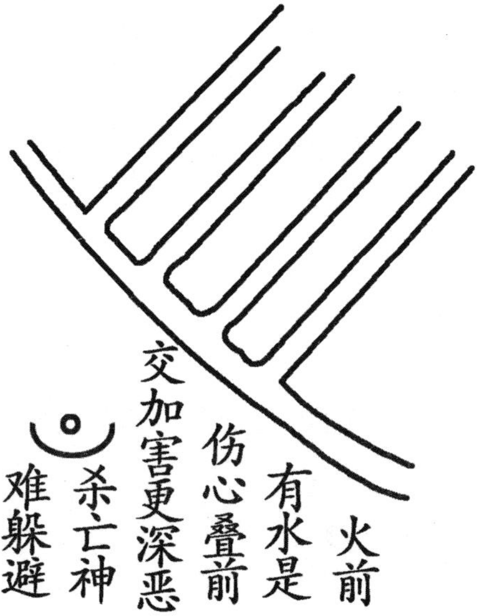

火前
有水是
伤心叠前
交加害更深恶
杀亡神
难躲避
神仙当此也消魂

明堂开口

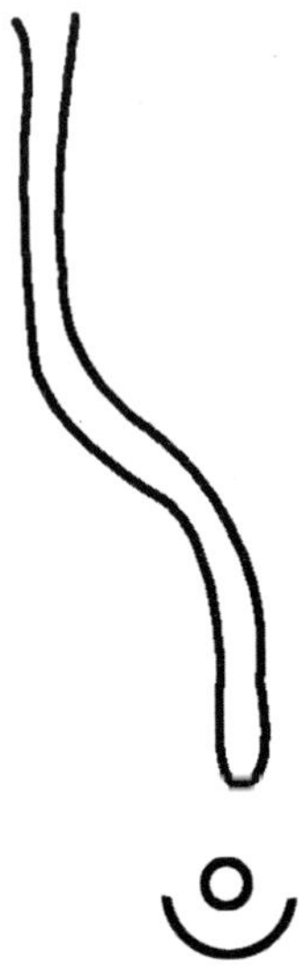

水破明堂家长难当
若不急移疾病死亡

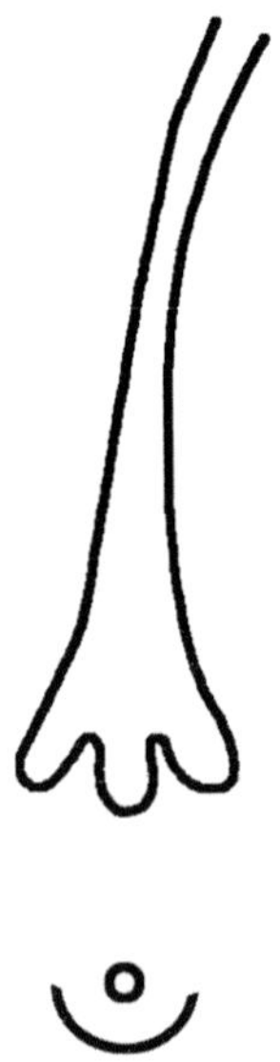

此水人明堂开张去直长
路路皆尖射刑狱并瘟瘴

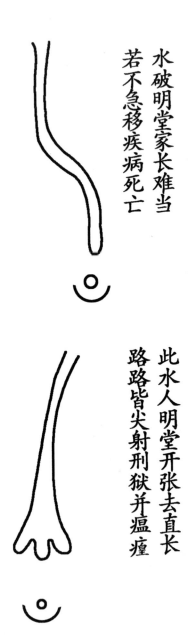

去水流泥

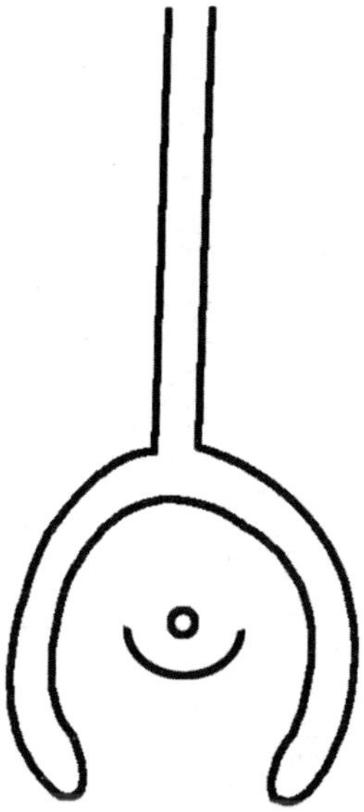

流泥穴里主离乡只为坟前去水长时师须着眼不可误贤良

土牛四拽

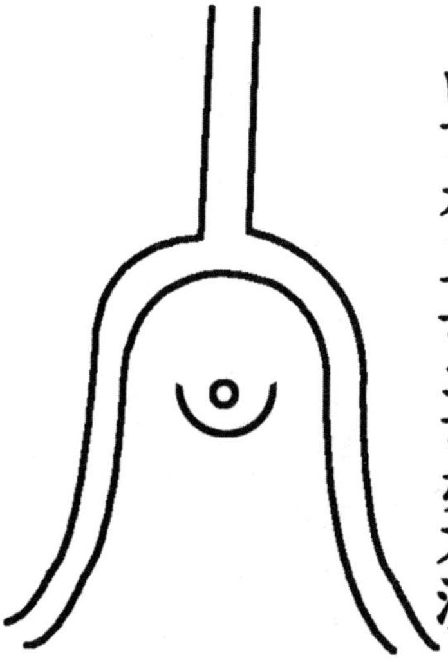

面前水直去虽吉亦不济

牵动土牛

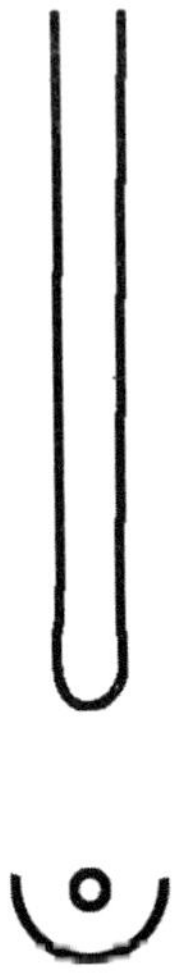

即去水流泥格纵有外边
远抱亦主离乡退败不吉

之元水

明堂曲水如之元土牛不动穴
可扦葬后家发福子孙富贵焉

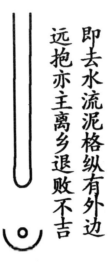

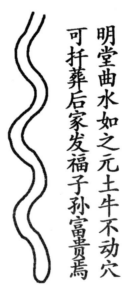

前开水

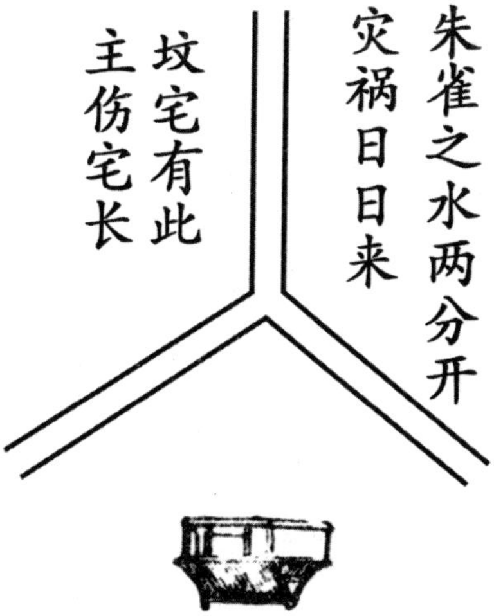
朱雀之水两分开
灾祸日日来
坟宅有此
主伤宅长

禾叉水

一名注欲水
前冲之水两分流
有井当中淫不
休 主出心痛
人患目人

朱雀破头

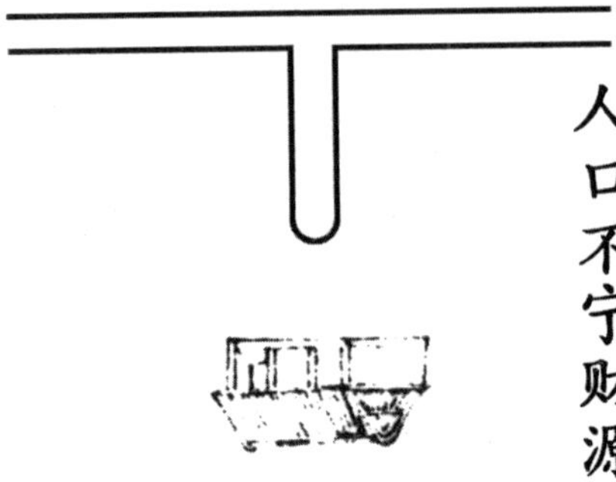

人口不宁财源虚耗

后开反丁水

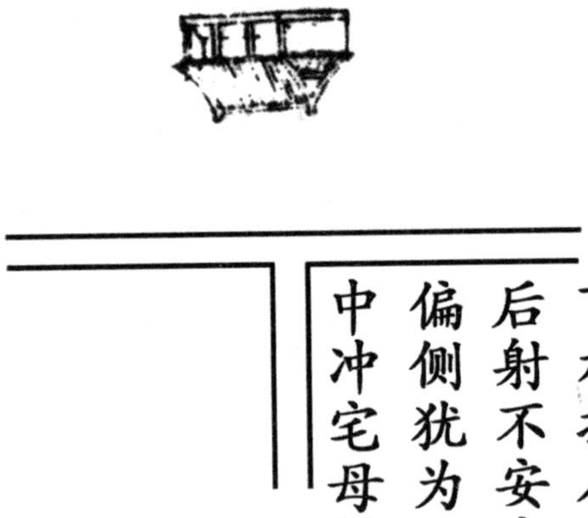

丁水损人丁
后射不安宁
偏侧犹为可
中冲宅母惊

元武吐舌

元武水若后冲来宅母常
举哀更兼小口多刑克宜
讼耗资
财

后关水

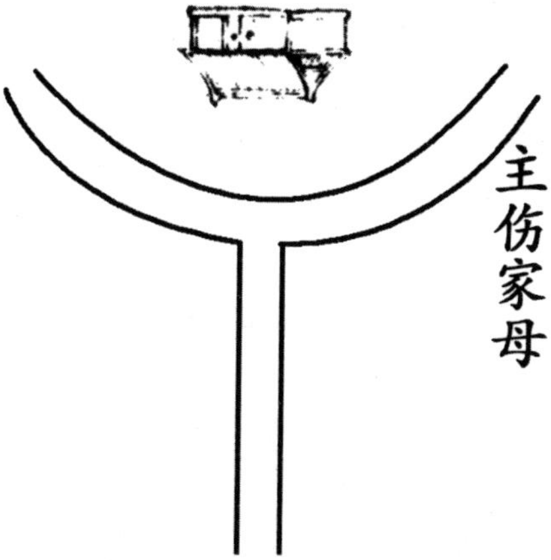

宅后有关流凶祸日
无休莫认为吉取定
主伤家母

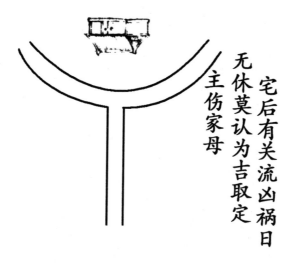

青龙吐冢

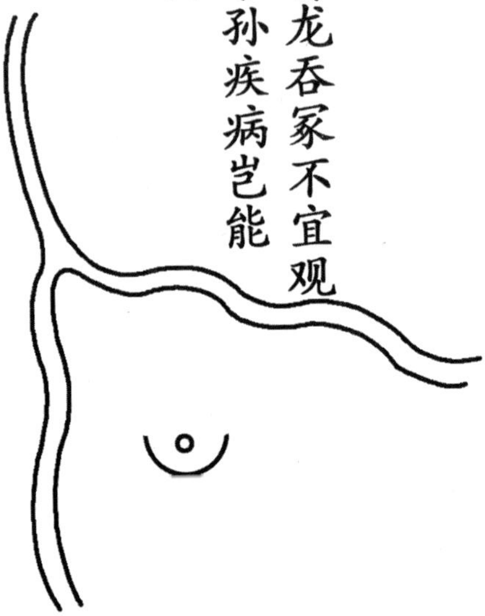

青龙吞冢不宜观

子孙疾病岂能

安

开水

同上

一水直冲来尖砂两劈开

此名开水格墓宅有凶灾

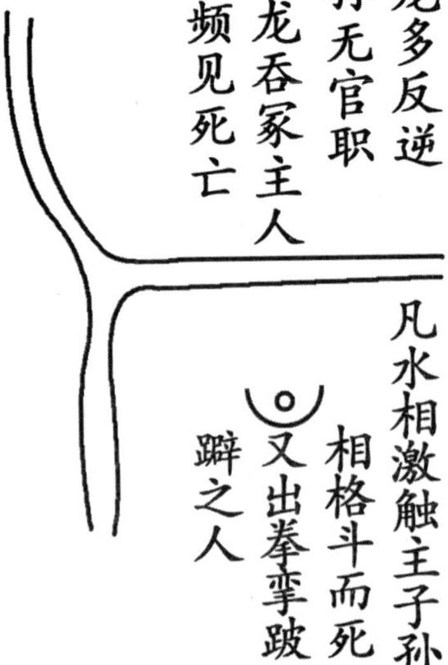

青龙多反逆

子孙无官职

青龙吞冢主人

口频见死亡

凡水相激触主子孙

相格斗而死

又出拳挛跛

躃之人

白虎衔尸

白虎衔尸最
不良儿孙岂
得长

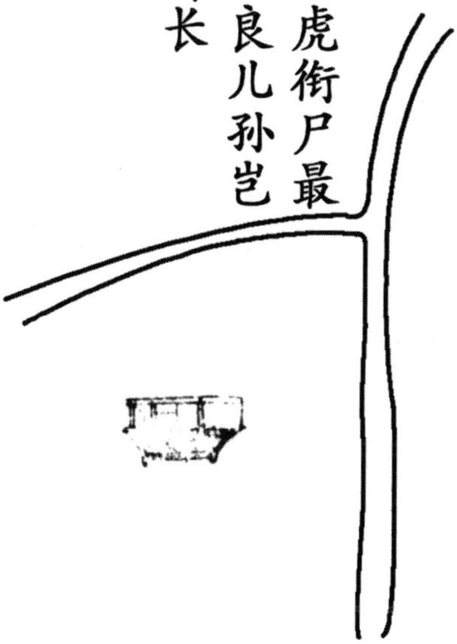

又

右关一水最为灾主有女伤胎
小房位上家财退此法无人会

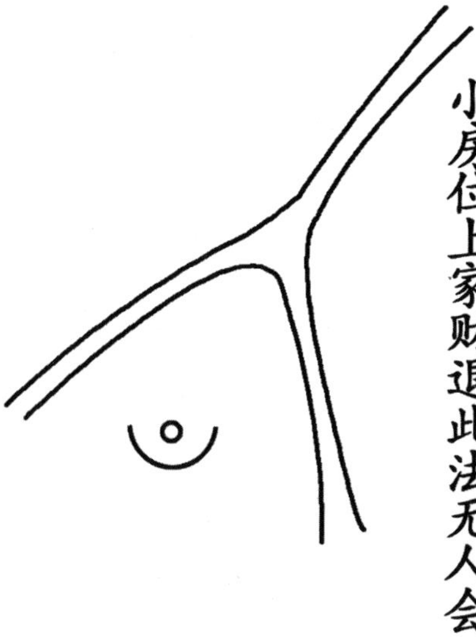

龙蛇吞并

交加水射而无情
其家抄估没人丁

瘟关水

前头流水似叉斜退败定
无家此地多瘟疾人死无
埋骨

执笏水

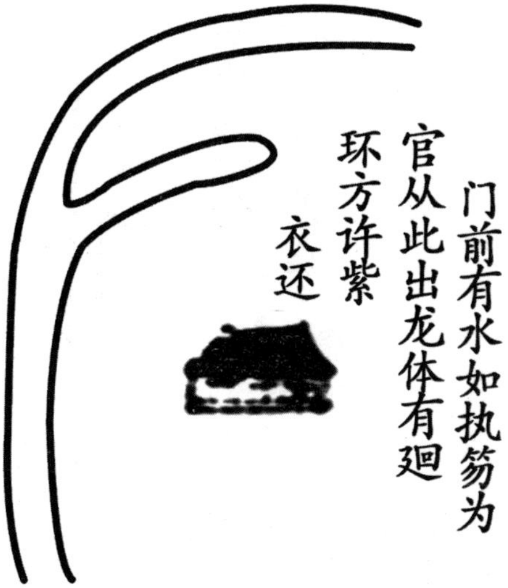
门前有水如执笏为
官从此出龙体有迴
环方许紫
衣还

按剑水

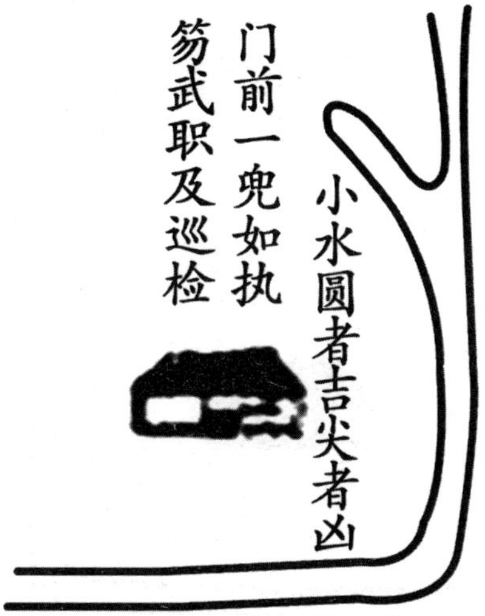
小水圆者吉尖者凶
门前一兜如执
笏武职及巡检

刀枪水

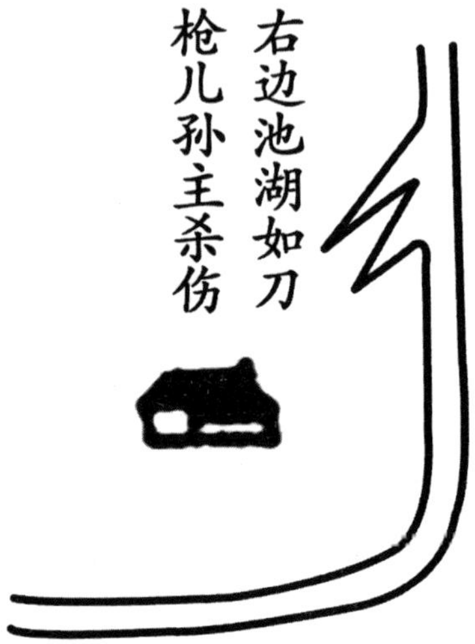
右边池湖如刀
枪儿孙主杀伤

破碎水

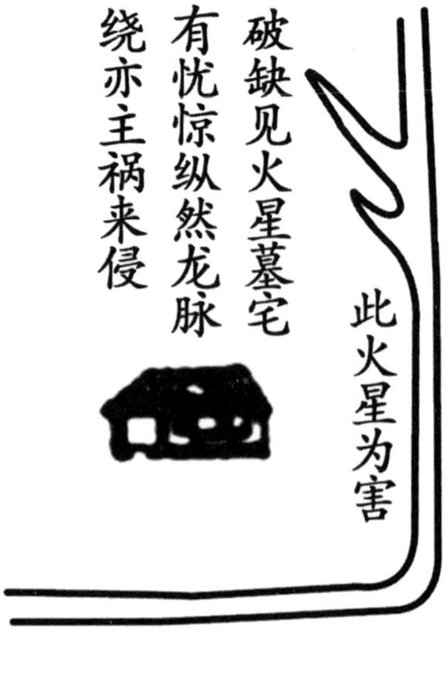
破缺见火星墓宅
有忧惊纵然龙脉
绕亦主祸来侵
此火星为害

破碎水

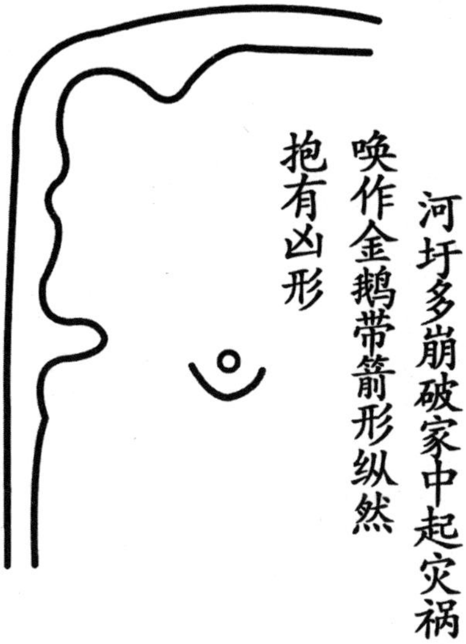
河圩多崩破家中起灾祸
唤作金鹅带箭形纵然
抱有凶形

又

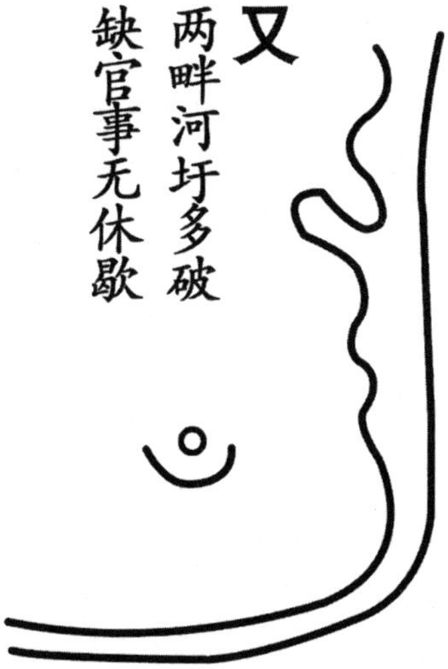
两畔河圩多破
缺官事无休歇

分背水

冢背之水两分流财散丁稀门户休

凡冢背之水分头而去冈坑之水停滞不流

又

凡水四散主产难死者子孙衰弱伶俜不能继后

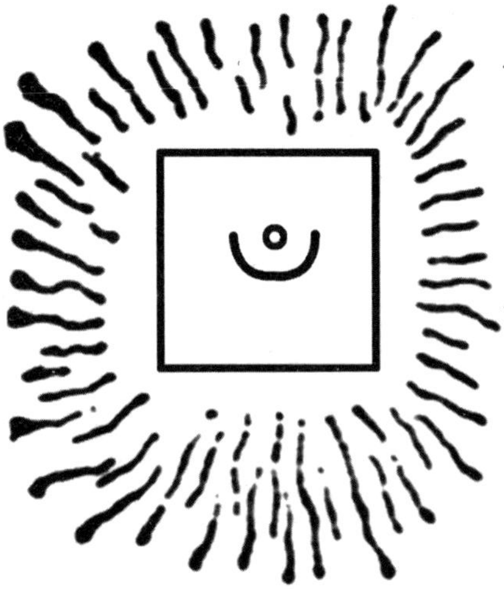

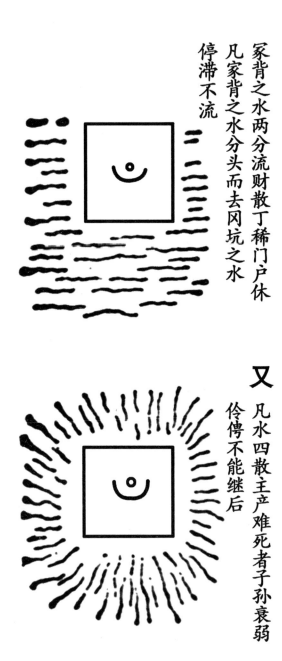

沮洳水

沮洳之水半干半湿积垢生苔泥泞滥漫如虾蟆背如牛鼻汗非水非陆扦之生患子孙风狂形神不庄水臓肿脚恶疾羸尫

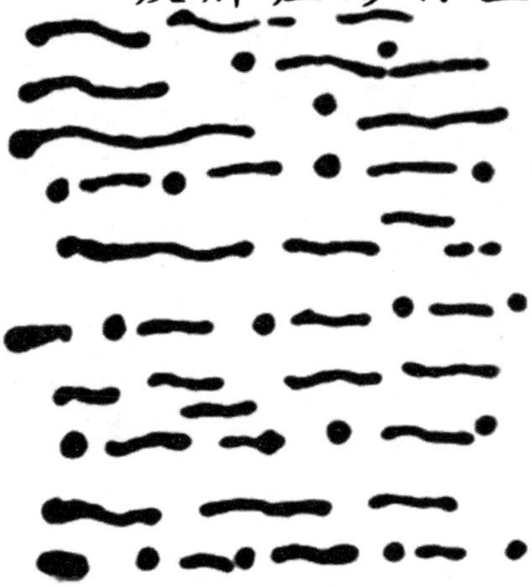

乱水

水如败絮亦似乱麻

葬之必祸狂乱淫邪

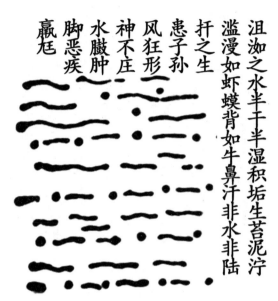

铜角水

出师巫尼姑并药婆亦能伤小口
气疾并跏跛　水形似铜角气拗
不宽廓尼姑巫觋及师娘卖药走
街坊更兼
气疾跏跛
足小口多
伤促

抄估龙

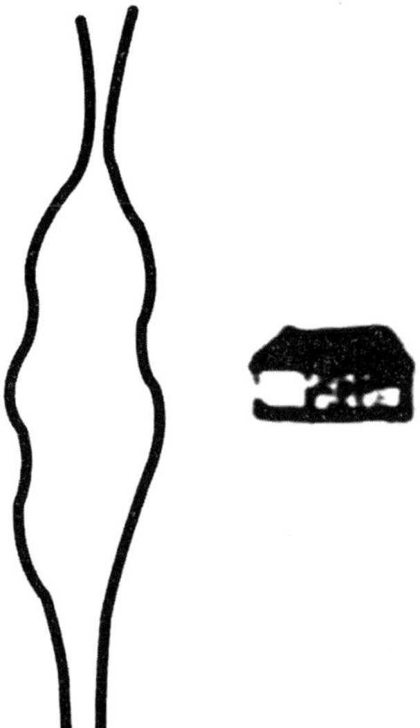

两头尖小中间大如蛇吞鼠难急下
马腿牛蹄总一般出入抄估家生怪

抄估龙

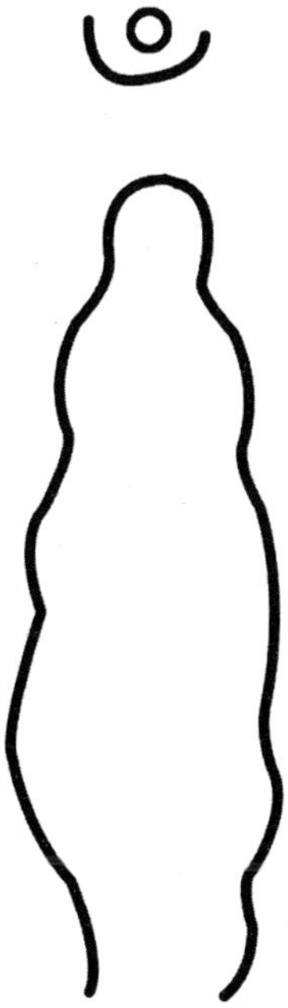

牛臂马腿水来冲抄估定知踪
不论左右并前后贫穷及逃走

又

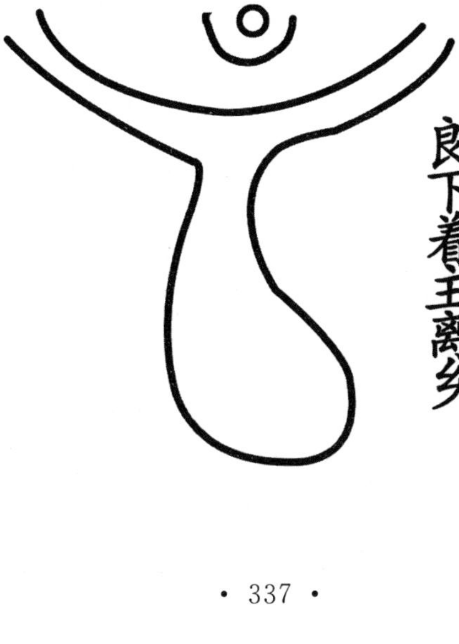

抄估之格最不
良下着王离乡

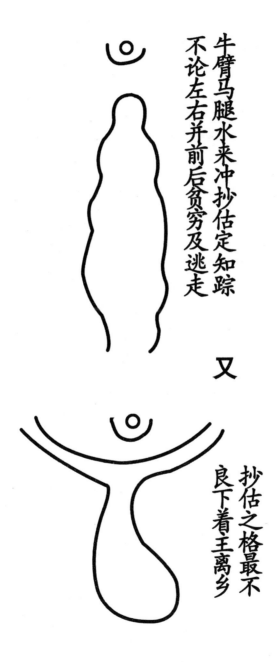

扫帚地

扫帚地如走棋或然三角或
分飞徒配君休下贫苦主逃
移

淫欲地

淫欲地似鸭头鸭头之地不知
羞面前或似掀裙样女儿媳妇
上秦楼

丫叉水

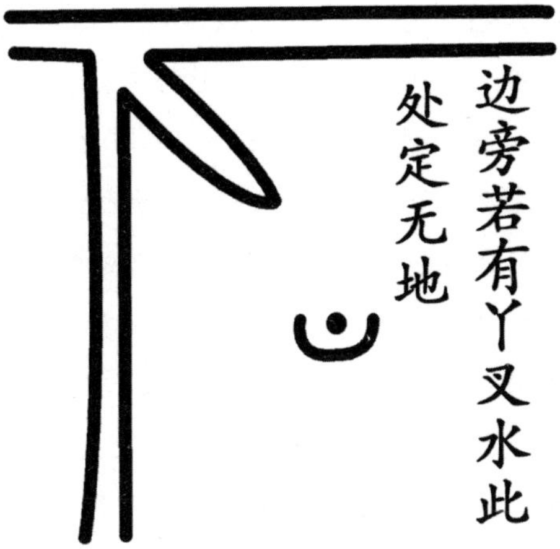
边旁若有丫叉水此
处定无地

葫芦水

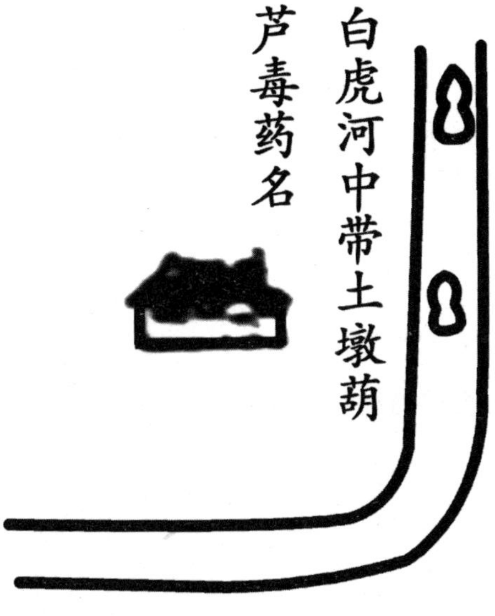
白虎河中带土墩葫
芦毒药名

统论

人物受阴阳二气，生有宅，死有坟。若得吉地，人安则家，道荣盛鬼。安则子孙吉昌，久富之家，必有祖坟注荫。祖宗者，根荄也。子孙行，枝苗也。择地之难，四方风土不同，形势差别。作穴或在半山深谷，或在平地，或安石间，或安水底。葬书曰：水底必须巨眼，石间必得明师。实为微妙。夫相地要察来龙，点穴必迎真脉者，阴气也。水脉者，阳气也。冈阜水道，皆龙脉也。要迢迢而来，博龙换骨，如博花接木，所谓支干也。葬书曰、得水为上，藏次之，此结穴之地。陶公曰：雌雄相喜，天地交通。故水不离山，山不离水。推形纳穴，随类而定。更取九星临照，须逢三吉，而避六凶。要环抱宛转，两胁宽容方正，立向取水合星卦，水口关锁而入格。朝从砂法宜有情。方为吉矣。葬经曰：地贵平夷，土贵有支故平阳之地，亦支脉相率，不离山水也。观平洋之地，地合田土，全无山龙支脉。立宅安坟，无龙脉之来，无星峰之应。当无龙砂护卫，前无应案朝迎。坐向不辨五星，水路何分八卦。此等之地，亦出富贵之家。反胜山冈气脉。盖闻先贤云：有山傍山，无山傍城。有水就水，无水依形。平洋之地，以水为龙。水积如山脉之住，水流如山脉之动。水流动则气脉分飞，水环流则气脉凝聚。大河类干龙之形，小河乃支龙之体。后有河兜，荣华之宅。前逢池沼，富贵之家。左右环抱，有情堆金积玉。前后潆回，无破宅富田丰地。欲水之有情，喜其回环。朝穴水乃龙之接脉，忌乎冲射反弓，最嫌激割牵消。多忧少乐，尤怕斜飞逼拗。易富即贫，或水路前朝而立宅，或田圩后掩以安坟。图内或坟或宅同理互看须参地理，要讲阴阳。主者若积阴功，天之所祐。日者须凭目力，穴莫轻裁。福轻难遇，明师福厚，须逢吉地。

水龙寻脉歌

地理真传世罕逢，阴阳之妙最难穷。
寻龙捉脉观山水，冈阜平洋总一同。
平洋之地水为龙，四野茫茫岂认踪。
若使明师精妙理，追寻源派辨雌雄。
水龙妙法少人知，慎勿轻传与俗师。
达者悟之明地理，愚人不晓岂能为。
元武之水是龙身，定穴君须看的真。
水积必然龙有穴，水流气散不堪陈。
大水潆回是干龙，小河支接干亲踪。
干龙气尽难安穴，作穴支龙富贵丰。
元武之宅有湖池，立宅能令福炁随。
坟墓穴前宜此水，儿孙富贵著绯衣。
河兜地水不通流，水若通身气不留。
若见田圩观水口，儿孙富贵永无休。
大湖之脉气归湾，湖内明砂应业拦。
下后儿孙多富贵，能令白屋出高官。
流来水势似刀枪，射胁冲心不可当。
尖利田圩为绝地，杀伤公讼退田庄。
后水来龙似反弓，出入悖逆各西东。
若还遇此反弓水，退散田园守困穷。
水要弯环莫直流，直流之处最为囚。
更兼四畔无遮掩，浪打风吹不可求。
十字水流后与前，廿字井字总一般。
此为市井多人住，若是一家不可安。
抱身之水势环坟，穴好龙真气脉纯。
葬后其家多富贵，儿孙荣显作王臣。

周易书斋精品书目

书　　名	作　　者	定　　价	出版社
影印涵芬楼本正统道藏 [再造善本;全512函1120册]	[明]张宇初编	280000.00	九州
术藏[全6箱,精装100册]	谢路军主编	58000.00	燕山
道藏[全6箱,精装60册]	谢路军主编	48000.00	九州
焦循文集[全精装18册]	[清]焦循撰	9800.00	九州
邵子全书[全精装15册]	[宋]邵雍撰	9600.00	九州
阳宅三要[宣纸线装一函三册]	[清]赵九峰撰	298.00	华龄
绘图全本鲁班经匠家镜[宣纸线装一函四册]	[周]鲁班著	680.00	华龄
青囊海角经[宣纸线装一函四册]	[晋]郭璞著	680.00	华龄
地理点穴撼龙经[宣纸线装一函三册]	[清]寇宗注	680.00	华龄
秘藏疑龙经大全[宣纸线装一函一册]	[清]寇宗注	280.00	华龄
杨公秘本山法备收[宣纸线装一函一册]	[清]寇宗注	280.00	华龄
校正全本地学答问[宣纸线装一函三册]	[清]魏清江撰	680.00	华龄
赖仙原本催官经[宣纸线装一函一册]	[宋]赖布衣撰	280.00	华龄
赖仙催官篇注[宣纸线装一函一册]	[宋]赖布衣撰	280.00	华龄
尹注赖仙催官篇[宣纸线装一函一册]	[宋]赖布衣撰	280.00	华龄
赖仙心印[宣纸线装一函一册]	[宋]赖布衣撰	280.00	华龄
新刻赖太素天星催官解[宣纸线装一函二册]	[宋]赖布衣撰	480.00	华龄
天机秘传青囊内传[宣纸线装一函一册]	[清]焦循撰	280.00	华龄
阳宅斗首连篇秘授[宣纸线装一函一册]	[明]卢清廉撰	280.00	华龄
精刻编集阳宅真传秘诀[宣纸线装一函二册]	[明]李邦祥撰	480.00	华龄
秘传全本六壬玉连环[宣纸线装一函二册]	[宋]徐次宾撰	480.00	华龄
秘传仙授奇门[宣纸线装一函二册]	[清]湖海居士辑	480.00	华龄
祝由科诸符秘卷祝由科诸符秘旨合刊[宣纸线装一函二册]	[清]郭相经辑	480.00	华龄
校正古本入地眼图说[宣纸线装一函二册]	[宋]辜托长老撰	480.00	华龄
校正全本钻地眼图说[宣纸线装一函二册]	[宋]辜托长老撰	480.00	华龄
赖公七十二葬法[宣纸线装一函二册]	[宋]赖布衣撰	480.00	华龄
新刻杨筠松秘传开门放水阴阳捷径 [宣纸线装一函二册]	[唐]杨筠松撰	480.00	华龄
校正古本地理五诀[宣纸线装一函二册]	[清]赵九峰撰	480.00	华龄
重校古本地理雪心赋[宣纸线装一函二册]	[唐]卜应天撰	480.00	华龄

书　　名	作　者	定　价	出版社
宋国师吴景鸾先天后天理气心印补注[宣纸线装一函一册]	[宋]吴景鸾撰	280.00	华龄
新刊宋国师吴景鸾秘传夹竹梅花院纂[宣纸线装一函二册]	[宋]吴景鸾撰	480.00	华龄
连山[宣纸线装一函一册]	[清]马国翰辑	280.00	华龄
归藏[宣纸线装一函一册]	[清]马国翰辑	280.00	华龄
周易虞氏义笺订[宣纸线装一函六册]	[清]李翊灼订	1180.00	华龄
周易参同契通真义[宣纸线装一函二册]	[后蜀]彭晓撰	480.00	华龄
御制周易[宣纸线装一函三册]	武英殿影宋本	680.00	华龄
宋刻周易本义[宣纸线装一函四册]	[宋]朱熹撰	980.00	华龄
易学启蒙[宣纸线装一函二册]	[宋]朱熹撰	480.00	华龄
易余[宣纸线装一函二册]	[明]方以智撰	480.00	九州
明抄真本梅花易数[宣纸线装一函三册]	[宋]邵雍撰	480.00	九州
古本皇极经世书[宣纸线装一函三册]	[宋]邵雍撰	980.00	九州
奇门鸣法[宣纸线装一函二册]	[清]龙伏山人撰	680.00	华龄
奇门衍象[宣纸线装一函二册]	[清]龙伏山人撰	480.00	华龄
奇门枢要[宣纸线装一函二册]	[清]龙伏山人撰	480.00	华龄
奇门仙机[宣纸线装一函三册]	王力军校订	298.00	华龄
奇门心法秘纂[宣纸线装一函三册]	王力军校订	298.00	华龄
御定奇门秘诀[宣纸线装一函三册]	[清]湖海居士辑	680.00	华龄
龙伏山人存世文稿[宣纸线装五函十册]	[清]矫子阳撰	2800.00	九州
奇门遁甲鸣法[宣纸线装一函二册]	[清]矫子阳撰	680.00	九州
奇门遁甲衍象[宣纸线装一函二册]	[清]矫子阳撰	480.00	九州
奇门遁甲枢要[宣纸线装一函二册]	[清]矫子阳撰	480.00	九州
遯甲括囊集[宣纸线装一函三册]	[清]矫子阳撰	980.00	九州
增注蒋公古镜歌[宣纸线装一函一册]	[清]矫子阳撰	180.00	九州
宫藏奇门大全[线装五函二十五册]	[清]湖海居士辑	6800.00	星易
遁甲奇门秘传要旨大全[线装二函十册]	[清]范阳耐寒子辑	6200.00	星易
增广神相全编[线装一函四册]	[明]袁珙订正	980.00	星易
遁甲奇门捷要[宣纸线装一函一册]	[清]杨景南编	380.00	故宫
奇门遁甲备览[宣纸线装一函二册]	清顺治抄本	760.00	故宫
六壬类聚[宣纸线装一函四册]	[清]纪大奎撰	1520.00	故宫
订正六壬金口诀[宣纸线装一函六册]	[清]巫国匡辑	1280.00	华龄
六壬神课金口诀[宣纸线装一函三册]	[明]适适子撰	298.00	华龄
改良三命通会[宣纸线装一函四册,第二版]	[明]万民英撰	980.00	华龄
增补选择通书玉匣记[宣纸线装一函二册]	[晋]许逊撰	480.00	华龄

书　名	作　者	定　价	出版社
增补四库青乌辑要[宣纸线装全 18 函 59 册]	郑同校	11680.00	九州
第 1 种:宅经[宣纸线装 1 册]	[署]黄帝撰	180.00	九州
第 2 种:葬书[宣纸线装 1 册]	[晋]郭璞撰	220.00	九州
第 3 种:青囊序青囊奥语天玉经[宣纸线装 1 册]	[唐]杨筠松撰	220.00	九州
第 4 种:黄囊经[宣纸线装 1 册]	[唐]杨筠松撰	220.00	九州
第 5 种:黑囊经[宣纸线装 2 册]	[唐]杨筠松撰	380.00	九州
第 6 种:锦囊经[宣纸线装 1 册]	[晋]郭璞撰	200.00	九州
第 7 种:天机贯旨红囊经[宣纸线装 2 册]	[清]李三素撰	380.00	九州
第 8 种:玉函天机素书/至宝经[宣纸线装 1 册]	[明]董德彰撰	200.00	九州
第 9 种:天机一贯[宣纸线装 2 册]	[清]李三素撰辑	380.00	九州
第 10 种:撼龙经[宣纸线装 1 册]	[唐]杨筠松撰	200.00	九州
第 11 种:疑龙经葬法倒杖[宣纸线装 1 册]	[唐]杨筠松撰	220.00	九州
第 12 种:疑龙经辨正[宣纸线装 1 册]	[唐]杨筠松撰	200.00	九州
第 13 种:寻龙记太华经[宣纸线装 1 册]	[唐]曾文辿撰	220.00	九州
第 14 种:宅谱要典[宣纸线装 2 册]	[清]铣溪野人校	380.00	九州
第 15 种:阳宅必用[宣纸线装 2 册]	心灯大师校订	380.00	九州
第 16 种:阳宅撮要[宣纸线装 2 册]	[清]吴鼒撰	380.00	九州
第 17 种:阳宅正宗[宣纸线装 1 册]	[清]姚承舆撰	200.00	九州
第 18 种:阳宅指掌[宣纸线装 2 册]	[清]黄海山人撰	380.00	九州
第 19 种:相宅新编[宣纸线装 1 册]	[清]焦循校刊	240.00	九州
第 20 种:阳宅井明[宣纸线装 2 册]	[清]邓颖出撰	380.00	九州
第 21 种:阴宅井明[宣纸线装 1 册]	[清]邓颖出撰	220.00	九州
第 22 种:灵城精义[宣纸线装 2 册]	[南唐]何溥撰	380.00	九州
第 23 种:龙穴砂水说[宣纸线装 1 册]	清抄秘本	180.00	九州
第 24 种:三元水法秘诀[宣纸线装 2 册]	清抄秘本	380.00	九州
第 25 种:罗经秘传[宣纸线装 2 册]	[清]傅禹辑	380.00	九州
第 26 种:穿山透地真传[宣纸线装 2 册]	[清]张九仪撰	380.00	九州
第 27 种:催官篇发微论[宣纸线装 2 册]	[宋]赖文俊撰	380.00	九州
第 28 种:入地眼神断要诀[宣纸线装 2 册]	清抄秘本	380.00	九州
第 29 种:玄空大卦秘断[宣纸线装 1 册]	清抄秘本	200.00	九州
第 30 种:玄空大五行真传口诀[宣纸线装 1 册]	[明]蒋大鸿等撰	220.00	九州
第 31 种:杨曾九宫颠倒打劫图说[宣纸线装 1 册]	[唐]杨筠松撰	200.00	九州
第 32 种:乌兔经奇验经[宣纸线装 1 册]	[唐]杨筠松撰	180.00	九州
第 33 种:挨星考注[宣纸线装 1 册]	[清]汪董缘订定	260.00	九州
第 34 种:地理挨星说汇要[宣纸线装 1 册]	[明]蒋大鸿撰辑	220.00	九州

书　　名	作　者	定　价	出版社
第 35 种:地理捷诀[宣纸线装 1 册]	[清]傅禹辑	200.00	九州
第 36 种:地理三仙秘旨[宣纸线装 1 册]	清抄秘本	200.00	九州
第 37 种:地理三字经[宣纸线装 3 册]	[清]程思乐撰	580.00	九州
第 38 种:地理雪心赋注解[宣纸线装 2 册]	[唐]卜则嵬撰	380.00	九州
第 39 种:蒋公天元余义[宣纸线装 1 册]	[明]蒋大鸿等撰	220.00	九州
第 40 种:地理真传秘旨[宣纸线装 3 册]	[唐]杨筠松撰	580.00	九州
增补四库未收方术汇刊第一辑(全 28 函)	线装影印本	11800.00	九州
第一辑 01 函:火珠林·卜筮正宗	[宋]麻衣道者著	340.00	九州
第一辑 02 函:全本增删卜易·增删卜易真诠	[清]野鹤老人撰	720.00	九州
第一辑 03 函:渊海子平音义评注·子平真诠·命理易知	[明]杨淙增校	360.00	九州
第一辑 04 函:滴天髓:附滴天秘诀·穷通宝鉴:附月谈赋	[宋]京图撰	360.00	九州
第一辑 05 函:参星秘要诹吉便览·玉函斗首三台通书·精校三元总录	[清]俞荣宽撰	460.00	九州
第一辑 06 函:陈子性藏书	[清]陈应选撰	580.00	九州
第一辑 07 函:崇正辟谬永吉通书·选择求真	[清]李奉来辑	500.00	九州
第一辑 08 函:增补选择通书玉匣记·永宁通书	[晋]许逊撰	400.00	九州
第一辑 09 函:新增阳宅爱众篇	[清]张觉正撰	480.00	九州
第一辑 10 函:地理四弹子·地理铅弹子砂水要诀	[清]张九仪注	320.00	九州
第一辑 11 函:地理五诀	[清]赵九峰著	200.00	九州
第一辑 12 函:地理直指原真	[清]释如玉撰	280.00	九州
第一辑 13 函:宫藏真本入地眼全书	[宋]释静道著	680.00	九州
第一辑 14 函:罗经顶门针·罗经解定·罗经透解	[明]徐之镆撰	360.00	九州
第一辑 15 函:校正详图青囊经·平砂玉尺经·地理辨正疏	[清]王宗臣著	300.00	九州
第一辑 16 函:一贯堪舆	[明]唐世友辑	240.00	九州
第一辑 17 函:阳宅大全·阳宅十书	[明]一壑居士集	600.00	九州
第一辑 18 函:阳宅大成五种	[清]魏青江撰	600.00	九州
第一辑 19 函:奇门五总龟·奇门遁甲统宗大全·奇门遁甲元灵经	[明]池纪撰	500.00	九州
第一辑 20 函:奇门遁甲秘笈全书	[明]刘伯温辑	280.00	九州
第一辑 21 函:奇门庐中阐秘	[汉]诸葛武侯撰	600.00	九州
第一辑 22 函:奇门遁甲元机·太乙秘书·六壬大占	[宋]岳珂纂辑	360.00	九州
第一辑 23 函:性命圭旨	[明]尹真人撰	480.00	九州

书　　名	作　者	定　价	出版社
第一辑 24 函:紫微斗数全书	[宋]陈抟撰	200.00	九州
第一辑 25 函:千镇百镇桃花镇	[清]云石道人校	220.00	九州
第一辑 26 函:清抄真本祝由科秘诀全书·轩辕碑记医学祝由十三科	[上古]黄帝传	800.00	九州
第一辑 27 函:增补秘传万法归宗	[唐]李淳风撰	160.00	九州
第一辑 28 函:神机灵数一掌经金钱课·牙牌神数七种·珍本演禽三世相法	[清]诚文信校	440.00	九州
增补四库未收方术汇刊第二辑(全 36 函)	线装影印本	13800.00	九州
第二辑第 1 函:六爻断易一撮金·卜易秘诀海底眼	[宋]邵雍撰	200.00	九州
第二辑第 2 函:秘传子平渊源	燕山郑同校辑	280.00	九州
第二辑第 3 函:命理探原	[清]袁树珊撰	280.00	九州
第二辑第 4 函:命理正宗	[明]张楠撰集	180.00	九州
第二辑第 5 函:造化玄钥	庄圆校补	220.00	九州
第二辑第 6 函:命理寻源·子平管见	[清]徐乐吾撰	280.00	九州
第二辑第 7 函:京本风鉴相法	[明]回阳子校辑	380.00	九州
第二辑第 8—9 函:钦定协纪辨方书 8 册	[清]允禄编	780.00	九州
第二辑第 10—11 函:鳌头通书 10 册	[明]熊宗立撰辑	880.00	九州
第二辑第 12—13 函:象吉通书	[清]魏明远撰辑	1080.00	九州
第二辑第 14 函:选择宗镜·选择纪要	[朝鲜]南秉吉撰	360.00	九州
第二辑第 15 函:选择正宗	[清]顾宗秀撰辑	480.00	九州
第二辑第 16 函:仪度六壬选日要诀	[清]张九仪撰	680.00	九州
第二辑第 17 函:葬事择日法	郑同校辑	280.00	九州
第二辑第 18 函:地理不求人	[清]吴明初撰辑	240.00	九州
第二辑第 19 函:地理大成一:山法全书	[清]叶九升撰	680.00	九州
第二辑第 20 函:地理大成二:平阳全书	[清]叶九升撰	360.00	九州
第二辑第 21 函:地理大成三:地理六经注·地理大成四:罗经指南拔雾集·地理大成五:理气四诀	[清]叶九升撰	300.00	九州
第二辑第 22 函:地理录要	[明]蒋大鸿撰	480.00	九州
第二辑第 23 函:地理人子须知	[明]徐善继撰	480.00	九州
第二辑第 24 函:地理四秘全书	[清]尹一勺撰	380.00	九州
第二辑第 25—26 函:地理天机会元	[明]顾陵冈辑	1080.00	九州
第二辑第 27 函:地理正宗	[清]蒋宗城校订	280.00	九州
第二辑第 28 函:全图鲁班经	[明]午荣编	280.00	九州
第二辑第 29 函:秘传水龙经	[明]蒋大鸿撰	480.00	九州
第二辑第 30 函:阳宅集成	[清]姚廷銮纂	480.00	九州

书　名	作　者	定　价	出版社
第二辑第 31 函:阴宅集要	[清]姚廷銮纂	240.00	九州
第二辑第 32 函:辰州符咒大全	[清]觉玄子辑	480.00	九州
第二辑第 33 函:三元镇宅灵符秘箓·太上洞玄祛病灵符全书	[明]张宇初编	240.00	九州
第二辑第 34 函:太上混元祈福解灾三部神符	[明]张宇初编	360.00	九州
第二辑第 35 函:测字秘牒·先天易数·冲天易数/马前课	[清]程省撰	360.00	九州
第二辑第 36 函:秘传紫微	古朝鲜抄本	240.00	九州
中国风水史	傅洪光撰	32.00	九州
古本催官篇集注	李佳明校注	48.00	九州
增广沈氏玄空学	郑同点校	68.00	华龄
地理点穴撼龙经	郑同点校	32.00	华龄
绘图地理人子须知(上下)	郑同点校	78.00	华龄
玉函通秘	郑同点校	48.00	华龄
绘图入地眼全书	郑同点校	28.00	华龄
绘图地理五诀	郑同点校	48.00	华龄
一本书弄懂风水	郑同著	48.00	华龄
风水罗盘全解	傅洪光著	58.00	华龄
堪舆精论	胡一鸣著	29.80	华龄
堪舆的秘密	宝通著	36.00	华龄
中国风水学初探	曾涌哲	58.00	华龄
全息太乙	李德润著	68.00	华龄
大六壬通解(全三册)	叶飘然著	168.00	华龄
壬占汇选(精抄历代六壬占验汇选)	肖岱宗点校	48.00	华龄
大六壬指南	郑同点校	28.00	华龄
六壬金口诀指玄	郑同点校	28.00	华龄
大六壬寻源编[全三册]	[清]周螭辑录	180.00	华龄
六壬辨疑　毕法案录	郑同点校	32.00	华龄
时空太乙(修订版)	李德润著	68.00	华龄
全息太乙(修订版)	李德润著	68.00	华龄
大六壬断案疏证	刘科乐著	58.00	华龄
六壬时空	刘科乐著	68.00	华龄
飞盘奇门秘本:鸣法体系校释(精装上下)	刘金亮撰	198.00	九州
御定奇门宝鉴	郑同点校	58.00	华龄
御定奇门阳遁九局	郑同点校	78.00	华龄

书　　名	作　者	定　价	出版社
御定奇门阴遁九局	郑同点校	78.00	华龄
奇门秘占合编:奇门庐中阐秘·四季开门	[汉]诸葛亮撰	68.00	华龄
奇门探索录	郑同编订	38.00	华龄
奇门遁甲秘笈大全	郑同点校	48.00	华龄
奇门旨归	郑同点校	48.00	华龄
奇门法窍	[清]锡孟樨撰	48.00	华龄
奇门精粹——奇门遁甲典籍大全	郑同点校	68.00	华龄
御定子平	郑同点校	48.00	华龄
增补星平会海全书	郑同点校	68.00	华龄
五行精纪:命理通考五行渊微	郑同点校	38.00	华龄
青囊汇刊 1:青囊秘要	[晋]郭璞等撰	48.00	华龄
青囊汇刊 2:青囊海角经	[晋]郭璞等撰	48.00	华龄
青囊汇刊 3:阳宅十书	[明] 王君荣撰	48.00	华龄
青囊汇刊 4:秘传水龙经	[明]蒋大鸿撰	68.00	华龄
青囊汇刊 5:管氏地理指蒙	[三国]管辂撰	48.00	华龄
子平汇刊 1:渊海子平大全	[宋]徐子平撰	48.00	华龄
子平汇刊 2:秘本子平真诠	[清]沈孝瞻撰	38.00	华龄
子平汇刊 3:命理金鉴	[清]志于道撰	38.00	华龄
子平汇刊 4:秘授滴天髓阐微	[清]任铁樵注	48.00	华龄
子平汇刊 5:穷通宝鉴评注	[清]徐乐吾注	48.00	华龄
子平汇刊 6:神峰通考命理正宗	[明]张楠撰	38.00	华龄
子平汇刊 7:新校命理探原	[清]袁树珊撰	48.00	华龄
子平汇刊 8:重校绘图袁氏命谱	[清]袁树珊撰	68.00	华龄
纳甲汇刊 1:校正全本增删卜易	郑同点校	68.00	华龄
纳甲汇刊 2:校正全本卜筮正宗	郑同点校	48.00	华龄
纳甲汇刊 3:校正全本易隐	郑同点校	48.00	华龄
纳甲汇刊 4:校正全本易冒	郑同点校	48.00	华龄
纳甲汇刊 5:校正全本易林补遗	郑同点校	38.00	华龄
纳甲汇刊 6:校正全本卜筮全书	郑同点校	68.00	华龄
子平精粹 1:官板音义详注渊海子平(精)	郑同点校	98.00	华龄
子平精粹 2:秘授滴天髓阐微(精)	郑同点校	98.00	华龄
子平精粹 3:命理秘本穷通宝鉴(精)	郑同点校	98.00	华龄
子平精粹 4:神峰通考命理正宗(精)	郑同点校	98.00	华龄

书　　名	作　　者	定　　价	出版社
子平精粹 5:子平真诠、命理约言(精)	郑同点校	98.00	华龄
京氏易精粹 1:火珠林·黄金策(精)	郑同点校	98.00	华龄
京氏易精粹 2:易林补遗、周易尚占(精)	郑同点校	98.00	华龄
京氏易精粹 3:校正增删卜易(精)	郑同点校	98.00	华龄
京氏易精粹 4:野鹤老人占卜全书(精)	郑同点校	98.00	华龄
京氏易精粹 5:易隐、易冒(精)	郑同点校	98.00	华龄
古今图书集成术数丛刊:卜筮(全二册)	[清]陈梦雷辑	80.00	华龄
古今图书集成术数丛刊:堪舆(全二册)	[清]陈梦雷辑	120.00	华龄
古今图书集成术数丛刊:相术(全一册)	[清]陈梦雷辑	60.00	华龄
古今图书集成术数丛刊:选择(全一册)	[清]陈梦雷辑	50.00	华龄
古今图书集成术数丛刊:星命(全三册)	[清]陈梦雷辑	180.00	华龄
古今图书集成术数丛刊:术数(全三册)	[清]陈梦雷辑	200.00	华龄
四库全书术数初集(全四册)	郑同点校	200.00	华龄
四库全书术数二集(全三册)	郑同点校	150.00	华龄
四库全书术数三集:钦定协纪辨方书(全二册)	郑同点校	98.00	华龄
增补鳌头通书大全(全三册)	[明]熊宗立撰辑	180.00	华龄
增补象吉备要通书大全(全三册)	[清]魏明远撰辑	180.00	华龄
绘图三元总录	郑同编校	48.00	华龄
绘图全本玉匣记	郑同编校	32.00	华龄
周易正解:小成图预测学讲义	霍斐然著	68.00	华龄
周易初步:易学基础知识 36 讲	张绍金著	32.00	华龄
周易与中医养生:医易心法	成铁智著	32.00	华龄
增补校正邵康节先生梅花周易数全集	[宋]邵雍撰	58.00	华龄
梅花心易阐微	[清]杨体仁撰	48.00	华龄
梅花易数讲义	郑同著	58.00	华龄
白话梅花易数	郑同编著	30.00	华龄
一本书读懂易经	郑同著	38.00	华龄
白话易经	郑同编著	38.00	华龄
周易象数学(精装)	冯昭仁著	98.00	华龄
知易术数学:开启术数之门	赵知易著	48.00	华龄
术数入门——奇门遁甲与京氏易学	王居恭著	48.00	华龄
壬奇要略(全 5 册:大六壬集应钤 3 册,大六壬口诀纂 1 册,御定奇门秘纂 1 册)	肖岱宗郑同点校	300.00	九州
白话高岛易断(上下)	[日]高岛嘉右卫门	128.00	九州

书　　名	作　者	定　价	出版社
周易虞氏义笺订(上下)	[清]李翊灼校订	78.00	九州
周易明义	邸勇强著	73.00	九州
论语明义	邸勇强著	37.00	九州
统天易数	秦宗臻著	68.00	城市
润德堂丛书六种:新命理探原	袁树珊著	30.00	燕山
润德堂丛书六种:命谱	袁树珊著	60.00	燕山
润德堂丛书六种:大六壬探原	袁树珊著	30.00	燕山
润德堂丛书六种:选吉探原	袁树珊著	30.00	燕山
润德堂丛书六种:中西相人探原	袁树珊著	30.00	燕山
润德堂丛书六种:述卜筮星相学	袁树珊著	30.00	燕山
天星姓名学	侯景波著	38.00	燕山
解梦书	郑同	58.00	燕山